☿ **aej** Arbeitsgemeinschaft
in Deutschland e.V.

Mike Corsa
Michael Freitag

Lebensträume – Lebensräume

Bericht über die Lage der jungen Generation
und die evangelische Kinder- und Jugendarbeit
vorgelegt
der 7. Tagung der 10. Synode der EKD
vom 2. bis 5. November 2008 in Bremen

Impressum

Mike Corsa, Michael Freitag
Lebensträume – Lebensräume
Bericht über die Lage der jungen Generation
und die evangelische Kinder- und Jugendarbeit

Herausgegeben im Auftrag der
Arbeitsgemeinschaft der Evangelischen Jugend
in Deutschland e. V. (aej)
www.evangelische-jugend.de

© edition aej, Hannover 2008
2. Auflage Januar 2009

aej-studien 8
Redaktion: Gwendolyn Mertz

Bibliographische Information der Deutschen
Bibliothek: Die Deutsche Bibliothek verzeichnet
diese Publikation in der Deutschen National-
biographie. Detaillierte bibliographische Angaben
sind im Internet unter http://dnb.ddb.de abrufbar.

Bildnachweise: Bardewyk, ekiba, Digital-Foto-
Reporter der Evangelischen Jugend im Dekanat
Worms-Wonnegau, EVA2008-Projektbüro, Max
Seichter, Malte Specht, pixelio.de: gaertner-piet,
hofschlaeger, PeterM O, sassi, simenti, Sueschi,
urulaia und wikron

Satz und Druck: MHD Druck und Service GmbH,
Hermannsburg

Diese Publikation wurde gefördert vom

 Bundesministerium
für Familie, Senioren, Frauen
und Jugend

ISBN: 978-3-88862-089-8

Inhaltsverzeichnis

Einleitung 7

Jugend in den Blick nehmen 11
    Etikettierungen • Biografische Aufgaben im Jugendalter •
    Veränderungen von Gesellschaft und Umgebungskultur •
    Stile und Moden

Jugendliches Leben in Deutschland 2008 17

1. Gesellschaft und Jugend – kulturelle Trends 17

1.1. Globalisierung – Die vernetzte Weltgesellschaft 18
    Kulturelle Globalisierung • Politische Globalisierung •
    Ökonomische Globalisierung • Soziale Globalisierung •
    Vom Ende des Glaubens an das immerwährende Wachstum

1.2. Entgrenzungen und Erosionen 23
    Zeitgestaltung • Informationsoverkill • Komplexität •
    Spaß- und Erlebnisgesellschaft • Konsum •
    Die permissive Gesellschaft und ihr Wertechaos •
    Die multioptionale und multireligiöse Gesellschaft •
    Auflösung von Verlässlichkeiten • Normalbiografie •
    Zukunftserwartungen • Effizienzerwartung

1.3. Der Paradigmenwechsel in der Wirklichkeitsinterpretation 36

1.4. Ästhetisierung des Lebens 39
    Ästhetik und Jugendkultur • Ästhetik und Religion •
    Ästhetisierung als Megatrend

2. Lebenslagen von Jugendlichen 43

2.1. Familie, Geschwisterbeziehungen, Gleichaltrige 43
    Familie, Familienformen und ihre Bedeutung • Geschwister •
    Bedeutung von Geschwistern • Gleichaltrige

2.2. Sozioökonomische Situation 50
    Erwerbstätigkeit von Eltern • Einkommen • Vermögen •
    Arm dran in einem reichen Land • Einmal arm, immer arm? •
    Folgen für das Aufwachsen

2.3. Aufwachsen in der Stadt und auf dem Land 65
    Stadtluft macht frei? • Natur pur? – Leben auf dem Land

2.4. Lebensort Schule 70
    Jugendliche in der Schule • Rahmenbedingungen von Schule •
    Wandel von Schule

*2.5. Zwischen Berieselung und aktiver Mitgestaltung –
Jugendliche und Medien* 74

2.6. Junge Menschen in einer alternden Gesellschaft 78

2.7. Eine bunte und multikulturelle Gesellschaft 84
Menschen mit Migration in Deutschland •
Teilhabechancen • Die Aufnahmegesellschaft •
Junge Migrant(inn)en organisieren sich selbst

3. **Jugend und Religion – Jugend und Kirche** 90

Evangelische Jugend – Profilierte Vielfalt 99

1. **Was ist Kinder- und Jugendarbeit?** 99
Produktive Spannung • Intermediäre Organisation • Raum

2. **Der Auftrag von evangelischer Kinder- und Jugendarbeit** 104
Der Grundauftrag: das Evangelium • Die „Auftraggeber"

3. **Merkmale evangelischer Kinder- und Jugendarbeit** 108

    3.1. Subjektorientierung 108
    Was ist Subjektorientierung? • Subjektorientierung
    nimmt alle Beteiligten als Subjekte ernst •
    Subjektorientierung ist kein methodisches Rezept •
    Subjektorientierung ist eine Haltung • Subjektorientierung
    in der Praxis • Subjektorientierung und Angebote

    3.2. Gender Mainstreaming 114

    3.3. Selbstbestimmen, Mitbestimmen und Einmischen 115

    3.4. Offenheit und Geschlossenheit 117
    Zugänge • Bleiben • Im Spannungsfeld zwischen Offenheit
    und Geschlossenheit • Im Spannungsfeld zwischen Kontinuität
    und Veränderungsbereitschaft • Selbstbeschränkung

    3.5. Reichweite und Zielgruppen 122
    Reichweite • Zielgruppen • Was heißt erreichen? •
    Orientierungen • Grenzen der Erreichbarkeit?

    3.6. Vielfalt in Formen und Methoden 132
    Die Gruppe • Ferienfreizeiten • Events und Großveranstaltungen •
    Offene Kinder- und Jugendarbeit • Gottesdienst und
    Jugendgottesdienste • Jugendkirchen • Konfirmand(inn)en •
    Jugendkulturarbeit • Internationale Jugendbegegnungen

3.7. Ökumene 143
Eigene Identität als evangelische Christ(inn)en • Gemeinsame ökumenische Aktivitäten • Von anderen Kirchen lernen • Internationalisierung der Bildungsbiographien zur Ökumenisierung nutzen • Ausbildung/Curriculumentwicklung • Klerikalisierung – Ökumene für alle • Zusammenarbeit mit Missionswerken • Migrantenjugendselbsthilfeorganisationen • Interreligiöser Dialog

4. Jugendliche Lebensfragen und die Verkündigung in der evangelischen Kinder- und Jugendarbeit 150

4.1. Jugendliche suchen Leben 151

4.2. Mein Leben – meine Biografie (personaler Aspekt) 153
Identität • Selbstwert, Individuierung und Abgrenzung • Lebens-Raum: Entfaltung und Anerkennung • Lebensplanung • Leben angesichts des Todes

4.3. Gemeinsames Leben (sozialer Aspekt) 159
Integration • Gemeinschaft • Gerechtigkeit

4.4. Lebensbewältigung und Lebenskunst 164
(Über)Leben im Alltag • Lebensorientierung und Lebenssinn • Leben angesichts von Schuld und Versagen

4.5. Lebenserfahrungen des Heiligen – Spiritualität 168
Christliche Spiritualität • Raumbezogene Spiritualität • Liturgisch-meditative Spiritualität • Lebensweltbezogene Spiritualität • Lobpreis und worship • Charismatische Spiritualität • Pietistische Akzente von Spiritualität • Die „Kleine Spiritualität" • Warum Spiritualität unverzichtbar ist

5. Evangelische Jugend bildet 183

5.1. Bildungsverständnis der Evangelischen Jugend 183
Entfaltung des Lebens • Bewältigung des Lebens • Gestaltung des Lebens

5.2. Evangelische Bildung in jugendlichen Lebenswelten 185
Leben als Gabe • Leben als Werden • Unvollkommenes Leben • Freiheit zur Individualität • Leben braucht Orientierung • Lebenspraktische Kompetenzen in der Zivilgesellschaft • Leben in Beziehungen • Leben in Beziehung zu Gott

5.3. Verantwortungsübernahme in einer globalisierten Welt – Globales Lernen 187

6. **Die Mitarbeitenden und ihre Rolle** 189
Mitarbeitende sind Zeugen des Evangeliums •
Mitarbeiter(innen) sind Vorbilder und Orientierungspunkte

6.1. Ehrenamtliche Mitarbeiter(innen) 192

6.2. Professionelle Fachkräfte – hauptberufliche Mitarbeiter(innen) 197
Verkündigung, Seelsorge und Beratung • Pädagogisches Handeln •
Management • Die Kluft zwischen Anforderungen und Realität

7. **Aufbau und Struktur evangelischer Kinder- und Jugendarbeit** 203

8. **Ausstattung mit Ressourcen** 206

9. **Übergänge und biografische Anschlüsse** 209

9.1. Schule 209

9.2. Ausbildung 211

9.3. Studium 213

Die Evangelische Jugend der Zukunft 217

Glauben leben 217

Teilhabe einfordern – Verantwortung übernehmen 219

Beteiligung fördern 220

Gender Mainstreaming 221

Jugendorientierte Konzeptentwicklung und Sozialraum 221

Schule – ein Lebensort und Gestaltungsraum 221

Medienwelt 222

Lebendiges Engagement 222

Qualifizierte Fachkräfte 222

Verbesserung der Datenlage 223

Literaturverzeichnis 224

Danksagung 229

Einleitung

Die Arbeitsgemeinschaft der Evangelischen Jugend in Deutschland e. V. (aej) legt seit dem Beschluss der Synode der Evangelischen Kirche in Deutschland (EKD) von 1980 in *jeder Legislaturperiode der Synode* einen Bericht über die Lage der jungen Generation und über die evangelische Kinder- und Jugendarbeit vor. Wir sind dankbar, dass die Synode der EKD damit deutlich macht, dass ihr das Thema Jugend und die Kinder- und Jugendarbeit ein Anliegen ist.

Der letzte Jugendbericht wurde der Synode 1999 vorgelegt. In den vergangenen acht Jahren haben sich in der Gesellschaft und in unseren evangelischen Kirchen an zentralen Stellen *Realitäten und Sichtweisen verändert.* Die Konsequenzen des einseitig auf Wachstum orientierten Wirtschaftens rücken erkennbar näher, die Bevölkerungsentwicklung in Deutschland lässt sich nicht mehr kaschieren, Familienpolitik ist nicht mehr nur „Gedöns", sondern unter den Top Ten der politischen Agenda, der PISA-Schock verunsichert das staatliche Bildungswesen und hat Reformen zur Folge, die noch in den 90er Jahren undenkbar waren. In den evangelischen Kirchen ist mehr Realität über die Zukunft eingezogen, was zu einschneidenden Veränderungen führt – für die Organisation einer notwendigen Infrastruktur, für die Qualität der Angebote und für die Mitarbeitenden. Das Impulspapier „Kirche der Freiheit" hat mit seinen pointierten Betrachtungen kirchlicher Zukunft für enorme Bewegung gesorgt – und zumindest die zentralen Fragen der Kirche von morgen aus den Flüsterecken in den öffentlichen Diskussionsraum gestellt.

Jugendliche Lebenswelten sind vielfach der Spiegel der Gesellschaft. In ihnen lassen sich aktuelle gesellschaftliche Entwicklungen und Perspektiven erkennen. Junge Menschen müssen sich auf spezifische Weise mit den gesellschaftlichen Realitäten arrangieren. Um das Leben junger Menschen verstehen zu können, sind deshalb unterschiedliche Blickrichtungen auf die Wirklichkeit von Kindern und Jugendlichen notwendig – auch um die Bedeutung von evangelischer Kinder- und Jugendarbeit und ihre Perspektiven aufzeigen zu können.

Der Bericht widmet seine Aufmerksamkeit deshalb in einem ersten Kapitel den *Lebenslagen* junger Menschen und nimmt in einem zweiten Kapitel die *evangelische Kinder- und Jugendarbeit* in den Blick: ihre Grundlagen, ihre Formen, ihre Schwerpunkte. Abschließend formulieren wir thesenartig einige ausgewählte, derzeit aktuelle Herausforderungen.

Die Spannung des Berichts liegt zwischen einer **Gesamtschau**, die den Leser(inne)n ein eindrückliches Panorama vermitteln soll, und der **differenzierten Darstellung** von Lebensrealitäten und den vielfältigen Antworten evangelischer Kinder- und Jugendarbeit. Das hat zur Folge, dass nicht alle Aspekte berücksichtigt werden können. Andererseits finden sich in einzelnen Kapiteln gedankliche Wiederholungen aus anderen Teilen, damit die jeweiligen Zusammenhänge konsistent dargestellt werden können und Konzepte sich erschließen. Wir wollen verdeutlichen, dass sich Kinder- und Jugendarbeit in einer Spannung zwischen ihrem Auftrag und den Bedürfnissen Jugendlicher vollzieht und vollziehen muss.

Mit einzelnen Ausführungen werfen wir den Blick über die evangelischen Landeskirchen und die EKD hinaus in das Feld der Freikirchen. Dies ist einerseits sehr hilfreich, weil sich dort interessante Entwicklungen und Projekte der Glaubensentfaltung und jugendlicher Glaubenssuche darstellen. Auf der anderen Seite ist dies Auftrag der aej, denn sie ist ebenfalls die Plattform von evangelisch-freikirchlicher Kinder- und Jugendarbeit, die die aej zusammen mit der landeskirchlichen Kinder- und Jugendarbeit und Werken und Verbänden bildet.

Der Bericht ist so angelegt, dass er sowohl der Synode der EKD einen möglichst umfassenden Einblick in die derzeitige Lage gibt als auch für den genannten erweiterten Interessentenkreis geeignet ist. Die bisherigen Jugendberichte stießen immer auch über den Adressatenkreis der Synode hinaus auf großes Interesse und wurden von einem weiten Leserinnen- und Leserkreis innerhalb und außerhalb der evangelischen Kinder- und Jugendarbeit als aktuelle Standortbestimmung der Evangelischen Jugend wahrgenommen, die auch als Anregung zur Reflexion und Weiterentwicklung der eigenen Arbeit genutzt wurde.

Einige Hinweise zum Bericht erscheinen uns notwendig:
→ Fachlich hat sich zwischenzeitlich der Begriff **Kinder- und Jugendarbeit** durchgesetzt. Dies ist eine Folge der mit der Gesetzesreform von 1990 neu eingeführten Begrifflichkeit Kinder- und Jugendhilfe. Er macht deutlich, dass Jugendarbeit mit vielfältigen Angeboten schon im Kindesalter ansetzt – beginnend mit der Einschulung.
→ Im Bericht verwenden wir die Begriffe „evangelische Kinder- und Jugendarbeit" und „Evangelische Jugend". Sie werden weitgehend synonym gebraucht. Dahinter verbirgt sich die nicht leichte begriffliche Abgrenzung zwischen **Evangelischer Jugend** als weitgehende Selbstorganisation von jungen Menschen in der evangelischen Kirche und den vielfältigen Angebote der **evangelischen Kinder- und Jugendarbeit**, die sich aber alle im Rahmen der Evangelischen Jugend entfalten. Dazu mehr im Kapitel Aufbau und Struktur.

→ Unser Bericht beinhaltet zwei Schwerpunkte, die auf der Basis aktueller Entwicklungen betont werden sollen und die damit den entsprechenden Raum einnehmen: Zum einen die zunehmende Armut, die viele Kinder und Jugendliche in unserer Gesellschaft betrifft. Zum anderen die zielgruppengemäße Auseinandersetzung mit Religion und die Vermittlung und Praxis von Glauben und Spiritualität, die für evangelische Kinder- und Jugendarbeit eine zentrale Aufgabe ist.

Jugendliche in Deutschland haben berechtigte Lebensträume, Bedürfnisse und Lebensplanungen. Dafür brauchen sie Räume in Gesellschaft und Kirche.

Hannover, im September 2008

Mike Corsa
Generalsekretär der aej

Michael Freitag
Referent für Theologie, Bildung und Jugendsoziologie

Jugend in den Blick nehmen

Erwachsene sind geneigt, einer Beschreibung von Jugend und jugendlichen Lebenslagen ihre eigenen Vorstellungen zugrunde zu legen, die sich wesentlich aus den Erfahrungen der eigenen Jugend und den durch die Massenmedien vermittelten Bildern speisen. Dies ist insofern nur begrenzt für das heutige Leben von jungen Menschen aussagekräftig, weil die Gesellschaft sich in viel kürzeren Zeiträumen wandelt und die mediale Wahrnehmung von Jugend in ihrer Ausrichtung auf negative Botschaften immer nur einen Ausschnitt der Wirklichkeiten aufzeigt. Umso wichtiger ist es, die tatsächlichen aktuellen Lebenswelten, die gesellschaftlichen Rahmenbedingungen und die subjektiven Lebensdeutungen von Kindern und Jugendlichen zu erfassen.

Es ist erforderlich, den Aussagen von jungen Menschen, ihren eigenen Beschreibungen des Lebens und ihren Lebenswelten nachzugehen. Dazu bedarf es eines konsequenten Perspektivwechsels: Vor allen Deutungen von Jugendlichkeit aus der Perspektive und den Interessen von Erwachsenen heraus gilt es, soweit dies irgend möglich ist, die Perspektive von Kindern und Jugendlichen einzunehmen und ihre subjektiven Wirklichkeitsdeutungen und Lebensinteressen wahrzunehmen und ernst zu nehmen.

Die Etikettierungen

Viele der größeren Jugendstudien betonen die jeweiligen Veränderungen jugendlicher Lebensdeutungen und Lebenslagen. Sie kommen gerne mit plakativen Zuschreibungen und generalisierenden Etikettierungen einer ganzen gegenwärtigen „Jugendgeneration" auf den Markt: Mit zunehmend kürzerer Halbwertszeit werden Jugendliche als „No-Future-Generation", als „Null-Bock-Generation", als „Generation X", als „Generation von Egotaktikern" oder als „Pragmatische Generation" – um einige Beispiele zu nennen – klassifiziert; bisweilen wird eine „Jugendgeneration" auch kurzerhand in eine Matrix von vier Typen aufgeteilt. Diese Zuschreibungen werden medial vermarktet und prägen den öffentlichen Diskurs und damit auch Bilder von „der Jugend", wie sie angeblich sei.

Gewiss spiegeln solche Etikettierungen reale Tendenzen und damit auch Veränderungen in den Lebensauffassungen und Einstellungen von Jugendlichen. Die Ergebnisse von Jugendstudien können – ihre methodische Qualität vorausgesetzt – durchaus aussagekräftig sein.

Zu berücksichtigen ist allerdings immer, dass es sich bei den Veränderungen jugendlicher Lebensdeutungen
→ erstens meist um graduelle Verschiebungen handelt, die oft nur im Prozentbereich liegen: Jugendliche ändern sich und ihre Lebensauffassungen nicht gravierend im Rhythmus von drei Jahren!

→ Zweitens sind Jugendliche keine homogene soziale Gruppe. „Die Jugend" gibt es nicht. Die Jugendbilder von Studien sind allerdings naturgemäß stilisierte Konstruktionen von „statistischen Durchschnittsjugendlichen": Real existierende Jugendliche aber sind zumeist viel differenzierter und lassen sich nicht einfach in die Schablonen von angeblichen Generationen oder Typen fassen und auf publikumswirksame Schlagzeilen-Muster reduzieren. Jugendliche selbst wollen erfahrungsgemäß ein individuelles Original sein und nicht einen Durchschnittswert repräsentieren.
→ Drittens sind viele Jugendstudien aus einer Erwachsenenperspektive und mit den Fragen von Erwachsenen geschrieben: Entsprechend sind die Zuschreibungen der Reflex einer kulturellen und gesellschaftlichen Weltsicht von Erwachsenen und deren historischen Zuordnungen.

Kein Wunder, dass sich Jugendliche selbst solcher Stereotyp-Zuschreibungen eher verweigern und lieber als individuelles Original gewertet werden wollen.
→ Viertens reflektieren Jugendstudien in ihrem Fragesetting und ihren Deutungen oft auch schlicht die Sorgen von Erwachsenen um die eigene Zukunft und die Zukunft der Gesellschaft, in der Erwachsene zukünftig leben (wollen).

Die weiseste „Etikettierung" ist in diesem Zusammenhang darum immer noch das von dem Jugendforscher Arthur Fischer stammende Bonmot anlässlich eines Reporterwunsches nach prägnanter Einordnung der gegenwärtigen Jugendgeneration: „Jugendliche sind jung und ansonsten ganz verschieden ...".

Ändern sich Jugendliche andauernd?
Hinter der vielfachen Jugenderforschung steht oft unausgesprochen die Hypothese, dass Jugendliche sich und ihre Verhaltensformen und Lebensauffassungen permanent und in rasendem Tempo ändern und ständig zu neuen Formen von Jugendlichkeit mutieren.

Das ist nur sehr bedingt richtig:

Zwar ändern sich die alltagsästhetischen Stilpräferenzen und Moden von Jugendlichen in rascher Folge. Auch ihre notwendigen Reaktionen auf soziokulturelle Wandlungsprozesse bedingen permanente Änderungen jugendlichen Verhaltens. Ihre biografischen Aufgaben im Zuge normaler Reifungs- und Entwicklungsprozesse bleiben allerdings langfristig gleich.

Biografische Aufgaben im Jugendalter
In der Jugendphase müssen Jugendliche die klassischen Entwicklungsaufgaben des Jugendalters bewältigen. Diese Aufgaben bleiben auch unter veränderten gesellschaftlichen Rahmenbedingungen langfristig gleich. Zu diesen bleibenden Aufgaben gehören:
→ Bewältigung der körperlichen und psychischen Veränderungen

- Ausprägung der Geschlechterrollen
- Ablösung von den Eltern und emotionale Unabhängigkeit
- Aufbau außerfamilialer Sozialbeziehungen
- Vorbereitung auf das Berufsleben
- Erwerb von Verantwortungsfähigkeit und einer gemeinwohlorientierten Haltung
- Ausprägung eines Werterahmens und einer ethischen Perspektive
- Aufbau einer eigengestalteten Intimität und positiven Sexualität
- Entwicklung einer realistischen Zukunftsperspektive

Gerne wird in Erwachsenenkreisen von den verschlechterten Bedingungen gesprochen, in die die Bewältigung der Jugendphase eingebettet ist. Dies sollte im Blick auf die Sichtweisen der Jugendlichen mit Vorsicht betrachtet werden, weil jede Jugendgeneration eigene Muster zur Bewältigung der jeweils aktuellen gesellschaftlichen Anforderungen entwickelt. Dass junge Menschen heute mit vergleichsweise enorm höheren Wissensbeständen und Informationen umgehen müssen, ist eine Tatsache. Sie erfordert in viel stärkerem Maße den Erwerb von Kompetenzen, Wissen zu bewerten und für die Lebensbewältigung und Lebensgestaltung auszuwählen. Ein weiterer Faktor ist die Beschleunigung: Junge Menschen müssen heute schneller agieren können – bei der Aufnahme von Wissen, bei der Entwicklung von Kompetenzen und bei entscheidenden Weichenstellungen für ihr Leben. Dabei nimmt die Bedeutung der eigenen Entscheidung zu bei gleichzeitig unsicherer Zukunft. Handeln und Einlassen auf Probe wird zu einem dominierenden Muster.

Jugendliche haben unter gegenwärtigen Bedingungen ein erhebliches Maß an Lebensbewältigung zu leisten: Die Jugendforschung spricht von dem Phänomen der Verdichtung der Jugendphase.

Veränderungen von Gesellschaft und Umgebungskultur
Nicht zuerst Jugendliche ändern „sich" und ihr Verhalten, sondern zunächst einmal ändert sich die Gesellschaft und die Kultur, in die Kinder und Jugendliche hineingeboren werden und in der sie aufwachsen müssen. Diese Gesellschaft und Kultur ist primär von Erwachsenen produziert. Modernisierungsprozesse und kulturelle Wandlungen sind Jugendlichen vorgegeben.

Wenn leichtfertig konstatiert wird, dass „Jugendliche sich ändern", führt dies zu Missverständnissen. Allzu schnell wird Jugendlichen damit eine Urheberschaft und Verantwortung für ihre Lebensmuster, Lebenslagen und für Veränderungsprozesse zugeschrieben, die sie nicht zu tragen haben.

Veränderungen in Lebensdeutungen und Verhaltensweisen von Jugendlichen sind primär gesellschaftlichen Veränderungsprozessen geschuldet und bilden sich als Reaktionsmuster darauf ab. Jugendliche nehmen Wandlungsprozesse und kulturelle Strömungen auf und übersetzen sie in ihr Alltagsverhalten, ihre

Lebensstilpräferenzen und Wertorientierungen. Solche Verhaltensmuster und Orientierungen können kurzfristig sein oder auch langfristig biografisch stabil bleiben.

Veränderungen von Stilen und Moden
Zu beobachten ist in der Tat, dass sich jugendliche Stile und Moden relativ rasch ändern können. Allerdings ist seit einiger Zeit zu konstatieren, dass es schwierig ist, einen verbindlichen *mainstream* von Stilen und von Jugendkulturen auszumachen, dem das Gros der Jugendlichen sich zugehörig fühlt. Gewiss existieren solche, breite Segmente von Jugendlichen beeinflussende Strömungen; es ist aber die Tendenz zu beobachten, dass Moden und Stile sich überlappen und dass Stile und Moden sich in verschiedene Szenen und jugendlichen Subkulturen zeitgleich ausdifferenzieren.[1] Moden und Stile haben für junge Menschen mehrere Funktionen: Sie sind ästhetisierender Ausdruck ihres Lebensgefühls und ihrer Weltaneignung. Als solche haben sie aber auch die Funktion, Zugehörigkeiten zu bestimmten Gruppierungen und Szenen zu signalisieren und damit auch Abgrenzungen gegenüber anderen Jugendlichen und ihren Stilpräferenzen. Vor allem haben sie aber die Funktion, sich gegenüber der Welt und dem Leben

---

1   Sehr schön zu beobachten ist dies an Frisuren, Kleidungsstilen und Musikpräferenzen.

der Erwachsenen abzugrenzen und eine eigene und eigensinnige Kultur und Welt von Jugendlichkeit und jugendlichem Lebensgefühl zu konstruieren:

→ Jugendliche brauchen ihre eigene Welt, die nur ihnen gehört und in der sie geschützte Räume erleben. Sie brauchen gleichzeitig eine oft demonstrative Abgrenzung gegenüber der Erwachsenenkultur, die Teil ihrer Ablöseprozesse und ihrer Identitätsgewinnung ist.

→ Wechselnde Stile und Moden können auch die Funktion haben, Erwachsene zu provozieren und Grenzen auszutesten. Jugendliche erwarten dabei ehrliche und authentische Reaktionen von Erwachsenen, die behutsam Position beziehen und ggf. auch Grenzen setzen, ohne abwertend zu sein und zu verletzen. Anbiederungen stoßen bei Jugendlichen auf Abwehr.

→ Der rasche Wechsel von Stilen und Moden kann dabei auch den Charakter einer Fluchtreaktion gewinnen: Permanent eignen sich Erwachsene und die Umgebungskultur jugendliche Stile an und dringen in jugendliche Schutzräume ein.

Dies ist unterschiedlichen Interessen zu verdanken: Einerseits führt der grassierende Jugendwahn unserer Gesellschaft dazu, dass Erwachsene jugendliche Stile übernehmen, um selber „jung" zu wirken und up to date zu sein. Andererseits übernimmt die Industrie sehr schnell die in jugendlichen Subkulturen entstehenden Stile und Moden und kommerzialisiert sie für ein breites Publikum. Das neu entstandene Berufsbild der sogenannten „Trend Scouts" signalisiert diese Entwicklung.

Jugendlichen werden damit permanent ihre eigene Welt und ihre Abrenzungsräume genommen. Jugendliche sind damit immer wieder gezwungen, neue Stile und Moden zu kreieren, um ihre eigenen Welten zu bewahren und sich abgrenzen zu können.

Insgesamt haben Jugendliche in den letzten Dekaden verstärkt die Kompetenz erworben, nach je eigenem Gusto auf der Klaviatur verschiedener Stile zu spielen – je nach eigenen Bedürfnissen und nach von ihnen erlebten sozialen, gesellschaftlichen Anforderungen. Es ist für viele Jugendliche offenbar sinnvoll, sich je nach Situation und Anforderung in verschiedenen Teilkulturen und Szenen bewegen zu können und situativ sich deren Verhaltensnormen, Accessoires und Stilen anzupassen, sie aufzunehmen und begrenzt und auf Zeit zu leben.

Das hat unter anderem beträchtliche Folgen für christliche/evangelische Jugendarbeit: Zunehmend weniger Jugendliche verschreiben sich ganz und gar, also mit einer gewissen Lebenstotalität dem Segment „Evangelische Jugend" mit seinen Normen, Verhaltensformen und Lebensstilen. Dass „Jesus der Herr des ganzen Lebens" sei mit einer entsprechenden Rigidität und Ganzheitlichkeit der Lebensorientierungen junger Menschen, wie es noch vor etlichen Jahren propagiert und zumindest ansatzweise in manchen

Segmenten evangelischer Kinder- und Jugendarbeit auch gelebt wurde, gilt selbst im pietistisch orientierten Flügel evangelischer Jugendarbeit für die Jugendlichen kaum noch. Auch Jugendliche im Bereich evangelischer Jugendarbeit leben gleichzeitig in verschiedenen Bezugsgruppen mit unterschiedlichen Kulturen und Normsystemen. Die kirchliche Jugendgruppe bildet selten noch den primären oder gar ausschließlichen sozialen Bezugspunkt, sondern ist eine Option unter vielen Zugehörigkeitsmöglichkeiten. Innerhalb der christlichen Gruppen können Jugendliche sich also durchaus diesem Lebens- und Verhaltensstil anpassen und in anderen Bezügen ganz andere Lebensstilpräferenzen leben. Evangelische Jugendarbeit ist ein jugendkulturelles Subsystem neben anderen geworden.

Jugendliches Leben in Deutschland 2008

1. Gesellschaft und Jugendliche – kulturelle Trends

Jugendliche müssen in der Gesellschaft (über)leben, in der sie aufwachsen.
Jugendliche müssen in ihrer Umgebungskultur und der Gesellschaft leben und überleben, in die sie hineingeboren oder zum Teil auch eingewandert sind. Sie tun dies, indem sie auf ihre Umgebungskultur nach ihren subjektiven Möglichkeiten reagieren und indem sie Verhaltensstrategien und Lebensstile entwickeln, die aus ihrer Sicht erfolgreich und sinnvoll sind.

Jugendliches Verhalten und jugendliche Lebensstile sind also zunächst ein Reaktionsmuster auf gesellschaftlich-kulturelle Veränderungen und auf die Verhaltensmuster ihrer Umgebungswelten.
In diesem Rahmen entstehen Einstellungen und Verhaltensmuster von Kindern und Jugendlichen als Lebens- und Überlebensstrategien. Kinder und Jugendliche können dabei – im Rahmen ihrer natürlich jeweils altersspezifisch begrenzten Erfahrungen und Weltsichten – eine hohe Selbstkompetenz entwickeln. Höchst problematisch ist es darum, jugendliches Verhalten allein und schlicht aus der Perspektive von Erwachsenen zu beurteilen: Zunächst einmal gilt es wahrzunehmen, welchen Sinn und welchen „Überlebenserfolg" jugendliches Verhalten aus deren Sicht und Erleben heraus hat.[2] Im Rahmen dieser Reaktionen sind Jugendliche kreativ und eigenständig: Sie entwickeln eigene Ideen und überraschende Verhaltensmuster, die nicht vorhersagbar sind.

Kultur – In welcher Kultur leben Jugendliche eigentlich?
Den Begriff „Kultur" verstehen wir hier in einem umfassenden Sinn als die Gesamtheit menschlicher Lebensäußerungsformen und Lebensgestaltungsformen im Rahmen einer in sich differenzierten Gesellschaft. Dazu gehören z. B. Sprache, ein gemeinsamer Vorrat an Zeichen und symbolischen Kommunikationsmöglichkeiten, Alltagsverhalten, Sozialstrukturen, Sport, Technik, Kunst usw.[3] „Jugendkulturen" sind folglich nicht auf künstlerisch-ästhetisierende Formen wie Musik, Kleidung oder Graffiti zu reduzieren, sondern kennzeichnen die aus jugendlichem Lebensgefühl und Lebensbewältigungsstrategien resultierenden Lebensäußerungen und Lebensformen in ihrer Gesamtheit.

---

2   Das bedeutet natürlich nicht, auf pädagogische Interventionen wie Herausforderungen, Normierungen, Grenzsetzungen, Korrekturen etc. zu verzichten.

3   Dies ist abzugrenzen von einem eher eingrenzenden und elitären Begriff von Kultur, der auf künstlerische und geistige Äußerungen einer Gesellschaft reduziert ist (vgl. die „Kulturseiten" in Zeitungen) oder auf einen wertenden Begriff im Sinne „kultivierten Verhaltens".

Problem und Chance
Wenn wir im Folgenden aus unserer Sicht wesentliche kulturelle Veränderungen bzw. Prägnanzen unserer Gegenwartskultur beschreiben, ist dies nicht in einem einseitig defätistischen und kulturpessimistischen Sinn aufzufassen. Auch wenn wir einerseits eine Reihe von Problemkonstellationen markieren, die jugendliches Leben beschweren können und in der Tat auch Kulturverlierer und Modernisierungsverlierer erzeugen, so bieten kulturelle Modernisierungsprozesse und gesellschaftliche Veränderungsprozesse genauso gut eine Vielzahl von Chancen und positiven Möglichkeiten für Jugendliche. Und nicht zuletzt: Auch wenn Kinder und Jugendliche zunächst in ihre Umgebungskultur „hineingeworfen" sind, so werden sie mit zunehmendem Alter und Kompetenzzuwachs ihrerseits ihre Umgebungskultur prägen – sie werden also mitverantwortlich.

Die folgenden Markierungen belegen darum nicht nur die Problemkonstellationen und Gefährdungen, mit denen Jugendliche konfrontiert sind, sondern auch ihre eminenten Leistungen, die sie aufbringen, um sich in dieser Kultur Lebensräume zu verschaffen und zu überleben.

1.1. Globalisierung – die vernetzte Weltgesellschaft

Das beherrschende Moment kultureller, gesellschaftlicher Entwicklungen und Veränderungsprozesse ist mit dem Stichwort „Globalisierung" gekennzeichnet.

Globalisierung ist an und für sich nichts Neues: Globalisierungsprozesse existieren, seit es Wanderungsbewegungen und Grenzüberschreitungen menschlicher Gruppen und seit es kulturellen Austausch und damit verbundene Lernprozesse und den Austausch von Rohstoffen, Waren, Dienstleistungen und Wissen gibt – aber eben auch Formen der Machtausübung über andere und deren Unterdrückung und Ausbeutung.

Eine, jedenfalls aus heutiger Sicht, neue Qualität hat der Prozess der Globalisierung aber offensichtlich dadurch erreicht, dass er in einer gewissen Totalität den gesamten Globus mit all seinen Ressourcen und Kulturvollzügen erreicht hat: Die Welt ist zum „globalen Dorf" geworden.

Kennzeichnend für diese neue Qualität sind die tendenziell *unbegrenzten Austauschprozesse*, die zunehmende *politische und wirtschaftliche Abhängigkeit* aller Beteiligten weltweit voneinander, die zunehmende *Vereinheitlichung kultureller Muster*, der schier unbegrenzt mögliche *Informationszugriff* bzw. *Informationstransfer* und die *Gleichzeitigkeit der Kommunikation*. Das „globale Dorf" ist in jeder Hinsicht vernetzt.

Als problematisch erweist sich vor allem die Eigendynamik von Globalisierungsprozessen, die den Eindruck von *Unkontrollierbarkeit* hervorrufen und nicht demokratisch legitimierte und steuerbare Machtkonzentrationen produzieren. Wer keinen Zugang zu wirtschaftlicher Macht oder zu Informationsmacht hat, gehört zur hohen Zahl der Globalisierungsverlierer. Entgrenzung durch Globalisierung bedeutet weltweit für eine Vielzahl von Menschen keineswegs Freiheit und Selbstbestimmung.

Junge Menschen in Deutschland partizipieren in hohem Maße an Globalisierungsprozessen. Diese beinhalten gleichzeitig eine Vielzahl von Chancen und Potenzialen, aber auch Gefährdungen und Risiken. Auch wenn insgesamt die Gesellschaft in Deutschland bisher zu den Globalisierungsgewinnern zu zählen ist, gehören viel zu viele Kinder und Jugendliche in Deutschland zu den Globalisierungsverlierern.

Dies kann an einigen Facetten von Globalisierung durchbuchstabiert werden:

Kulturelle Globalisierung
Unter kultureller Globalisierung verstehen wir die weltweite Angleichung von Lebensstilen ("life style") und kulturellen Werten. Von dieser Vereinheitlichung ist insbesondere die Jugendkultur betroffen. Weltweit scheint sich dabei die westlich geprägte, vor allem die US-amerikanische Kultur durchzusetzen – auch wenn es durchaus Einflüsse aus den Kulturen Afrikas, Asiens und Südamerikas gibt, die von Jugendlichen als interessant empfunden werden und die ihre Spuren hinterlassen. Ebenso existieren eigenkulturelle Gegenbewegungen und Identifikationsbemühungen – nicht nur weltweit, sondern auch innerhalb der bundesrepublikanischen Gesellschaft: Gerade weil eine Vereinheitlichung von Kultur ethnische Bindungen und eigene Identitäten zerstören kann und als „Dominanz des Fremden" erlebt wird, ist es nicht verwunderlich, dass z. B. islamisch geprägte Jugendliche, aber auch andere in Deutschland, in einer Art Reaktionsbildung sich in Subkulturen formieren und sich mit eigenen tradierten Wertvorstellungen und Kulturtechniken identifizieren. Das gilt unbeschadet der Tatsache, dass eine Vielzahl „westlicher" Kulturtechniken (Kleidung, Handy) dennoch übernommen werden. Neben den positiven Auswirkungen solcher kultureller Gegenbewegungen können sich allerdings auch negative und für die Umgebungskultur nicht akzeptable Werte und Normen verfestigen: z. B. Verhalts- und Beziehungsmuster wie Machismo und Zwangssehen, Umgang mit Gewalt und Bildungsfeindlichkeit.

Problematisch an dieser Kulturvereinheitlichung erscheint neben dem Verlust traditioneller ethnischer und kultureller Identitäten, dass viele dieser globalisierten Kulturtechniken und Kulturgüter Produkte von wirtschaftlichen Interessen derer sind, die den globalen Markt beherrschen und mediale Macht (Werbung) besitzen. Selbst eigenkulturelle Gegenbewegungen von Jugendlichen werden schnell vereinnahmt und kommerzialisiert (z. B. Rap).

Eine Vereinheitlichung von Kultur kann einen gewissen Substanzverlust bedeuten (McDonaldisierung bzw. Aldisierung von Kultur). Jugendliche haben zudem das Problem, in einer Kultur standardisierten *life styles* noch die für ihr Selbstbewusstsein so nötige Individualität zu behaupten: Ihre Versuche enden oft genug in einer Art „standardisierter Individualität". Andererseits entwickeln Jugendliche eine Art kreativen Umganges mit Kultur und deren Vereinheitlichung, indem sie Kulturphänomene ironisieren und destruieren. Dies ermöglicht ihnen, eine innere Distanz und spielerische Freiheit zu entwickeln.

Politische Globalisierung
Unter politischer Globalisierung verstehen wir zum einen die Tendenzen zu überstaatlichen Zusammenschlüssen (z. B. Europa) und die Entstehung weltweiter internationaler Organisationen, zum anderen die wachsende internationale Verflechtung mit hohen gegenseitigen Abhängigkeiten.

Für die Lösungen globaler und regionaler Problemkonstellationen (Frieden, Klima und Naturschutz) erscheint dies notwendig und sinnvoll. Allerdings ist damit eine hohe Zunahme von Komplexität verbunden. Die Abhängigkeiten nationaler Regierungen voneinander und von komplexen Prozessen wachsen. Die Kompetenzen und Entscheidungsmöglichkeiten nationaler Regierungen und zivilgesellschaftlicher Organisationsformen scheinen zu schwinden.

Unter Jugendlichen ist das Lebensgefühl, dass sie den Eigendynamiken der sich selbst steuernden, globalen politischen und wirtschaftlichen Prozesse ausgeliefert sind, vielfach vorhanden. Fatal wird es, wenn dies zu einem Gefühl politischer Ohnmacht („man kann ja doch nichts ändern") und zu einer Lebenshaltung politischer Resignation führt, die Energien nur noch pragmatisch für das eigene Überleben im System, die persönliche Karriere und die egotaktische Einwirkung nur auf das persönlich Machbare und das persönliche Lebensumfeld aufwendet.

Ökonomische Globalisierung
Ähnliches gilt für die zunehmende Verflechtung der weltweiten Wirtschaft, ihrer Güter- und Finanzströme. Wirtschaftskonzerne agieren global, während politische Entscheidungen zumeist noch national begrenzt sind. Der Eindruck, dass sich die wahre weltweite Macht in international agierenden Wirtschaftskonzernen konzentriert und politische Entscheidungen wirtschaftlichen Interessen untergeordnet werden, ist nicht nur sachlich zutreffend, sondern hat auch seine Folgen für Lebenseinstellungen: Eine Vielzahl von Jugendlichen engagiert sich punktuell oft aber auch längerfristig für nachhaltige Gerechtigkeit in ihrem unmittelbaren Lebensumfeld genauso wie in weltweiten Bezügen: Dies geschieht z. B. durch den Fairen Handel und entwicklungspolitische Kampagnen und Bildungsarbeit, aber auch durch Aktionen wie „Kritischer Konsum" oder die exemplarische Auseinandersetzung der Evangelischen Jugend in Bayern mit den Folgen neoliberaler Globalisierung und dem Beitritt des Amtes für Jugendarbeit

der Evangelisch-Lutherischen Kirche in Bayern zu ATTAC. Der Eindruck einer ohnmächtigen und nicht rational und zukunftsweisend handelnden Politik kann aber auch zu dem Trugschluss eigener Ohnmacht verführen – z. B. als Konsument. Die Übermacht weltwirtschaftlicher Prozesse, die in ihrer Ungerechtigkeit von Jugendlichen sehr wohl registriert werden, können die angebliche Sinnlosigkeit des eigenen Engagements für Gerechtigkeit suggerieren (konstatiert wird oft das sogenannte „TINA-Syndrom": „There Is No Alternative" – frei übersetzt: „man kann ja doch nichts ändern"). Nicht selten verführt diese hoffnungslose Perspektive auch zu einem hedonistischen Konsumkonzept („nach uns die Sintflut").

Darüber hinaus hat die ökonomische Globalisierung handfeste Folgen für Jugendliche: Arbeitsplatzverlagerungen, die im Übrigen ja durchaus auch weltweit eine gerechtere Wohlstandsverteilung bedeuten könnten, bedrohen die Arbeitsmarktchancen gerade für niedrigere Bildungsschichten auf das Heftigste.

Soziale Globalisierung
Unter sozialer Globalisierung verstehen wir die Entwicklung transnationaler sozialer Beziehungen und Sozialstrukturen, aber auch deren Verwerfungen und Konfliktfigurationen durch Globalisierungsprozesse.

Soziale Beziehungen über Landesgrenzen sowie ethnische, kulturelle und religiöse Grenzen hinaus bieten eine Vielzahl von positiven Lebensmöglichkeiten. Gerade Jugendliche nutzen im Vergleich zu früheren Generationen in hohem Maße z. B. die Bildungschancen und die Kontaktchancen, die sich durch Reisemöglichkeiten, moderne Kommunikationstechniken etc. ergeben haben. Die Möglichkeiten transnationaler Zusammenschlüsse (z. B. in Nichtregierungsorganisationen – NGOs) werden wahrgenommen. Soziale Netzwerke entstehen weltweit. Migration kann auch positive Bedeutungen gewinnen: Als Bereicherung der eigenen Kultur oder als die Möglichkeit der weltweiten „Kommune", sich gegenseitig in Problemkonfigurationen wie Hunger, Verfolgung, Armut zu unterstützen.

Allerdings erleben Jugendliche auch die Verwerfungen, die z. B. durch Migrationsbewegungen mit den daraus resultierenden sozialen Konflikten entstehen.

Vom Ende des Glaubens an das immerwährende Wachstum
Jugendliche müssen sich wie keine andere Generation im Nachkriegsdeutschland mit den Grenzen des Wachstums auseinandersetzen. Das Ende immerwährenden Wachstums und die Erkenntnis über die endlichen Ressourcen in Natur, Ökonomie und Gesellschaft nehmen Jugendliche vergleichsweise pragmatisch auf und versuchen, sich mit den Rahmenbedingungen zu arrangieren. Die jugendliche Triebkraft einer radikal anderen, erhofft besseren Gesellschaft ver-

blasst vor der Herausforderung, sich schon frühzeitig über den weiteren Lebensweg und die spätere Verortung in dieser Gesellschaft auseinanderzusetzen. Diese im Vergleich zu anderen Generationen ausweislich veränderte Einstellung erhält Schubkraft, seit sich die angekündigten Krisen als Folge des ungebremsten Wirtschaftens der Industriestaaten und der daran orientierten Schwellenländer abzeichnen – das Ende fossiler Energierohstoffe rückt näher (und damit die ungebremste Mobilität globaler Warenproduktion), die Nahrungsressourcen und das Wasser werden knapp (und für die Armen unbezahlbar), es mangelt zunehmend an Metallen und anderen Grundstoffen für die Produktion, der Klimawandel meldet sich über die wachsende Zahl von Naturkatastrophen zu Wort, die Bevölkerungsentwicklung mit ihren sehr unterschiedlichen Folgen ist überall spürbar – hier die Grenzen des gesellschaftlich finanzierbar Sozialen durch den fehlenden Nachwuchs, dort der wachsende Hunger durch eine schnell anwachsende Bevölkerung. Die wachstumsorientierte Ökonomie hat ihre eigenen Grenzen geschaffen – das Ende des Jahrzehnts hat seine Tonart verändert mit dem Ruf nach mehr staatlicher und überstaatlicher Regulierung (der Kapitalmärkte, der Ökologie, verbindlicher Sozialstandards etc). Mehr Protektionismus ist wieder angesagt. Die Verknappung nicht erneuerbarer Ressourcen bei gleichzeitig steigendem Bedarf wird zum Hemmnis eines auf Wachstum ausgerichteten globalen Wirtschaftskonzepts. Wird Mobilität in wachsendem Maße teurer, frisst dieser Faktor den Gewinn durch billige Arbeitskräfte, niedrige Sozial- und Umweltstandards auf und macht das ganze Konzept noch fragwürdiger. Damit wird sicher die Globalisierung nicht rückgängig gemacht, aber entschleunigt.

Der Versuch, Arrangements für eine gelingende Zukunft mit den Bedingungen der Gegenwart zu treffen, widerspricht jedoch nicht den Vorstellungen junger Menschen von mehr Gerechtigkeit in dieser Welt und größerer Harmonie zwischen Menschen und in der ganzen Schöpfung. Sie sehen die Kompromisse ihrer Elterngeneration und nehmen sehr sensibel die Konflikte in dieser Welt – fern und nah – wahr. Unabhängig von ihrer sozialen Situation wollen sie einen anerkannten und wertgeschätzten Platz in der Gesellschaft erreichen – Familie gründen, eine sinnerfüllte Arbeit finden, selbstbestimmt ihr Leben gestalten und sich für eine lebenswerte Welt engagieren. Die Unsicherheit ist groß, denn im Gegensatz zu anderen Nachkriegsjugendgenerationen müssen junge Menschen sich heute intensiv mit den erreichten und spürbar absehbaren Grenzen des Konzepts Wachstum um jeden Preis auseinandersetzen.

Globalisierung bietet Jugendlichen Chancen. Globalisierung bringt Gefährdungspotenziale und Konflikte mit sich, die von Jugendlichen bewältigt werden müssen.

> *Globalisierung muss gestaltet werden: Jugendliche brauchen Wertmaßstäbe, um negative Globalisierungsphänomene von Globalisierungschancen zu unterscheiden. Die Globalisierung von Gerechtigkeit, von Menschenrechten, von Sozialstandards und Ökologie beispielsweise sind solche Chancen. Dazu brauchen Jugendliche allerdings auch die Vermittlung von Handlungsoptionen und Handlungsmöglichkeiten, die sie ihre Handlungsmacht erleben lassen – gegen das Lebensgefühl der Ohnmacht.*
>
> *In vielen Bezügen evangelischer Kinder- und Jugendarbeit erfahren junge Menschen die Chancen und Bereicherungen von Globalisierung. Beispielhaft sei die Vielzahl internationaler Maßnahmen wie Begegnungen, Auslandsreisen und Festivals genannt. Im Rahmen normaler Gruppenarbeit oder durch gezielte Bildungsangebote setzen sich junge Leute kritisch mit problematischen Konsequenzen fortschreitender Globalisierung auseinander, entwickeln Handlungsoptionen und eigene Projekte.*

1.2. Entgrenzungen und Erosionen

Als eine prägnante Kennzeichnung der Gegenwartskultur, in der Kinder und Jugendliche aufwachsen, wählen wir die Stichworte „Entgrenzungen und Erosionen". Neben der Entgrenzung durch Globalisierung spiegelt sich dieses Kulturmuster in einer Vielzahl von lebensprägenden Facetten:

Entgrenzte Zeitgestaltung – die beschleunigte Gesellschaft
Ein Megatrend unserer Gesellschaft ist eine drastische Erhöhung des Lebenstempos.

Die Schnelligkeit, mit der sich kulturelle Entwicklungen und Veränderungsprozesse vollziehen und zum Teil förmlich überschlagen, hat sich vervielfacht.

Informationen veralten in rasendem Tempo. Moden wechseln immer schneller. Lebensoptionen und Freizeitangebote haben sich multipliziert. Wer nicht mehr mitkommt, ist out. Um überhaupt noch mitzukommen, fühlen sich Jugendliche gezwungen, eine Menge Dinge gleichzeitig oder zumindest in rascher Folge zu tun. Das sogenannte „Hopping" (Party-Hopping, Programm-Hopping/Zapping) liefert dafür ein beredtes Sprach-Bild.

In ihren individuellen Lebenskonstellationen sind Kinder und Jugendliche einem zunehmenden Termindruck ausgesetzt. Neben der Schule existieren – zumindest bei den Jugendlichen, deren familiäre finanzielle Verhältnisse dieses erlauben – eine Vielzahl von privaten Bildungs- und Freizeitterminen (vom Reitunterricht und Sport bis zu musischer Bildung) und eine Vieloptionalität von privaten Kommunikationseinheiten in Clique und Freundeskreis, Disco, Konzerten und Kino. Die neuen Medien kosten ebenfalls erhebliche Teile des Zeitbudgets. Ehrenamtliches Engagement kommt hinzu.

Dies alles erzeugt ständigen Termindruck. Der Terminkalender eines Teenagers und oft schon von Kindern gleicht dem eines Managers.

Dieses Lebensgefühl des Gehetzt-Seins bringt es mit sich, dass Menschen nie ganz da sind, wo sie eigentlich sind, sondern in Gedanken schon am nächsten Ort. Ein Verlust der Tiefendimension der Inhalte und vor allem auch des eigenen Lebens kann die Folge sein. Die Intensität von Beziehungen leidet. Die Fähigkeit, Schönheiten des Lebens mit Genuss wahrzunehmen und zu genießen, geht zurück. Zeit ist für viele Jugendliche zu einem der kostbarsten Güter geworden.

> Kinder und Jugendliche brauchen Zeit: um sich auf sich selbst zu besinnen – um sich zu entwickeln – um Lebensintensität zu erfahren – um sich mit sich selbst auseinandersetzen zu können.
>
> Für die evangelische Kinder- und Jugendarbeit ist es darum wichtig, dass es Angebote für Ruhe und Lebensintensität gibt. Junge Menschen sehnen sich danach. Nicht umsonst üben Klöster, Kommunitäten und Meditation auf viele Jugendliche hohe Faszination aus.
>
> Gottesdienste können ein solcher Ort der Ruhe, des Ausruhens vor und mit Gott sein. Ein Ort, der zur Erfahrung der Lebenstiefe und einer intensiven Gottesbeziehung führt. Das würde natürlich bedeuten, die Gottesdienstformen gerade nicht der Schnelllebigkeit und dem raschen Reizwechsel anzupassen, sondern nach Gottesdienstformen zu suchen, die Ruhe und Intensität bieten.
>
> Auch die „Moratorien" im Alltagsleben, also die „Auszeiten", gewinnen – zum Teil neu – wieder an Bedeutung. Dazu zählt beispielsweise die sogenannte „Stille Zeit": ein ritualisierter Ausschnitt im Tagesablauf, in dem meist anhand eines Bibeltextes Zeit ist zur Meditation und zum Gebet, zur Selbstreflexion und zum Nachdenken, zum „Hören auf Gott und auf die eigenen Gefühle und Gedanken". Früher oft zu Recht als formalisierter Zwang abgelehnt und gefürchtet, kann die heilsame Bedeutung dieser „Stillen Zeit" wieder deutlich gemacht werden, wenn junge Leute die Erfahrung machen, dass sie in solchen Auszeiten tatsächlich zur Ruhe kommen und wieder an Lebens- und Glaubensintensität gewinnen können.
>
> Für junge Menschen hat das „Chillen" eine eminente Bedeutung gewonnen: das „Abhängen", Ruhig-Werden, Ausruhen und Zu-sich-selber-Finden. Viele Angebote evangelischer Kinder- und Jugendarbeit – in Jugendkirchen, auf Ferienfreizeiten, in der Gruppenarbeit – beinhalten darum nicht mehr einfach nur „action", sondern auch solche „Ruhe-Zonen" und Angebote des Chillens, die eine hohe Attraktivität genießen.

Der Informationsoverkill – Wissen statt „Weisheit" und Verstehen

Unsere Gesellschaft wandelt sich zunehmend zur Wissensgesellschaft. Wissen ist Grundlage, um in unserer Kultur zu überleben, und Voraussetzung, um Karriere zu machen, und Wissen bedeutet auch Macht.

Problematisch sind daran zumindest drei Dinge.

→ Es gibt ein Überangebot an Informationen. Jugendliche werden von Informationsfluten überrollt. Die Kluft zwischen dem, was an Informationen konsumiert werden müsste, und dem, was zu schaffen ist, wird ständig größer. Unzufriedenheit mit sich selbst und Versagensängste können daraus folgen, der hektische, aber aussichtslose Versuch, auf dem Laufenden zu bleiben, oder auch die pure Resignation, die zu Verweigerungshaltungen führen kann.

→ Die wenigsten Jugendlichen haben (ethische) Orientierungsmuster und Mechanismen entwickelt, um aus dieser Informationsflut eine sinnvolle Auswahl zu treffen und sich im Gestrüpp des Wissens so zurechtzufinden, dass es für das eigene Leben förderlich ist.

→ Unsere Gesellschaft fordert Fachinformationen und Spezialwissen – aber offensichtlich auf Kosten der Weisheit im Sinne von Lebensbewältigungswissen und Lebensgestaltungsstrategien, von Lebenssinn und Lebensorientierungen.

> Christliche Jugendarbeit hat die Aufgabe, Expeditionen in die Tiefendimensionen des Lebens zu ermöglichen, also Sinn- und Lebensfragen zu thematisieren: Es geht nicht um weitere Anhäufung von Informationen, sondern um das Nachdenken, das Innehalten und Sinnieren, das Träumen und Verarbeiten – und um die Begleitung auf dem Weg, Antworten auf lebenswichtige Fragen zu gewinnen und das eigene Leben deuten zu können. Dazu gehört es, Jugendlichen dabei zu helfen und sie in dem Prozess zu begleiten, aus der Flut von Informationen und Wissen das für ihr Leben Wichtige herauszufiltern und Orientierungskriterien zu entwickeln. Gerade christliche Religion und Texte der Bibel beinhalten Angebote, Lebenswichtiges von Unwichtigem zu unterscheiden.

„Neue Unübersichtlichkeit" – Komplexitätszunahme

Unsere Gesellschaft wird immer komplexer. Die Welt ist kompliziert geworden. Systemisches Denken ist notwendig und entspricht der Realität genauer als eindimensionales und monokausales Denken. Damit können junge Menschen allerdings auch überfordert werden und wenden sich vereinfachten und simplifizierten Deutungsmustern zu: Wo es für alles ein Für und Wider und unendlich viele Einzelfaktoren zu berücksichtigen gilt, scheint nur noch das Denken in Schwarz-Weiß-Kategorien einen Ausweg zu bieten.

> *Evangelische Kinder- und Jugendarbeit ist ein Ort, an dem junge Menschen lernen können sich zu orientieren und Bewertungsmaßstäbe zu entwickeln. Sie können lernen, zu differenzieren und Widersprüche auszuhalten.*
>
> *Orientierung heißt nicht: Vereinfachung und Banalisierung. Junge Menschen sollen vielmehr in Selbstentwicklungsprozessen begleitet werden, um zu lernen, Prioritäten zu setzen, die genauso menschen-freundlich und lebenszugewandt sind wie christus-orientiert. Und es geht darum, den Glauben zu „elementarisieren": die Botschaft der Bibel, das Evangelium, auf ihr wirkliches Leben zu beziehen, anstatt abstrakte und komplizierte geistliche oder theologische Wahrheiten, die lebensfremd sind, zu verbreiten. Ziel ist es, dass junge Menschen lernen, mit Komplexität und Widersprüchen umzugehen, anstatt Realität zu simplifizieren und der Verführung fundamentalistischer Weltdeutungen zu erliegen.*

Immer mehr – Die Spaß- und Erlebnisgesellschaft

Unsere Gesellschaft ist zunehmend zu einer Erlebnis- und Spaßkultur geworden. Gewiss ist vieles, was Jugendliche als „Spaß" bezeichnen, nicht einfach nur als „seichter Fez" zu verstehen, sondern als etwas sehr Ernstes, nämlich als Lebensfreude, Sinnerfüllung und Lebenserfüllung zu dekodieren.

Spaß kann also das meinen, was früher Glück genannt wurde. Allerdings verdankt sich einiges, was unter Spaß verrechnet wird, tatsächlich einer oberflächlich-hedonistischen Lebensweise, die auf unmittelbaren Genuss abzielt.

Die zunehmende Spaß- und Erlebnisorientierung ist nachvollziehbar: In einer Kultur, in der Erfahrungen oft nur noch aus zweiter oder dritter Hand, nämlich über die Massenmedien vermittelt werden, in der das Leben formalisiert, geregelt, digitalisiert und technisiert ist, muss der Hunger nach selbst erlebter, authentischer „Fülle des Lebens" wachsen. Eigenes Erleben und authentische Erfahrungen werden zu einem kostbaren Gut.

Problematisch wird die inflationäre Erweiterung der Möglichkeiten einer Erlebnisgesellschaft, die zu einer permanenten Angst, etwas zu versäumen, und zur Suche nach immer neuen Reizen und einem gesteigerten „Kick" führen kann, der keine wirkliche Befriedigung und keine echten, intensiven Erfahrungen mehr zulässt.

Bei Jugendlichen kommt hinzu, dass sie nicht mehr in dem Maße wie frühere Jugendgenerationen ihre Jugendzeit als Zeit des Experimentierens und Ausprobierens, als „Moratorium" zwischen Kindheit und Erwachsenenalter haben, sondern dass die Ernstheitsprobleme der Erwachsenenkultur sie erreicht haben: Angst vor Arbeitslosigkeit oder der Vergeblichkeit ihrer Bildungsanstrengungen beispielsweise.

Die Sehnsucht nach „Spaß" ist eine plausible Reaktion.

Die Probleme liegen allerdings auf der Hand. Auch der so verstandene „ernsthafte" Spaß kann zum selbstbezogenen und genusssüchtigen „Problem-Ablenkungsamüsement" werden, zu einer unendlichen Jagd nach dem „Spaß-Glück" im Konsum, und kann so letztlich alle wirkliche Lebensfreude zerstören.

> *Evangelische Kinder- und Jugendarbeit ist darum mit Recht in ihren Arbeitsformen erlebnisorientiert. Es kommt allerdings darauf an, nicht eine seichte Event- und Erlebniskultur nachzuahmen und in Gottesdiensten und in der Jugendarbeit trendmäßig eine Fülle von inflationären Spaßelementen und ständig neuen Reizen zu bieten. Es kommt vielmehr darauf an, eine wirkliche geistliche und menschliche Erfahrungsqualität, die in die Tiefe geht, anzubieten.*
>
> *Evangelische Kinder- und Jugendarbeit fördert mit ihren Angeboten die pure Freude Jugendlicher am Leben – und sie bietet jungen Menschen Möglichkeiten, „Spaß" als sinnerfüllte Gestaltung ihres Lebens alternativ zu vordergründigem Genuss auszuagieren: Jugendliche gelten als wichtig, sie werden ernst genommen, sie werden gebraucht und dürfen sich und ihre Kreativität entfalten.*

Entgrenzter Konsum

Kinder und Jugendliche leben in einer Gesellschaft des Konsums.

Junge Menschen sind ein wesentlicher Wirtschaftsfaktor im deutschen Binnenmarkt. Sie sind darum nicht nur als zukünftige, sondern auch als aktuelle Verbraucher(innen) eine primäre Zielgruppe des Marketings und der Werbung.

Die durchschnittliche finanzielle Ausstattung junger Menschen ist – im Vergleich zu früheren Jahren, aber natürlich auch im Vergleich zu anderen Regionen dieser Erde – immens: 6- bis 13-Jährige hatten im Jahr 2006 durchschnittlich 90,– € pro Monat zur Verfügung, 18- bis 20-Jährige 474,– € (KVA 2006).

Die Quellen dieser Finanzausstattung sind neben dem Taschengeld und Geschenken von Verwandten bzw. zu Festtagsanlässen (Weihnachten bis Konfirmation) vor allem Jobs, die mit zunehmendem Alter naturgemäß im Durchschnitt zunehmen: Ca. 40 % der 14- bis 17-Jährigen beispielsweise jobben regelmäßig nach der Schule, bis zu 50 % der Einnahmen von 15- bis 16-Jährigen stammen aus Jobs.

Auf der Prioritätenliste der Konsumgüter stehen Mode, Handy und Kosmetik ganz oben. Weitere wesentliche Ausgaben werden für Freizeit, Unterhaltung und Medienausstattung, für Getränke, darunter in manchen Situationen und sozialen Zusammenhängen in erheblichem Maße Alkoholika, und für Süßigkeiten und „fast food" getätigt.

Wichtig ist: Nicht Kinder und Jugendliche haben diese Form der Konsumgesellschaft erfunden, sondern sie leben in einer Konsumgesellschaft, in der

Erwachsene als Vorbilder ihnen vielfach ungehemmtes und die Segnungen des Konsums heiligendes Verhalten vorleben. Die Wirtschaft fördert aus ihrer Interessenlage heraus durch entsprechende Werbemaßnahmen und Imagebildungen ein tief gegründetes Selbstverständnis von Verbrauch und Wegwerfmentalität und der angeblich in unserer Kultur überlebensnotwendigen und Status bildenden Konsumhaltung. Genuss – so wird durch unsere Kultur suggeriert – sei wesentlicher Lebenswert.

Natürlich sind Lebensfreude und Genuss nicht an sich verwerflich. Es entstehen nur im Rahmen unserer gegenwärtigen Gesellschaft erhebliche Verwerfungen:

→ *Die gesellschaftliche Schere:* Der oben angegebene Durchschnittswert der allen Jugendlichen zur Verfügung stehenden Ressourcen gibt nicht die Realität der einzelnen Jugendlichen wieder. Die finanziellen Ressourcen der Familien klaffen tatsächlich zunehmend erheblich auseinander. Zwar kann die Eigeninitiative von jungen Menschen (Jobs) dafür sorgen, dass in einzelnen Fällen die Folgen dieser Schere abgemildert werden; allerdings sind diese Eigeninitiativen oft gerade von der Motivierungsfähigkeit der Herkunftsfamilien abhängig.

→ *Normierungen und Standards:* Weiterhin werden durch das soziale Umfeld von Kindern und Jugendlichen (vom Kindergarten über die Schule, die Nachbarschaft und die Clique) Konsumstandards und Besitznormen gesetzt. Jugendliche orientieren sich genauso wie Eltern an diesen, oft hohen und zum Teil unerreichbaren, von außen gesetzten Standards. Wer nicht mithalten kann, gilt als „abgehängt" und läuft Gefahr, nicht mehr zur gewünschten sozialen Bezugsgruppe dazuzugehören. Oft genug führt dies entweder zu finanziellen Überforderungen von Familien bzw. den Jugendlichen selbst bis hin zu gravierenden Verschuldungen oder zum erzwungenen Verzicht auf gesellschaftliche Teilhabe mit ihren negativen Folgen für Kinder und Jugendliche.

Nicht zu unterschätzen ist die Rolle von – medial vermittelten – signifikanten Personen, die Vorbildcharakter besitzen: Es sind dies nicht nur die Idole und Stars von Jugendlichen aus der Musik- und Sportszene mit ihren zum Teil überdimensionierten „Verdiensten"[4].

→ *Selbstverständlichkeit von Konsum:* Oft werden Besitz und Konsum von Jugendlichen der gegenwärtigen Generation tendenziell als legitime Selbstverständlichkeit gewertet und eingefordert. Unter Jugendlichen herrscht eher das Bewusstsein eines selbstverständlichen Anrechtes auf Konsum als

---

4 Warum wehrt sich eigentlich keiner aus der „Kurvenszene" der Bundesligastadien gegen die absurd hohen Honorierungen der Fußballstars?

das Bewusstsein, dass Besitz und Konsum erst erarbeitet werden müssen und auf Gegenleistungen basieren.

Deviantes, also abweichendes und ggf. auch kriminelles Verhalten hat hier einen Teil seiner Ursachen:

Wer in diesem Paradigma von Selbstverständlichkeit der Teilhabe am exzessiven Konsum lebt und sich zur Teilhabe an konsumorientierten Statusmerkmalen subjektiv gezwungen sieht, wird folgerichtig zu jedenfalls für den Moment erfolgreichen persönlichen Strategien greifen, um sein, aus subjektiver Perspektive nachvollziehbares, Anrecht auf Partizipation am gesellschaftlichen Reichtum auch zu realisieren. Die Eigenwahrnehmung, ausgeschlossen zu sein vom gesellschaftlichen Reichtum, kann zur Konsequenz führen: „Ich hole mir meinen (berechtigten) Anteil" – bis hin zu kriminellen Handlungen.

Natürlich sind auch von Jugendlichen ethische Konzepte, Verantwortung bzw. das Lernen von Selbstverantwortlichkeit und sozial angemessenem Verhalten zu erwarten und von ihnen einzufordern. Deviantes Verhalten in seiner Logik aus jugendlicher Perspektive nachvollziehen und verstehen zu können heißt nicht, es zu tolerieren oder gutzuheißen.

Gleichwohl ist zu berücksichtigen, inwieweit erzieherisches Fehlverhalten und ein gesamtgesellschaftliches Klima mitverantwortlich sind für solch deviantes Verhalten.

Kinder und Jugendliche lernen von Erwachsenen, von den für sie vorbildhaften Personen und der Umgebungskultur.

An der Spitze solch pädagogischer Unverantwortlichkeit und falscher Normierung stehen sicher diejenigen Menschen aus Kulturbereichen und vor allem der Wirtschaft[5], die durch Einkünfte oder Steuerhinterziehungen in unvorstellbaren Größenordnungen Konsumvorstellungen und Verhaltensnormen prägen. Dies ist insofern gesellschaftsschädigendes Verhalten, weil es nicht nur Modelle für um jeden Preis erfolgreichen Verhaltens und für Konsum-Standards liefert, sondern auch Legitimierungen für deviantes Verhalten. Durch solche Vorbilder werden klimatische Bedingungen in einer Gesellschaft erzeugt. Es geht hier wohlgemerkt nicht um eine Neiddebatte, sondern um eine Leitbilddebatte: nämlich um die Frage nach der Leitfunktion von gesellschaftlichen Eliten!

Für die evangelische Kinder- und Jugendarbeit gehören nach der Bibel alternative Werteorientierungen zu den Standards: Junge Menschen beschäftigen sich mit Lebenswerten, die substanzieller sind als reine Konsumorientierun-

---

5   Unbestritten ist, dass es viele Personen in Wirtschaft und Kultur gibt, die mit einem hohen Ethos agieren – dies ist meist jedoch für mediale Darstellungen irrelevant.

> gen. Sie lernen und praktizieren eine Kultur des Teilens, die sie in ihren unmittelbaren sozialen Bezügen (wie z. B. innerhalb der Gruppe oder in ihren Sozialräumen) einüben können, aber auch in globale Bezüge (z. B. durch den Fairen Handel) übersetzen. Sie praktizieren eine Kultur des sinnvollen und lebensfreundlichen Verzichtes (z. B. durch Aktionen wie „Sieben Wochen ohne" in der Fastenzeit), reflektieren „Kritischen Konsum" und lernen, nicht nur „für seyn eigen, sondern auch für andere" (Luther) zu denken.

„Alles ist erlaubt" – Die permissive Gesellschaft und ihr Wertechaos

Zunächst einmal: Jugendliche haben Werte und zum Teil sehr prägnante Vorstellungen über das, „was ihnen wertvoll ist" – also ihr persönliches Werteensemble darstellt.

Ihnen begegnet in unserer Gesellschaft und Kultur eine Vielzahl von Werten – in der Regel das, was ihrer jeweiligen Umgebung und Lebenswelt als wertvoll erscheint, und vor allem das, was als lebenswert vorgelebt wird und lebensbedeutsam erscheint. Sie setzen sich mit diesen Werten nach ihren eigenen biografischen Maßstäben und dem Kriterium der Lebensrelevanz in Übernahme und Abgrenzung auseinander.

Problematisch ist, dass ihnen eine ungeheure Vielfalt von Wertebindungen und Maßstäben begegnet und vorgelebt wird, die im Vergleich zu früheren oder anderen Gesellschaften kaum noch plausible und maßgebliche Wertorientierungen besitzen, die allgemeingültigen Verbindlichkeitscharakter beanspruchen können.

Viele Wertmaßstäbe, die im Alltagsleben und durch „signifikante Personen" wie Eltern, Lehrer(innen), Gruppenleiter(innen), Stars und Vorbilder etc. vorgelebt und vermittelt werden, widersprechen sich: Die suggerierten Werte des grenzenlosen Konsums und Verbrauchs von Ressourcen widersprechen beispielsweise massiv den pädagogisch und politisch propagierten Nachhaltigkeitswerten.

Jugendliche erleben in allen relevanten Lebensbereichen eine Vielzahl von Werteoptionen und von begründbaren Verhaltensmustern, ohne einen – in zumindest breiten Teilen der Gesellschaft akzeptierten – Maßstab setzenden Wertekanon zur Verfügung zu haben. Ihre Aufgabe, sich zu orientieren und Werte zu finden und für sich zu generieren, ist enorm.

Verschärft wird diese Problemlage durch die scheinbare Grenzenlosigkeit und Freiheit unserer Kultur. Pädagog(inn)en sprechen seit längerem von einer „permissiven Kindheit und Jugend" – also einer Kindheit und Jugend, die keine Grenzen bzw. nur noch gering normierte Grenzen kennt, und von Jugendlichen, denen zu wenig Grenzen gesetzt werden: Unendliche Wahlmöglichkeiten, unendlicher Konsum, fehlende allgemein verbindliche Regeln und Orientierungen sind ein Signum unserer Kultur. Eltern, Erzieher(innen) und Pädagog(inn)en fühlen sich zunehmend verunsichert und unfähig, Kindern und Jugendlichen die Grenzen zu setzen, die sie für ihren persönlichen Reifungsprozess eigentlich nötig brauchen.

Eine Kultur, die suggeriert, dass alles möglich und irgendwie auch alles erlaubt ist, droht ihre soziale Lebensqualität, ihre Werte und ihre ethischen Maßstäbe, ihre Solidarität und Mitmenschlichkeit zu verlieren.

> *In der evangelischen Kinder- und Jugendarbeit setzen sich junge Menschen auf den Spuren der biblischen Botschaft mit grundlegenden Wertmaßstäben auseinander. Sie erleben durch christlich geprägte Menschen und durch das Gebot Gottes Orientierungen. Sie erfahren die Freiheit des Evangeliums und lernen Verantwortungsübernahme für sich selbst und für andere. Dazu gehört die Erfahrung, dass Freiheit und Grenzenlosigkeit nicht identisch sind und dass Freiheit auch Maßstäbe braucht und Grenzen erfordert. Sie lernen die Problematik von Grenzüberschreitungen kennen und einen lebensfreundlichen Umgang damit (Schuldigwerden und Vergebung). Sie lernen negative Gesetzlichkeit zu unterscheiden von der orientierenden Kraft des christlichen Glaubens und der Befreiung durch das Evangelium.*

Die multioptionale und multireligiöse Gesellschaft – der Verlust von Eindeutigkeit und Orientierung

Für unsere christlich geprägte abendländische Kultur, aber besonders für junge Menschen, die „mit Ernst Christ sein wollen", ist derzeit eine der größten Herausforderungen, mit der zunehmenden religiösen Vieloptionalität und der sich abzeichnenden multireligiösen Gesellschaft umgehen zu können. Für viele ist es ein ungelöstes Problem, wie das aussehen könnte: auf der einen Seite einen tragfähigen und seiner selbst gewissen Standpunkt, eine Position des eigenen Glaubens zu entwickeln und trotzdem anders Denkenden und anders Glaubenden tolerant, gesprächsoffen und hörbereit zu begegnen.

Auf jeden Fall bedeutet eine multireligiöse und multikulturelle Gesellschaft den Verlust von überlieferten Selbstverständlichkeiten und von eindeutigen Wertmaßstäben und Verhaltensmustern. Der Trend geht dahin, dass eigene Wertmaßstäbe, eigener Glaube und eigene Orientierungsmuster zunehmend durch Alternativen angefochten und auch oft destabilisiert werden. Diese Problemlage verschärft sich dadurch, dass Jugendliche insbesondere aus islamischen Religionstraditionen (noch) einen signifikant höheren Wert an religiöser Identität und Glaubenspraxis aufweisen.

Fraglos ist Toleranz ein positiver und hoher Wert. In einer Kultur, in der die Zahl der Wahlmöglichkeiten schier unendlich ist, kommt es vornehmlich darauf an, auswählen zu lernen. Zu einer verantwortlichen Wahl eigener Lebensmöglichkeiten gehört die Fähigkeit erkennen zu können, was für das eigene Leben förderlich ist, aber auch was für das Leben des Ganzen, also der Gemeinschaft, förderlich ist. Dazu gehört es, eigene Standpunkte und Positionen, zumindest experimentell und auf Probe, entwickeln zu können.

> *In der evangelischen Kinder- und Jugendarbeit können junge Menschen Toleranz einüben, besser gesagt: eine „positionelle Toleranz". Eine positionelle Toleranz hat derjenige, der selber Gotteserfahrungen gemacht und eine tiefe Gewissheit seines eigenen Glaubens entwickelt hat; der weiß, wovon er redet, wenn er von seinem Glauben redet. Und der sich dann in großer Offenheit auf anders Denkende einlassen, auf sie hören, vielleicht sogar von ihnen lernen und sich in sie hineindenken kann – und so freundlich und gelassen seinen Glauben und Jesus Christus bezeugen kann.*

Auflösung von Verlässlichkeiten und die neue Unübersichtlichkeit
Jugendliche brauchen für ihre Entwicklung Strukturen, Orientierungen und Verlässlichkeiten. Jugendliche leben allerdings in einer Kultur, deren überlieferte Strukturen sich vielfach auflösen oder erodieren.

Beispiele illustrieren dies: Obwohl die klassische Familienkonstellation (Eltern mit Kindern in einem langfristig stabilen Haushalt) nach wie vor die große Mehrheit darstellt, hohe soziale Akzeptanz genießt und auch der Lebenstraum der meisten Jugendlichen ist, nimmt die Zahl anderer familialer Konstellationen zu. Viele Kinder und Jugendliche erleben die Scheidung ihrer Eltern und die Gründung neuer Familien mit anderen Geschwisterkonstellationen oder wachsen in Haushalten Alleinerziehender auf. Es erfordert von Jugendlichen oft ungeheure Energien, solche Lebensbrüche und Neukonstituierungen zu verarbeiten.

Das soziale Umfeld definiert nicht mehr unbedingt Identitäten, Gruppenzugehörigkeiten und Schichtzugehörigkeiten. Hierarchiemuster lösen sich – nicht nur in der Schule – auf, allgemein verbindliche Orientierungsmuster sind nicht mehr vorhanden, viele klassische und eine Gesellschaft verbindende Werte sind erodiert: Der Satz: „Das tut man nicht" ist obsolet, weil es „man" nicht mehr gibt. Die Lebenswelt ist unübersichtlich geworden.

Gewiss ist es völlig falsch, von einer generellen Auflösung aller Strukturen zu reden. Es bilden sich neue Strukturen und Jugendliche schaffen sich ihre eigenen Orientierungsmuster. Unsere Gesellschaft transportiert nach wie vor positive, allerdings auch problematische Wertvorstellungen und Normen, die für junge Menschen handlungsleitend sind. In Subkulturen und kleinräumigen Systemen existieren durchaus verbindliche Wertehierarchien und Strukturen.

Insgesamt haben wir allerdings die Tendenz zu konstatieren, dass verbindliche Orientierungsmuster und hilfreiche Strukturen zurückgehen. Die damit verbundenen Individualisierungsprozesse bieten nicht nur viele Optionen, sondern beinhalten auch den „Zwang zur Wahl" und nötigen junge Menschen zu permanenten individuellen Entscheidungen.

Fraglos haben Enthierarchisierungen ihre positiven Seiten für junge Menschen. Die Liberalisierung von Lebensmustern bietet Freiheiten und Möglichkeiten zur Eigengestaltung des Lebens nach den Maßstäben eigener Lebenssichten und Lebenswünsche. Die Vielfalt von Optionen hat zugenommen. Autoritäre Lebensmuster sind zurückgegangen. Zwänge und lebensfeindliche Normen haben sich vermindert.

Problematisch wird das Ganze dann, wenn die Vielfalt an Optionen zu Orientierungsverlusten führt und wenn junge Menschen angesichts der „neuen Unübersichtlichkeit" auch die Übersicht über ihr Leben und ihre Lebensplanungen verlieren und orientierungslos werden.

Kinder und Jugendliche haben einen erheblichen Teil ihrer Energien und Valenzen zur Bewältigung von Unstrukturiertheit und Unübersichtlichkeit aufzuwenden.

Vollends dramatisch wird die Situation, wenn Kinder und Jugendliche in ihrem Leben Verlässlichkeit – sei es von Personen, sei es von Institutionen – vermissen und ein Lebensgefühl entwickeln, zu wenig Halt zu haben.

Erosion der Normalbiografie

Viele junge Menschen hegen nach wie vor tief gegründete Erwartungen bzw. Träume von einer verlässlichen und planbaren „Normalbiografie". Ihre Lebensträume zielen durchaus auch auf „bürgerliche Ideale" wie Eigenheim, Familie, Wohlstand und einen erfüllenden Beruf, die dem Grundbedürfnis nach Sicherheit entsprechen.

Das klassische Muster einer „Normalbiografie" löst sich allerdings zunehmend auf. Dies gilt bereits für eine Vielzahl von Erwachsenen. Jugendliche haben zu einem großen Teil keine klassische Normalbiografie mehr zu erwarten. Beziehungsmuster wie eine stabile oder gar lebenslange Ehe oder eine vergleichbare Paarbeziehung erodieren genauso wie das Modell einer kontinuierlichen Familie, wenn auch bisher noch auf vergleichsweise hohem Niveau. Das Eigenheim und der planbare Wohlstand geraten in wirtschaftlichen[6] oder privaten Krisensituationen in Gefahr. Erwerbsbiografien werden brüchig.

Für Jugendliche ist vor allem ihre Qualifizierungsanstrengung für zukünftige Erwerbsarbeit wichtig. Das Schulsystem ist genauso wie weitere formale Qualifizierungen (Studium, berufliche Ausbildung) auf die Vorbereitung für die

---

6   Dies ist derzeit in den USA zu beobachten.

Erwerbsarbeit und eine gelingende Erwerbsbiografie ausgerichtet. Erworbene Qualifikationen garantieren dies allerdings nicht mehr. Junge Menschen müssen sich (wie inzwischen auch ältere) ständig weiterqualifizieren, um nicht abgehängt zu werden, oder sie müssen sich umorientieren, um ihr finanzielles Auskommen zu sichern. Auch wenn die „Generation Praktikum" bei Weitem nicht alle gegenwärtigen jungen Erwachsenen ausmacht, ist es doch eine erhebliche Anzahl, die sich durch Praktika oder eine Vielzahl kurzer Jobs orientiert, über Wasser hält und versucht, auf diese Weise sich in die Erwerbsgesellschaft zu integrieren.

Jungen Menschen wird darum ein hohes Maß an Flexibilität, Mobilität und Veränderungsbereitschaft abverlangt. Eine Reihe von jungen Menschen zählt zu den Verlierern, weil ihnen der Einstieg in eine dauerhafte und befriedigende Erwerbsbiografie nicht oder nur sehr spät gelingt – mit Folgen für ihre zukünftige soziale Absicherung.

Die Reaktionsmuster Jugendlicher auf diese gesellschaftlichen Entwicklungen reichen von tiefgreifenden Verunsicherungen und Ängsten bis zu einem pragmatischen persönlichen Zukunftsoptimismus. Fatale Einstellungen Jugendlicher sind dann zu beobachten, wenn junge Leute sich überfordernden Leistungszwängen ausgesetzt sehen oder mit Resignation und Selbstaufgabe reagieren. Auch pragmatische Lebenseinstellungen sind dann zwiespältig, wenn sie zu selbstzentrierten und hedonistischen Lebenseinstellungen führen, den Abschied von Lebensträumen und deren motivierender Kraft provozieren und gesellschaftliches Engagement verhindern.

Erosion der Zukunftserwartungen
Junge Menschen haben mit Recht Zukunftserwartungen für ihr persönliches Leben und für die Gesellschaft bzw. die Welt, in der sie leben. Ein großer Teil ihres Lebens liegt noch vor ihnen. Junge Menschen leben darum nicht nur in ihrer Gegenwart, sondern sie arbeiten an ihrer Zukunft.

Sie haben Träume für ihr Leben und sie entwickeln mit zunehmendem Alter fest umrissene Vorstellungen, wie ihr Leben zukünftig beruflich und privat konturiert sein soll. Sie planen die zukünftige Gestalt ihres Lebens und bereiten sich durch Schule, Ausbildung und Studium auf ein für sie erfolgreiches Leben vor. Sie erwerben darüber hinaus in informellen Bildungssettings eine Vielzahl von kommunikativen, personalen und lebenspraktischen Kompetenzen für ein gelingendes Leben.

Gerade in diesen Altersphasen sind konstruktive Zukunftsorientierungen und positive, optimistische Einstellungen wichtig. Junge Menschen brauchen darum für sich Lebensperspektiven. Sie brauchen eine hoffnungsvolle und motivierende Sicht auf ihre persönliche und auf die gesellschaftliche Zukunft, um ihre Lebensplanung tatkräftig anzugehen. Sie sind angewiesen auf die

Erfahrung, dass es sich lohnt, in ihre Zukunft zu investieren, und sie brauchen die Erfahrung „offener Türen und gangbarer Wege", um nicht zu resignieren.

Allerdings erodieren die Zukunftsperspektiven vieler junger Menschen: Viele Jugendliche erleben oder befürchten, dass ihre Investitionen in ihre Zukunft umsonst sein könnten und ihre Bildungsanstrengungen sich als sinnlos oder verfehlt, nicht marktkonform erweisen. Oft genug stehen sie gesellschaftlich vor verschlossenen Türen. Lebensträume und Lebensplanungen zerbrechen an gesellschaftlichen Realitäten.

Auch politische und wirtschaftliche Entwicklungen beeinflussen die Zukunftsperspektiven Jugendlicher. Ihre eigene Altersabsicherung wird fragwürdiger. Lokal und noch mehr in globalen Zusammenhängen wissen sie beispielsweise um unkontrollierbare ökologische Probleme, instabile politische Situationen und die Gefährdung des Friedens, die Verlagerung von Arbeitsplätzen und zu erwartende Konflikte durch ungesteuerte Migrationsbewegungen.

Es ist nicht erstaunlich, dass Jugendliche zunehmend ein pessimistisches Bild ihrer persönlichen Zukunft und der gesellschaftlichen Zukunft zeichnen (15. Shell Jugendstudie 2006, S. 96ff.): Die zuversichtliche Einschätzung von Jugendlichen hinsichtlich der gesellschaftlichen Zukunft nimmt seit 1992 (vgl. die Shell Jugendstudien seit 1992) mit Schwankungen kontinuierlich ab und hat 2006 im Vergleich zu 1992 (70% zuversichtlich) einen Tiefstand von 43% erreicht; entsprechend stieg der Anteil der Jugendlichen, die die gesellschaftliche Zukunft düster sehen, von 30% auf 57%. Dabei sind tendenziell ostdeutsche Jugendliche noch pessimistischer als westdeutsche eingestellt.

> Neben anderen Faktoren hat das stabilisierende Umfeld für junge Menschen eine hohe Bedeutung. Evangelische Kinder- und Jugendarbeit legt darum großen Wert darauf, einerseits Jugendliche in ihren Lebensbewältigungsproblematiken zu stabilisieren, andererseits ihre Träume und Visionen von Leben wachzuhalten und zu bearbeiten. Mit vielen methodischen Settings, in Gesprächen und in informellen sozialen Kontexten werden Lebensplanungen junger Menschen bearbeitet. Jugendliche werden bei ihren Lebens- und Berufsplanungen beraten, bekommen praktische Hilfestellungen und erfahren gegenseitig und durch Vorbilder Modelle biografischer Bewältigungen von Lebensaufgaben. Wichtig ist im Bereich evangelischer Kinder- und Jugendarbeit, das Vertrauen auf den Gott zu entwickeln, der jugendliche Biografien hilfreich begleitet, Lebenswege und Berufswege öffnet und – geheimnisvoll – auch im Leben „führen" kann: Eben Gott, der „Zukunft und Hoffnung gibt" und damit stabilisiert – aber auch zum Handeln jenseits von persönlich fixiertem Pragmatismus motiviert.

Effizienzerwartung statt Entfaltungsmöglichkeiten
Junge Menschen brauchen persönliche Entfaltungsmöglichkeiten unabhängig von gesellschaftlicher Effizienzsteigerung ihres Lebensmusters.

Sie leben allerdings in einer Kultur zunehmender Verzweckung. Sie leben in einer Welt, die erwartet, dass sie funktionieren. Auch an sich hehre Werte wie Subjektorientierung können dazu missbraucht werden, dass von jungen Menschen schon ab der Kindergartenzeit Selbstorganisation, Selbstmanagement und aktive Eigengestaltung eben zum Zweck der Effizienzsteigerung erwartet worden. Die Verkürzung der Schulzeit, die Verschulung bereits des Kindergartens mit der Implementierung von Curricula genauso wie die Verschulung des Studiums sind bezeichnende Signale. Auch die Debatte um die Zertifizierung der „Leistungen" von außerschulischer Jugendarbeit kennzeichnet die Ökonomisierung und die falsche Verzweckung von Räumen für junge Menschen, die eigentlich als Freiräume zur Selbstentfaltung und eigensinnigen Entwicklung von Jugendlichen gedacht sind.

Evangelische Kinder- und Jugendarbeit legt großen Wert darauf, für junge Menschen Räume zu schaffen, die Möglichkeiten zur persönlichen Entfaltung jenseits von Verzweckungen und Effizienzsteigerungen bieten. Evangelisches Selbstverständnis und Leben aus dem Evangelium heraus bedeutet gerade, (junge) Menschen nicht aufgrund ihrer Leistungen und ihrer Effizienz zu definieren, sondern ihren von Gott geschenkten Eigenwert und ihre „Liebenswürdigkeit und Schönheit", so wie sie sind, zu sehen und zu schätzen.

1.3. Der Paradigmenwechsel in der Wirklichkeitsinterpretation

Einen plausiblen Megatrend kultureller Veränderung hat das Institut *Sinus-Sociovision* ausgemacht (vgl. dazu und für das Folgende Sellmann 2004). Demzufolge sind derzeit drei große Werteströmungen prägend: die Grundorientierung A, repräsentiert durch die Generation der heutigen Großeltern, die Grundorientierung B der heutigen Eltern und die Grundorientierung C der gegenwärtigen Teenager und Jugendlichen. Ausweislich der Sinus Milieustudien finden sich auch in der gegenwärtigen Jugendgeneration alle drei Werteströmungen – allerdings mit einem deutlichen Überhang zur Grundorientierung C.

Selbstverständlich ist die folgende Beschreibung heuristisch vereinfacht und schematisiert. In jugendlichen Realitäten werden auch individuell die drei genannten Werteströmungen in unterschiedlichen Mischungen vorhanden sein – wenn auch mit einer deutlichen Akzentverschiebung hin zu der Grundorientierung C.

**A: Pflichtwerte, autoritäre Welt und pragmatischer Weltzugang:
Die Großelterngeneration**

Die Grundorientierung A der Kriegs- und Nachkriegsgeneration mit ihrem Leitmedium „Schraubenschlüssel" (Sellmann 2004) ist geprägt von traditionellen Werten wie „Ordnung", „Pflichterfüllung" und einem ausgeprägten Materialismus. Die Einfügung in eine gegebene und hierarchische Ordnung ist akzeptiert, die ein u. a. auch durch die Kirche geprägtes, für alle verbindliches Wertesystem beinhaltet.

**B: Individualitätswerte, universal formatierte Welt und kognitiver Weltzugang:
Die Elterngeneration und damit auch die Generation der heutigen
Pädagog(inn)en und Pfarrer(innen)**

Mit der Bewegung der sogenannten 68er, die gegen diese bürgerlich-autoritäre Gesellschaftsformation rebellierte, setzte der *Modernisierungsschub I* ein. Dieser Modernisierungsschub ist gekennzeichnet durch einen Wandel von pflichtbezogenen (und damit vorgegebenen und autoritären) Werten zu emanzipatorischen und selbstbezogenen Werten: Die eigenen persönlichen und die gesellschaftlich beschreibbaren Interessen treten in den Vordergrund, zumindest im jugendlichen mainstream. In diesen Jahrgängen von 1950 bis 1970 herrscht eine eigentümliche, aber logische Werte-Mischung. Sie besteht einerseits aus Solidarität und dem Wunsch nach Veränderung der Verhältnisse, gesellschaftlichem Engagement und dem radikalen Einsatz für andere; dies drückt sich in den großen politischen Bewegungen der 68er, der Friedensbewegung, der ökologischen Bewegung und dem Engagement für die 3. Welt aus. Andererseits herrschen selbstbezogene Werte wie Identitätssuche und Selbstverwirklichungsprozesse, Betroffenheit, Freiheit und Emanzipation. Dies findet sich in der Jugendarbeit wieder, beispielsweise durch Akzentuierungen auf gruppendynamische Prozesse, Selbstfindung und Selbstverwirklichung und damit verbunden auf individuelle und gesellschaftliche emanzipatorische Prozesse, persönliche Freiheit, kreative Ausbildung eines selbstbestimmten Ich und Individualisierung.

Verbunden sind diese Werteentdeckungen durch die Kategorie der *Vernunft* und durch die Versuche, die Welt und die Verhältnisse in *universale und allgemeingültige erkenntnisleitende Theorien* zu fassen – es ist dies demzufolge die Zeit der großen Ideen und Theorien, die ganze Jugendgenerationen geprägt und in ihren Bann gezogen haben.

Das untergründige Weltbild besagt, dass durch Diskussion und Wahrheitssuche mit dem Mittel herrschaftsfreier Vernunft eine handlungsleitende Weltformel gefunden wird.

Die Welt ist demnach *universal und kognitiv formatiert; das Leitmedium ist das Buch, Kommunikationsform ist die permanente Diskussion mit der Hoffnung und Unterstellung, durch diskursive Prozesse die Wahrheit zu finden.*

C: Simulationswerte, multiversal formatierte Welt und ästhetische Aneignung: Die gegenwärtige Jugendgeneration

Inzwischen hat sich – den Sinus-Forscher(inne)n zufolge und ganz offensichtlich – ein weiterer Modernisierungsschub ereignet: der sogenannte *Modernisierungsschub II*.

Für die Generation dieser *Grundorientierung C* (die Jahrgänge 1970 bis 1995 und voraussichtlich auch noch der folgenden Jahre) sind die oft gegen Widerstände erkämpften Errungenschaften ihrer Elterngeneration wie beispielsweise materielles Wohlergehen, politische Freiheit und individuelle Selbstbestimmung zu Selbstverständlichkeiten geworden, auf die es ein vermeintliches Recht gibt und die nicht mehr als Errungenschaften gewürdigt, sondern vorausgesetzt werden.

Dieser Modernisierungsschub ist gekennzeichnet durch den Siegeszug der modernen Medien und den damit verbundenen Wirklichkeitsaneignungen und Werteentdeckungen:

Das *Leitmedium* dieser Jahrgänge ist die multimediale Integration von TV, PC und Handy. Die auf diese Weise von Jugendlichen angeeignete und interpretierte Wirklichkeit ist vor allem *multiversal formatiert* und *ästhetisch angeeignet*.

Multiversal: Die globalisierte Welt ist nicht mehr einlinig deutbar, sondern komplex und vieldeutig. Unzählige Lebensoptionen und Handlungsmöglichkeiten führen zu einem Lebensmuster der Multioptionalität. Das Verbindende, der „rote Faden" und der Maßstab des eigenen Lebens werden weder durch eine allgemeingültige Theorie noch durch einen rationalen argumentativen Diskurs hergestellt, sondern konstitutiv ist die *eigene Biografie*: Als „richtig und wahr" kann vornehmlich nur noch gelten, was biografisch-individuelle Relevanz und Plausibilität besitzt. Mit Lebensoptionen muss demzufolge verstärkt experimentiert werden. In Lebensläufen kann nicht mehr mit Kontinuität und Konsistenz gerechnet werden: Lebensmuster und Lebenspläne können – und müssen oft auch durch die Veränderung gesellschaftlicher Anforderungen – sich rasch verändern. Das jeweils gegenwärtige eigene Lebensmuster wird teilweise aus den vielen Optionen nach Maßgabe der subjektiv empfundenen biografischen Relevanz zusammengesetzt (Patchwork bzw. bricolage); teilweise gelingt es Jugendlichen auch, sich gleichzeitig in verschiedenen Welten bewegen zu können und verschiedene Stil-Optionen zu leben. Nicht Kontinuität, sondern Flexibilität ist gefragt.

Jugendliches Leben besitzt damit eine große Vielfarbigkeit und Buntheit, unterliegt aber auch einer hohen Riskanz und fordert ein hohes Maß an subjektiver Selbstverantwortung für das eigene Leben und die eigene Biografie.

Der Weltzugang ist vornehmlich *ästhetisch*. So etwas wie Wahrheit ist in erster Linie nicht kognitiv zugänglich und argumentativ beschreibbar, sondern

Wirklichkeit wird primär ästhetisch angeeignet und ist durch Formen des sinnlichen Erlebens zugänglich. Die neuen Medien und ihre virtuellen Wirklichkeitswelten fördern ein Wirklichkeitsverständnis, das zwischen Simulation und Realität oszilliert: Wirklichkeit kann sich in virtuellen Räumen genauso abspielen wie in realen Räumen. Wirklichkeit „ist nicht" unbedingt, sondern sie wird inszeniert. Demzufolge sehen sich Jugendliche gezwungen, sich in dieser Lebenswelt auch entsprechend selbst zu inszenieren: Wirklichkeit wird als konstruierte erlebt und Aufgabe junger Menschen ist es, die ihnen passende Wirklichkeit zu konstruieren und sich in dieser Wirklichkeit selbst zu rekonstruieren.

> *Dies spiegelt sich selbstverständlich auch im Bereich von Religion wider: Jugendliche suchen heute nicht primär nach argumentativ-kognitiver Begründung von Religion und Glauben. Sie suchen vielmehr nach individuell-biografischer Relevanz, erwarten ästhetische Zugänge und Codierungen von Religion, die expressive Dramatik religiöser Inszenierungen[7] und emotionale Erfahrungen.*

1.4. Ästhetisierung des Lebens

Ein Megatrend gegenwärtiger Kultur ist die Ästhetisierung von Lebensvollzügen und Lebenszugängen. Dies betrifft insbesondere Jugendkulturen.

Unter Ästhetik verstehen wir die *sinnliche, erfahrungsorientierte, kreative und symbolische* Darstellung, Wahrnehmung und Erfahrung von Welt und Existenz, und zwar mit allen Sinnen: Sich auf etwas einlassen – „einschwingen" – etwas erleben und erfahren – sinnlich und emotional – und dabei „mitgerissen" und hineingenommen werden.

Ein ästhetischer Weltzugang ist darum nicht distanziert-räsonierend, sondern undistanziert-ergreifend: sinnlich erlebbar, mit Gefühlen spürbar und das „Herz" ergreifend.

Ästhetik als sinnliche Wahrnehmung hat es mit allen Sinnen zu tun: Mit Worten, Tönen und Musik (Hören), mit Bildern und Ereignissen (Sehen), mit Körpern und Körperlichkeit (Fühlen, Tasten, Spüren, Sexualität), mit Inkorporationen wie Essen und Trinken (Schmecken), mit Düften und Gerüchen (Riechen) – mit akustischen, optischen, haptischen und olfaktorischen Reizen also.

Ästhetik ist sinnlich und ist lustvoll – und ein ästhetischer Weltzugang soll „Wohlgefallen" („es gefällt mir", „ich fühle mich wohl") und „Lust" („Lust daran zu leben") erzeugen – „harmonische Einfügung ins Leben".

---

7 Der katholische Weltjugendtag mit seinen rituellen, aber vor allem personalen (Papstauftritte) Inszenierungen verdeutlicht dies genauso wie evangelische Events und Festivals (s. u.).

Dieser Zugang zur Realität wird gegenwärtig zunehmend bedeutungsvoll: Gerade Jugendliche (aber nicht nur) sind – vor allem medial – auf solche Zugangsweisen zur Realität und damit auch auf entsprechende Realitätskonstruktionen geprägt.

Ästhetik und Jugendkultur
Es ist kein Wunder, aber auf jugendkulturelle Zusammenhänge gewendet höchst problematisch, dass „Ästhetik" immer wieder aus einer gesellschaftlich-normativen Perspektive mit dem „Schönen" und „Guten" und damit auch mit dem Stabilisierenden und Harmonischen verknüpft worden ist. Jugendkulturelle Ausdrucksformen sind in der Tat oft auch in diesem Sinne „schön". Sie können aber aus guten Gründen – unter anderem aus Abgrenzungsgründen gegenüber einer Erwachsenenkultur und oft auch mit provozierender Absicht – gerade das Gegenteil eines Begriffes von „Schönheit" in diesem hochkulturellen Sinne ausmachen. Sinnlich – lustvoll – gefühlserregend können auch scheinbar sehr „hässliche" Kulturformen und Lebensäußerungen sein. Jugendkulturelle Musikstile (sind *Rap* oder *Black Metal* unbedingt „schön"?), bildende Kunstformen wie Graffiti, Körperverunstaltungen durch Piercing und Tattoos, Frisuren, Kleidung. Auch wenn sie nicht „schön" im bildungsbürgerlichen Sinne sind, können sie doch Ausdruck jugendlichen Lebensgefühls sein und gestalten sinnliche Weltzugänge; sie können Lust und Glück, Protest, Zorn und Trauer ausdrücken, Langeweile oder Hass. Es muss nicht „schön" sein, soll vielleicht auch gerade nicht schön sein – ist aber trotzdem Ästhetik.

Jugendkulturelle Ästhetik ist eine Form, sie ist der sinnliche, kreative und symbolische Modus, in dem Jugendliche sich ausdrücken, darstellen und inszenieren; sie ist ihre Zeichen- und Symbolsprache; sie ist die Dimension, mit der Jugendliche sich sinnlich und kreativ mit der Welt und mit sich selbst auseinandersetzen und in Beziehung setzen, die Welt deuten und bewältigen wollen.

Ästhetik und Religion
Im Bereich von Religion wird Ästhetik seit antiken Zeiten mit dem „Schönen und Guten" verknüpft. Religion hat mit dem Schönen zu tun, sie kann geradezu als Weg zum Schönen bestimmt werden. Ästhetik ist damit ein Wirklichkeitszugang, der ein wenig „die Tür zum Himmel öffnet". Biblische Texte drücken dies auf ihre Weise aus, wenn z. B. in den Psalmen die Herrlichkeit Gottes besungen wird oder wenn Jesus in der Erzählung von der „Verklärung auf dem Berg" (Markus 9) als von der Herrlichkeit Gottes durchleuchtet erscheint.

Ein ästhetischer Weltzugang öffnet Menschen für die Schönheit Gottes und damit für Gott. Ästhetik ist damit ein angemessener und wesentlicher Zugang zu Religion und religiöser Erfahrung und ein wesentliches Moment gelebten Glaubens.

In der Praxis christlichen Glaubens haben wir ein ganzes Arsenal solch ästhetischer Zugänge zur (Glaubens-)Wirklichkeit. Es gibt ästhetische Codierungen für Glauben und Glaubenserfahrungen für alle Sinne. Einige Beispiele sollen genügen: Ohren hören Musik, Lieder und Kirchenglocken, im Abendmahl ist die Freundlichkeit Gottes zu schmecken, die Gerüche in alten Kirchen oder von Weihrauch üben Faszination aus, in segensreichen Berührungen oder (ekstatischen und meditativen) Tänzen spürt der Körper die Gegenwart Gottes, religiöse Symbole, Gesten und Körpersprachen werden gesehen und erfahrungsbezogene Methoden leisten Zugänge zu Glaubensessentials[8], Rituale formen das Erleben.

Gott allerdings ist nicht nur „schön und harmonisch". Gott hat – zumindest nach der Heiligen Schrift – auch seine dunklen Seiten, seine „Nachtseiten". Religion ist auch ein Zugang zu den dunklen Seiten Gottes und zu den „schwarzen Seiten" menschlicher Wirklichkeit: „Sünde" und „Tod" sind nicht „schön" – aber anthropologisch zentrale Wirklichkeiten, die im Machtbereich von Religion thematisiert und bearbeitet werden.

Ästhetik im Bereich von Religion hat darum auch immer dieser Seite Rechnung getragen und dafür zeichenhafte und sinnliche Darstellungen gefunden.

Problematisch wird es, wenn in gegenwärtigen christlichen (Jugend-)Szenen diese Seiten theoretisch, praktisch und ästhetisch unterbelichtet werden. Etwas plakativ überzeichnet: in glücksversessenen charismatischen Lobpreisszenen, in harmoniesüchtigen Kuschelgruppen, in den Gutmensch-Szenarien christlicher Events.

Ästhetisierung als Megatrend

Wir haben heute gesamtkulturell, aber vielleicht insbesondere in der Jugendkultur, eine Akzentsetzung und oft einen Überhang der ästhetischen Dimension in religiöser Praxis zu verzeichnen.

Gewiss trägt eine ästhetisch gewendete und konzentrierte Glaubenskommunikation und Glaubenspraxis jugendlichen Weltzugängen Rechnung. Die expressive Dramatik religiöser Inszenierungen[9] ist an jugendlichen Bedarfslagen orientiert. Die ästhetische Passung des Glaubens ist an jugendliche Kulturwelten adaptiert und nimmt die emotionale Dimension des Religiösen ernst (vgl. Sellmann 2004, S. 231ff.).

---

8   Derzeit im Jugendkirchenkontext viel zitierte, aber in der Jugendarbeit seit Langem praktizierte Musterbeispiele sind Kletterstangen, Abseilen und ähnliche Übungen, mit deren Hilfe biblische Verheißungen und Gottvertrauen in hautnahe Erfahrungen übersetzt werden.

9   So z. B. auf Groß-Events wie Weltjugendtagen, Christival oder EVA, aber auch in Ausdrucksformen im Rahmen von Jugendgottesdiensten, dem Ökumenischen Kreuzweg der Jugend oder in ganz normalen, gut inszenierten Andachten im Jugendkreis u. v. m.

Allerdings darf das (religiöse) Erlebnis an sich ohne kritischen Rekurs auf seinen Inhalt und ohne die Suche nach Wahrheit nicht zum – dann beliebig austauschbaren – Zentrum werden. Die Verpackung ist nicht der Inhalt, sondern muss ihm entsprechen.

Eine überbordende Ästhetisierung braucht als Korrektiv inhaltliche Kriterien und ethische Konsequenzen. Evangelische Jugendarbeit zielt auch in ästhetischen Kontexten darauf ab, dass Jugendliche kritische und verantwortlich handelnde Subjekte sind (vgl. auch Hobelsberger 2004, S. 222 ff.).

Gelebter Glaube und damit evangelische Kinder- und Jugendarbeit brauchen darum nach wie vor unterschiedliche Zugangswege zum Glauben – wenn auch situativ und biografisch in unterschiedlichen Intensitäten.

Jugendlicher Glaube, die Verkündigung an Jugendliche und die gemeinsame Glaubenspraxis brauchen insbesondere:

→ *Jugendbiografisch adaptierte inhaltlich-theoretische Plausibilität und Nachvollziehbarkeit und individuelle Lebensrelevanz (Reflexion des Glaubens und eine Hermeneutik des Alltagslebens).*
→ *Jugendlebensweltlich adaptierte (gesellschaftliche, politische, individualethische) Praxis.*
→ *An jugendlichen Beziehungsmustern orientierte Gemeinschaftsformen.*
→ *Eine jugendkulturell adaptierte ästhetische Codierung von Religion, die kritisch bleibt und die Mündigkeit von Jugendlichen fördert.*

2. Lebenslagen von Jugendlichen

2.1. Familie, Geschwisterbeziehung und Gleichaltrige

In modernen Gesellschaften wird das Leben von jungen Menschen mit wachsendem Alter von unterschiedlichen Menschen und Institutionen in wechselnden Zusammenhängen geprägt. Trotz der mit dem Alter zunehmenden „Vergesellschaftung" der Kindheit und Jugend sind drei Konstellationen für das Aufwachsen von bleibender Bedeutung:

Familie, Geschwister und Gleichaltrige.

Familie, Familienformen und ihre Bedeutung
Kinder und Jugendliche wachsen in Deutschland weit überwiegend bei Ehepaaren und mehrheitlich mit einem Geschwisterkind auf. „Alternative" Familienformen wie nicht-eheliche Paargemeinschaften, Stieffamilien, und Alleinerziehendenhaushalte nehmen dennoch zu (vgl. Abbildung). Dies gilt tendenziell in geringerem Maße für zugewanderte Familien, wobei zwischen unterschiedlichen Herkunftsländern deutliche Differenzen bestehen.

Familien mit Kindern nach Familienformen 1996 und 2007 in Prozent

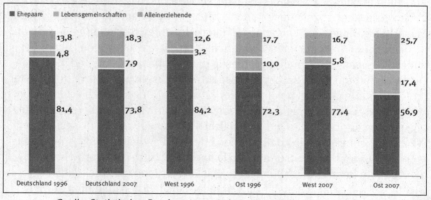

Quelle: Statistisches Bundesamt 2008, Auswertung Mikrozensus – eigene Darstellung

Auffällig ist die Differenz zwischen West- und Ostdeutschland. Die Entwicklung zu den „alternativen" Lebensformen schreitet im Osten deutlich schneller voran, insbesondere wachsen erheblich mehr Kinder und Jugendliche bei Alleinerziehenden auf. Die Ergebnisse des DJI-Familiensurveys (Bien, Marbach 2003) lassen weiter erkennen, dass Kinder und Jugendliche im Altersverlauf häufiger in wechselnden Familientypen leben. Der Anteil von jungen Menschen, der bei Alleinerziehenden aufwächst, erhöht sich bis zum 17. Lebensjahr kontinuierlich.

Dies verweist auf die gestiegene Scheidungsrate in Deutschland (altes Bundesgebiet: 1970: 1,26 je 1000 Einwohner, Deutschland: 1990: 1,95 je 1000 Einwohner, 2005: 2,45 in: Statistisches Bundesamt 2007). Alleinerziehende sind überwiegend Frauen – Kinder wachsen nur bei einer sehr kleinen Zahl von alleinerziehenden Männern (10%) auf.

Die Familie ist die primäre Lebenswelt von Kindern und bleibt auch im Jugendalter von zentraler Bedeutung. Elementare Fähigkeiten für das Leben, Wertorientierungen und Denkformen sowie soziale Interaktion werden in der Familie durch Bildungs-, Betreuungs- und Erziehungsprozesse erworben, geformt und eingeübt. Bis ins späte Jugendalter stellt das familiale Geschehen entscheidende Weichen für die Anschlussfähigkeit von jungen Menschen an die nächsten biografischen Phasen (je nach Alter Schule, Ausbildung und Übergang in den selbstständigen Erwachsenenstatus). Die Familie ist eine entscheidende und vorbestimmende Ressource für das weitere Bildungsgeschehen von Kindern und Jugendlichen, wie eine Vielzahl von Studien zeigt.

Mit dem Wandel der Gesellschaft verändert sich auch die Familie. Individualisierung von Lebensläufen und die Pluralisierung von Lebenslagen beeinflussen das familiale Geschehen und verändern die Rolle von Familie. Familiale Deutungshoheit und die Dominanz der Eltern bei Vorgaben für den Lebensvollzug haben insgesamt abgenommen und werden mit wachsendem Alter der jungen Menschen geringer. Die Vorgaben der Eltern und ihre Entscheidungen werden nicht mehr nur hingenommen, sondern müssen sich rechtfertigen gegenüber anderen Lebens- und Erziehungsstilen in der Nachbarschaft und in Medien. Damit verliert die Familie mit wachsendem Alter des Kindes und im Jugendalter ihre Bedeutung als bestimmende Autorität. Gleichzeitig erfährt sie aber einen Bedeutungszuwachs unter anderen Vorzeichen: Mit zunehmender Selbstständigkeit eignen sich Kinder und Jugendliche Handlungs- und Deutungsmuster in Wechselwirkung – also in Konfrontation oder in Übereinstimmung – mit außerfamilialen Erfahrungen an. Eltern und je nach Alter auch die Geschwister sind als vertraute Berater(innen) und hilfreiche Partner(innen) bei der Reflexion wichtiger Fragen der Lebensführung und der persönlichen Zukunft gefordert. Dabei gibt die Familie Impulse zur Auseinandersetzung mit neuen Horizonten, mit bisher nicht Berücksichtigtem – sie arrangiert Entwicklungsgelegenheiten, organisiert Termine und Orte und fungiert als Türöffner, um neue Handlungsspielräume zu eröffnen.

Die aej-Studie (Fauser, Fischer, Münchmeier 2006) sowie die aktuellen Ergebnisse der Jugendforschung belegen, dass Jugendliche diesen Bedeutungswandel und gewissermaßen Bedeutungszuwachs von Familie selbst sehen und artikulieren:

Eltern sind neben den Partner(inne)n aus der Gruppe der Gleichaltrigen mit Abstand die wichtigsten Berater, die Familie ist ein „sicherer sozialer Heimathafen" (15. Shell Jugendstudie 2006, S. 49), der Großteil von ihnen hat eine sehr gute und vertrauensvolle Beziehung zu den Eltern. Junge Menschen fühlen sich von ihren Eltern unterstützt.

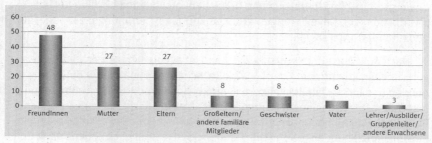

Hast du jemanden, mit dem du deine Sorgen und Nöte durchsprechen kannst?
Falls ja: Mit wem? (Gesamtstichprobe in Prozent)
Quelle: Fauser, Fischer, Münchmeier 2006, S. 190

Die veränderten Bedingungen von Familie drücken sich besonders in der Häufigkeit und in den Formen der innerfamiliären Interaktion aus. War in der klassischen Familienkonstellation des Westens die nicht-erwerbstätige Mutter kontinuierlich für die Organisation und den Vollzug der Familie – also auch für die familiäre Kommunikation zuständig, so haben sich die Bedingungen grundlegend verändert: Im Osten Deutschlands schon viel früher und im Westen spätestens seit den 90er Jahren steigt die Erwerbsorientierung und die Erwartung auf eine eigenständige berufliche Perspektive bei Frauen kontinuierlich, die Väter bleiben aber vollzeitlich beschäftigt. Bei einem beruflichen Engagement beider Elternteile bestimmt die Erwerbsarbeit heute in doppeltem Maße die Familienzeit: zum einen durch die zeitweise Abwesenheit beider Eltern, zum anderen durch die Flexibilisierungstendenzen in der Arbeitswelt, die größere Zeitsouveränität für Familie und Kinder versprechen, im Vollzug aber zur Entgrenzung von Familien- und Arbeitswelt führt. Zusätzlich werden die Bedingungen für familiale Interaktionen durch die mit dem Alter schnell wachsende Einbindung von Kindern in außerfamiliale Betreuungs-, Bildungs- und Freizeitorganisationen bestimmt. Dabei nimmt Schule einen erheblichen und wachsenden Teil der Zeit von jungen Menschen und damit von Zeit für Familie in Anspruch. Familiale Aushandlungsprozesse und ihre Organisation stellen dabei hohe Anforderungen an alle Beteiligten. Kinder werden deshalb früh und mit wachsendem Alter mehr in die Aushandlungsprozesse für Entscheidungen der Familie einbezogen.

Eltern meistern die notwendige Begleitung des Aufwachsens mit den ihnen angebotenen Unterstützungen gut. Bei dieser Aussage ist aber zu berücksichtigen, dass diese herausfordernde Leistung nicht von allen Eltern gleichermaßen erbracht werden kann. Die Familie ist heute mehr denn je auf politische, kirchliche und gesellschaftliche Unterstützung angewiesen, sei es durch monetäre Leistungen, sei es durch eine ausreichende familienergänzende Infrastruktur von Bildung, Erziehung und Betreuung. Dies schlägt sich nieder in familien- und bildungspolitischen Initiativen und der Schaffung von individuellen Rechtsansprüchen (vgl. Novellierungen des SGB VIII: Tagesbetreuungsausbaugesetz 2004, Kinderförderungsgesetz 2007).

Nach dem derzeitigen Forschungsstand ist auch einige Vorsicht mit einer vorschnellen Etikettierung der Entwicklungschancen von Kindern bei Alleinerziehenden und in Stieffamilien geboten (vgl.: Walper, Wendt 2005; Teubner 2005). Insgesamt sprechen neuere Befunde dafür, dass die Kernfamilie noch immer das günstigste Klima für die Entwicklung schaffen kann. Kinder und Jugendliche aus Alleinerziehenden- und Stieffamilien weisen in ähnlichen Lebenslagen dennoch keine signifikanten Unterschiede in der Entwicklung auf.

Geschwister
In Deutschland werden immer weniger Kinder geboren. Das Statistische Bundesamt weist aus, dass im Jahr 1990 905.000[10] Kinder geboren wurden, im Jahr 2000 noch 770.000 und im Jahr 2007 liegt sie bei rund 685.000. Zwar liegt die Geburtenzahl 2007 um rund 12.000 höher, doch selbst Familienministerin Ursula von der Leyen spricht noch nicht von einer Trendwende. Der Geburtenrückgang führt aber keineswegs dazu, dass Kinder ohne Geschwister aufwachsen. Hauptsächlich (47,7%) leben sie in Paarhaushalten mit einem Geschwisterkind zusammen. Bei 26,9% der minderjährigen Kinder sind es zwei und mehr minder- oder volljährige Geschwister, 25,4% der minderjährigen Kinder leben ohne weitere Geschwister im Haushalt. Bedenkt man, dass jüngere Kinder möglicherweise noch ein Geschwisterkind bekommen, und berücksichtigt man, dass die Statistik keine Geschwister ausweist, die einen eigenen Haushalt gegründet haben, dann dürfte die Rate derjenigen, die geschwisterlos bleiben noch geringer sein. Auffällig ist, dass im Unterschied zu Westdeutschland Kinder in Ostdeutschland mit weniger Geschwistern in einem Haushalt leben: 35,6% sind Einzelkinder (West 23,4%), mit einem Geschwisterkind leben 44,5% (West 48,4%), mit zwei und mehr Geschwistern sind es 19,9% (West: 28,2%).

Die Situation bei Familien mit Migrationshintergrund unterscheidet sich von Familien ohne Migrationshintergrund. Da die amtliche Statistik bisher den unterschiedlichen Status von Menschen mit Migrationshintergrund nicht ausreichend differenziert, greifen wir auf Ergebnisse des DJI-Kinderpanels zurück, in dessen

---

10 Zahlen sind gerundet – die differenzierten Zahlen bei: Statistisches Bundesamt 2007c.

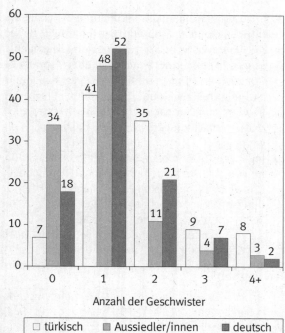

Quelle: Datenbasis:
DJI-Kinderpanel 2002 in:
Bundesministerium 2006, S. 54

Rahmen 2002 acht- und neunjährige Kinder mit türkischer/deutsch-türkischer Staatsangehörigkeit sowie gleichaltrige Kinder aus (Spät-)Aussiedlerfamilien aus der ehemaligen Sowjetunion befragt wurden.

Kinder von Aussiedler(innen) haben signifikant weniger Geschwister als Kinder aus deutschen Familien und Familien mit türkischem Hintergrund. Türkische Kinder dagegen wachsen in weit höherem Maße mit einem und mehr Geschwistern auf.

Bedeutung von Geschwistern

Die Weltliteratur ist voll von Beschreibungen über das besondere Band, das Geschwister über ein gesamtes Leben verbindet – auch in den Fällen, wo jegliche gelebte Verbindung abgelehnt wird. Das Besondere an Geschwistern ist die Schicksalhaftigkeit, in die man gestellt ist. Niemand kann sie sich aussuchen und sie bleiben erhalten bis zum Tod, unkündbar. Geschwisterbeziehungen sind die längsten Beziehungen im Leben eines Menschen. Ihnen wohnen zumindest in der Kindheits- und Jugendphase Ambivalenzen inne, die sich nicht immer oder nur phasenweise oder nur in bestimmten Zusammenhängen zu erkennen geben. Sie bewegen sich zwischen Geschwistersolidarität und Konkurrenz, zwischen großer Vertrautheit und Rivalität. Geschwister sind füreinander wichtig als Spielpartner(innen), als Verbündete in Konflikten, als Berater(innen) und Orientierungspunkte. Viel wurde geforscht zur Bedeutung des Geburtenrangplatzes (Erstgeborene, Sandwichposition, Nachgeborene) und seinen Folgen. Wichtig zu benennen scheinen uns dabei folgende Zusammenhänge:

→ Erstgeborene und ältere Kinder haben eine Pionierfunktion bei der Ausgestaltung von Freiräumen. Sie erkämpfen nicht nur die Spielräume für sich, sondern auch für nachfolgende Geschwister. Die Erfahrungen, die Eltern dabei gemacht haben, lassen sie bei den nachfolgenden Kindern gelassener werden.

→ Im engen Zusammenhang mit der Pionierfunktion steht eine gewisse Vorbildfunktion. Ältere Kinder können als Rollenmodelle dienen.

→ Und ebenfalls in diesem Zusammenhang steht, dass ältere Geschwister Bildungsprozesse aktiv mitgestalten. Sie bringen jüngeren Geschwistern Fertigkeiten aus verschiedenen Lebensbereichen bei – beim Erlernen der Sprache, für gelingende Spiel- und soziale Verhaltensweisen etc. Sie hüten ihre jüngeren Geschwister und begleiten sie in ihren schulischen Anforderungen, beispielsweise durch Hausaufgabenhilfe. Sie leisten damit einen spezifischen Beitrag zur Erziehung.

Geschwisterbeziehungen sind einerseits besondere Ressource für die gelingende Aneignung von Welt, der Entwicklung des Sozialverhaltens, der eigenen Verhältnisbestimmung und der emotionalen Absicherung und Hilfe in Krisen. „In keiner anderen Beziehung (kann) der Umgang mit Ambivalenzen (...) und auch mit Andersartigkeit so leicht gelernt werden" (Liegle 2000, S. 127). Andererseits lässt sich die Schlussfolgerung, dass Einzelkinder sich in ihrer Persönlichkeit wesentlich von Geschwisterkindern unterscheiden, dass sie kontaktarm, eigenbrödlerisch und insgesamt entwicklungsgehemmt seien, nach gegenwärtigem Forschungsstand nicht belegen.

Gleichaltrige
Beziehungen zu anderen Kindern aufzubauen und Freundschaften unter Gleichaltrigen zu leben, sind wichtige Entwicklungsaufgaben und Anreize in der gesamten Kindheit. Gleichaltrige sind notwendige Partner(innen) beim Spiel und den sich dabei ergebenden Situationen, das Leben im und neben dem Spiel zu meistern. Mit zunehmendem Alter wird die Reflexion von persönlichen, familiären, sexuellen, schulischen, politischen Identitäten, Erfahrungen und Vorstellungen bedeutsam. Gleichaltrige sind gleichsam persönliche Vertraute, Konfliktpartner(innen) und Vorbild für gelingendes Handeln. Dieses eigenständige Netzwerk sozialer Beziehungen ist der Rahmen für vielfältige Aktivitäten: Freizeitgestaltung in informellen und organisationsbezogenen Settings, Partnerschaft, Reisen u. v. m. Wesentliche Anforderungen der Jugendphase werden von Jugendlichen in gruppenbezogenen, interaktiven Aneignungsprozessen bewältigt.

Beziehungen eingehen und pflegen, Sicheinbringen, eine eigene Meinung entwickeln, sie revidieren, sie vertreten und durchsetzen, eigene Denk- und Handlungsmuster entwickeln, sie überprüfen und modifizieren, persönliche Perspektiven entwickeln und ihre Realisierbarkeit abschätzen – für diese Prozesse, die von einem hohen Grad an Verunsicherung, innerer und äußerer Auseinandersetzung geprägt sind, ist die Gleichaltrigengruppe einer der wichtigsten Orte für notwendige Selbstvergewisserung.

Liegt im Kindesalter eine besondere Bedeutung von Freundschaften und Gleichaltrigengruppen in der Erweiterung der Sichtweisen des Kindes, die in der Familie geprägt wurden, so ist es im Jugendalter besonders die Funktion, sich mit Gleichaltrigen über die Lebenspraktiken und Lebensentwürfe – vor allem über die Aussicht des Gelingens – verständigen zu können. Die Vieldeutigkeit von Lebenswelten, die Pluralität von Wertorientierungen, die vielfältigen Varianten von Lebensentwürfen und ihre Kombinationsmöglichkeiten fordern junge Menschen auf zu experimentieren. Da der biografische Weg der Eltern für sie als Orientierungsrahmen faktisch kaum noch Relevanz hat, sind Gleichaltrige die wichtigsten Partner(innen). Dies zeigt sich eindrücklich in der stetig wachsenden Bedeutung, die Jugendliche bei Befragungen der Gleichaltrigengruppe zuschreiben: über 70% der 12- bis 20-Jährigen gibt an, Mitglied in einer Gleichaltrigengruppe/Clique zu sein (vgl.: 14. und 15. Shell Jugendstudie 2002 u. 2006; Gille, Sardei-Biermann, Gaiser, de Rijke 2006).

Gleichaltrigengruppen/Cliquen sind der Sache nach freiwillig, ihre Mitwirkenden/Nutzer(innen) sind gleichberechtigt. Sie kommen in nachbarschaftlichen Bezügen und über die Gelegenheitsstrukturen von Betreuungs- und Bildungsinstitutionen (Kindertagesstätten, Schulen, Kinder- und Jugendarbeit, Sportvereine etc.) zustande. Die „freie" Bildung von Gleichaltrigengruppen hat natürlich Einschränkungen: Sie ist abhängig vom Wohnort, von der Nachbarschaft, dem Grad an zeitlicher Bindung durch Institutionen und ihren Gelegenheitsstrukturen. Die Gruppen sind fragil – sie können jederzeit wieder beendet werden. Oftmals läutet der Weggang bestimmter Personen das schnelle Ende einer Formation ein.

Mädchen motiviert die Suche nach freundschaftlichen Beziehungen, Jungen orientieren sich mehr nach gemeinsamen Interessen. In der Kindheit sind Gleichaltrigengruppen weitgehend geschlechtshomogen. Das ändert sich im Übergang zum Status Jugend. Beim Zustandekommen und dem Vollzug von Gruppen/Cliquen unterscheiden sich Jugendliche mit und ohne Migrationshintergrund kaum. Auf eine Besonderheit ist hinzuweisen:

Je häufiger die Gruppe in der freien Zeit im Sozialraum zustande kommt, umso häufiger überwinden sie eigenethnische Grenzen. Je weniger freie Zeit durch Schule und durch die Einbindung in familiale Strukturen zur Verfügung steht, umso weniger kommen interethnische Kontakte im Setting der Gleichaltrigengruppe zustande.

Beim Zustandekommen der Gruppen besteht ein enger Bezug zur sozialen Herkunft. Studien zeigen, dass die Gruppen und Cliquen schon im Grundschulalter weitgehend schichthomogen zusammengesetzt sind. Diese auffallende sozio-kulturelle Einheitlichkeit verbindet sich mit der Zugehörigkeit zu spezifischen jugendkulturellen Stilen und Szenen. Sie kann die Erweiterung des Erfahrungshorizonts behindern und zur Isolierung führen. Das wirft einen Blick auch auf Risiken und negative Einflüsse, deren Gleichaltrigengruppen ausgesetzt sein können. Studien zeigen, dass Jugendliche auch Opfer von Aggression und Stigmatisierung innerhalb einer Gruppe werden, dass Gruppen mit einer prekären Zusammensetzung zu Gewalt neigen können (vgl. Bundesministerium 2006, S. 147).

2.2. Sozioökonomische Situation

Kinder und Jugendliche wachsen in Deutschland in einer der wohlhabendsten Gesellschaften dieser Welt auf. Sie bietet jungen Menschen vielfältige Entwicklungs- und unzählige Gestaltungsmöglichkeiten. Die Chancen, sie nutzen zu können und am gesellschaftlichen Leben teilzuhaben, sind dennoch in Deutschland unterschiedlich verteilt. Scheinbar grenzenloser Reichtum und Armut leben in Deutschland nebeneinander – dies ist besonders in den sogenannten Boomstädten wie München, Stuttgart, Frankfurt a. M. und Hamburg zu sehen – neben wachsendem Luxus entstehen Armenküchen für die Menschen, deren Einkommen nicht durch den gesamten Monat trägt.

Bestimmend für ein gesichertes Auskommen von Kindern und Jugendlichen und ihre Teilhabe am gesellschaftlichen Leben ist die Familie, die Erwerbstätigkeit der Eltern, ihre bildungsbedingte Stellung im Erwerbssystem mit dem damit verbundenen Einkommen und das Vermögen.

Erwerbstätigkeit von Eltern

Im Jahr 2007[11] (vgl. Statistisches Bundesamt 2008) waren 56% der Mütter und 86% der Väter erwerbstätig. Betrachtet man die Erwerbstätigkeit von Frauen differenzierter, dann zeigt sich,
→ dass *Frauen* mit der Geburt von Kindern überwiegend vorübergehend ihre berufliche *Tätigkeit einstellen*. So sind nur 30% der Mütter mit einem Kind unter 3 Jahren berufstätig. Diese Quote steigt mit dem Alter der Kinder an (58% bei 3- bis 5-Jährigen, 71% bei 10- bis 14-Jährigen).

---

11 Die folgenden Angaben beziehen sich auf die aktuellen Auswertungen des Mikrozensus 2007.

→ In *Ostdeutschland* ist die Zahl der erwerbstätigen Mütter im Kleinkindalter höher (39% bei den unter 3-Jährigen, 65% bei den 3- bis 5-Jährigen).
→ Bei Müttern überwiegt die *Teilzeittätigkeit*. Sieben von zehn erwerbstätigen Müttern mit unter 3-jährigen Kindern sind in Deutschland teilzeitbeschäftigt. In Ostdeutschland arbeiten Frauen jedoch mehr in *Vollzeitbeschäftigungen*. Mit 52% liegt die Vollzeiterwerbsquote von Müttern mehr als doppelt so hoch wie im Westen (22%). Diese Tatsache verweist auf den größeren Anteil von Alleinerziehenden (Frauen) in Ostdeutschland.

Im Gegensatz zu den Frauen beträgt der Anteil der *Väter*, die Teilzeit arbeiten, durchgängig nur 5–7%. Noch immer sind es die Männer, die die ökonomische Versorgung der Familie übernehmen, noch immer sind es überwiegend die Frauen, die die Familienarbeit und die wesentlichen familialen Leistungen für das Aufwachsen erbringen – zumindest im Kindesalter. Mit wachsendem Alter der Kinder kehren die Mütter in eine Erwerbstätigkeit zurück. So sind insgesamt bei über 50% der Paare (Ehepaare und Lebensgemeinschaften) mit Kindern unter 15 Jahren beide Partner erwerbstätig, bei etwas mehr als einem Drittel der Paare ist ausschließlich der Vater berufstätig. Dies verbindet sich wiederum mit der Tatsache, dass mit wachsender Zahl der Kinder die Erwerbstätigkeit der Mütter abnimmt.

Einkommen

In Deutschland ist der überwiegende Teil der Bevölkerung (rund 70%) erwerbstätig und hat Vermögen. Die Integration der Eltern in den Arbeitsmarkt sichert die Existenz der Familie und bestimmt die Entwicklungschancen und Gestaltungsmöglichkeiten von jungen Menschen. Dabei ist zu beachten, dass die Verdienste aus Erwerbsarbeit und Vermögen ungleich verteilt sind und diese Entwicklung sich in den letzten Jahren eher verstärkt hat (BMAS 2008, S. 11 ff.):

→ 30% aller Beschäftigten – sie repräsentieren die unteren Einkommensgruppen – haben 2005 zusammen einen Anteil am realen Bruttoeinkommen von 5%. Ihr Einkommen aus der Beschäftigung liegt unterhalb der Niedriglohnschwelle (zwei Drittel eines mittleren Bruttoeinkommens).
→ 20% aller Beschäftigten – sie haben die größten Einkommen aus unselbstständiger Arbeit – sind im Jahr 2005 am Bruttoeinkommen mit 46,2% beteiligt.

Die Bruttolöhne sind im Zeitraum von 2002 – 2005 preisbereinigt zwar durchschnittlich um 4,8% gefallen – jedoch nicht in allen Einkommensgruppen mit derselben Auswirkung:

→ Zwischen 2002 und 2005 ist der Anteil am Bruttoeinkommen in den unteren Einkommensgruppen (30% aller Beschäftigten) von 6% auf 5% gesunken, in den oberen Einkommensgruppen (20% aller Beschäftigten) aber von 44,8% auf 46,2% gestiegen.

→ Der Anteil der mittleren Einkommensgruppen (50% aller Beschäftigten) am Bruttoeinkommen ist im gleichen Zeitraum ebenfalls um 0,7% gesunken.
→ Eine zum Zeitpunkt der Erstellung dieses Berichts noch unveröffentlichte Studie der Hans-Böckler-Siftung zeigt, dass die Realeinkommen von Geringverdiener(inne)n seit 1995 um bis zu 14% gesunken sind (in: DIE ZEIT 26/2008, S. 29).

Die Spitze der Entwicklung und des Einkommens kumuliert in leitenden Positionen der Wirtschaft. Manager(innen) in den Konzernen können einen kontinuierlichen überproportionalen Zuwachs ihrer Einkommen verzeichnen. Die Deutsche Schutzvereinigung für Wertpapierbesitz veröffentlichte im August 2008, dass die Vorstandsvergütungen in den Dax-Unternehmen im Jahr 2007 um durchschnittlich 7,75% angestiegen sind, die Tariflöhne legten aber nur um 2,5%, die Angestelltengehälter nur um 2% zu (Statistisches Bundesamt). Im Durchschnitt verdiente ein Dax-Vorstandsmitglied im Jahr 2007 2,92 Millionen Euro. In den Spitzenpositionen bewegen sich Bezüge in fulminanten Höhen und übersteigen längst ein für den Durchschnitt der Bevölkerung akzeptables Niveau. Selbst prominente Vertreter(innen) aus Kirche und Politik äußern sich in jüngster Zeit besorgt und kritisch zu dieser Entwicklung, zumal in einer unbestimmten Zahl noch Steuervergehen hinzukommen.

Vermögen

Deutschland ist vermögend (BMAS[12] 2005, S. 32). Und das Vermögen aus verzinslichem Geld und Immobilien wächst stetig weiter; es beläuft sich im Jahr 2003 auf rund 5 Billionen Euro. Das Vermögen ist allerdings sehr ungleich verteilt. Die reichsten 10% der Haushalte verfügen allein über knapp 47% des gesamten Vermögens, die unteren 50% nur über 4% des Vermögens (BMAS 2005, S. 35). Durch Erbschaften wird diese Ungleichverteilung weiter erhalten.

Während die materielle Situation der einkommensstarken Schichten im Durchschnitt auch durch die Vermögensentwicklung eine stetige Verbesserung erfährt, verschärft sich die Situation von einkommensschwachen Personen und Haushalten zusätzlich durch Verschuldung. Zwischen 1999 und 2002 ist die Zahl der überschuldeten Privathausalte von 2,77 Mio. auf 3,13 Mio. angestiegen (BMAS 2005, S. 50). Hauptursache und gewichtigster Auslöser sind nach Aussagen der Schuldnerberatungsstellen Arbeitslosigkeit und Trennung/Scheidung.

Diese gravierenden Unterschiede und die damit einhergehenden ungleichen Chancen auf Teilhabe werden erzeugt und begünstigt durch folgende Entwicklungen:

---

12 Für die Erstellung des 3. Armuts- und Reichtumsberichts (BMAS 2008) lagen keine vergleichbaren Daten vor. Deshalb greifen wir auf die Befunde des 2. Berichts zurück.

→ Eine durch den technischen Fortschritt und den globalen Wirtschafts- und Handelsmarkt voranschreitende *Deregulierung von Erwerbsarbeit* führt zu brüchigen Erwerbsbiografien mit wechselnden Arbeitsplätzen, Angewiesensein auf staatliche Transferleistungen in Brückenzeiten und der Option eines beruflichen Abstiegs. Arbeitslosigkeit, zumal wenn sie länger andauert, ist eine Hauptquelle für Armut.

→ Eine andere Entwicklung kann die individuelle Situation verschärfen: Arbeit in Deutschland steht im internationalen Wettbewerb unter einem erheblichen Kostendruck. Das führt insgesamt zu einem *niedrigeren Lohnniveau* in Deutschland. Eine Rolle spielt dabei, dass die Anzahl der tarifgebundenen Betriebe weiter zurückgeht: Arbeiteten 1996 noch 69% der Beschäftigten in Westdeutschland und 56% in Ostdeutschland in tarifgebundenen Betrieben, so waren es im Jahr 2005 im Westen nur 59% und im Osten sank die Zahl auf 42% (BMAS 2008, S. 8). Doch selbst Tarifverträge sind keine Garantie mehr für Lohnstabilität. Insgesamt gibt es eine Tendenz zu niedrigeren Bruttoverdiensten – selbst für leitende Funktionen in unterschiedlichen Gewerben. Prekär sind die Entwicklungen im wachsenden und häufig unterschätzten *Niedriglohnsektor*. Dort werden Tätigkeiten so niedrig entlohnt, dass selbst eine Vollzeittätigkeit nicht ausreicht, das Existenzminimum zu sichern. Zwischenzeitlich arbeiten aber 36,4% aller Beschäftigten in diesem Bereich (Anfang der 90er Jahre waren es nur etwas mehr als 25%). Den in Armut lebenden Erwerbslosen treten die armen Erwerbstätigen zur Seite (Butterwegge 2005).

→ Mit der *Neuorientierung der sozialstaatlichen* Leistungen durch die Zusammenlegung von Arbeitslosen- und Sozialhilfe für Erwerbsfähige ist intendiert, die hohe Arbeitslosigkeit in Deutschland nachhaltig zu senken und damit Menschen mehr Teilhabe am gesellschaftlichen Leben zu ermöglichen. Leitgedanke der als Hartz-Gesetze bekannten Reformen ist das Prinzip „Fördern und Fordern", was sich in niedrigeren finanziellen Transferleistungen bei gleichzeitig intensiveren Beratungsleistungen durch die Arbeits- und Sozialbehörden ausdrücken soll.

Studien zeigen aber, dass diese aktivierende Sozial- und Arbeitsmarktpolitik mit ihren strengeren Zumutbarkeitsregeln, neuen Sanktionsmöglichkeiten und den subjektiven Folgen bei einem erheblichen Teil der Betroffenen ins Leere läuft. Die Gruppe der Leistungsempfänger(innen) ist nicht homogen. Die Erwerbsorientierten darunter setzen alles dran, wieder eine Stellung im Arbeitsmarkt zu bekommen – und sei es eine noch niedrigere. Die Frage, ob der Arbeitsmarkt tatsächlich alle aufnehmen kann, ist zumindest im Blick auf regional sehr unterschiedliche Situationen fraglich. Die Gruppe der Leistungsempfänger(innen) umfasst aber auch demoralisierte Menschen, die jegliche Zeitstruktur und Planungsfähigkeit verloren oder nie erworben haben. Sie nehmen die weiteren materiellen Einschränkungen hin und versuchen, diese durch informelle Arbeit, Nachbarschafts- und Szenekontakte zu kompensieren. Dieser Gruppe bietet der erste Arbeitsmarkt vor allem mit seinen veränderten Bedingungen keinen Platz.

Der Regelsatz des neuen Arbeitslosengeldes II (ALG II) und der Sozialhilfe (für Nicht-Erwerbsfähige) beträgt für einen Erwachsenen monatlich 351,– €, für erwerbslose Paare 632,– €, Kinder bis zum 15. Lebensjahr zählen als 60%ige Erwachsene (211,– €) und Jugendliche werden mit 80% des Regelsatzes eingestuft (281,– €). Für Familie und Kinder sind diese Beträge zu niedrig, um die Grundbedingungen für das Aufwachsen und eine gesellschaftliche Teilhabe zu sichern. Eine bestmögliche Förderung von Kindern und Jugendlichen erfordert einen erhöhten Einsatz finanziellen, Ressourcen – dem trägt die Berechnung der Regelsätze mit den prozentualen Altersabschlägen in keiner Weise Rechnung.

Familien mit Mehrfachbelastungen und Familien in strukturschwachen Regionen haben deutlich weniger Chancen, in den Arbeitsmarkt vermittelt zu werden. Sie sind auf diese soziale Grundsicherung angewiesen und müssen damit zurechtkommen. Besonders davon betroffen sind Alleinerziehende. Durch ihre Lebensbedingungen haben sie das höchste Armutsrisiko.

Eine Folge dieser Entwicklungen ist die wachsende Sorge vor Statusverlust in der Mitte der Gesellschaft und die Befürchtung, den Lebensstandard nicht halten zu können und so den Anschluss an die Mittelschicht zu verlieren. Sie treibt relevante Teile der Arbeiter(innen) und Angestellten um und wird durch immer neue Schreckensmeldungen über Stellenabbau, Schließung von Betrieben und Insolvenzen beflügelt. Betroffen vom Strukturwandel und dem damit einhergehenden Arbeitsplatzabbau sind nicht mehr nur (nieder qualifizierte) Arbeitsplätze in der Großindustrie. Die Entwicklung hat längst Branchen und Berufsgruppen erreicht, die hohe Beschäftigungsstabilität ausstrahlen. Nicht nur die öffentliche Verwaltung, sondern auch das Versicherungs- und Bankengewerbe baut in großem Maße qualifizierte Arbeitsplätze ab. Dies alles schlägt sich auch in den Sichtweisen junger Menschen nieder: Die Sorge vor Arbeitslosigkeit spielt bei 53% der jungen Menschen eine herausgehobene Rolle (Gensicke 2006, S. 170). Einer der Jungen auf der Abi-Abschlussfahrt eines saarländischen Gymnasiums sagt, er habe Angst, den Lebensstandard seiner Eltern nicht erreichen zu können; Yannik, ein anderer, „möchte später auch mal die Stromrechnung bezahlen können" (Meffert, Stolz 2008, S. 22, 24). Besorgte Mittelschichtler sehen sich als Verlierer(innen) der wirtschaftlichen Veränderungen und der Sozialreformen. 63% der Bevölkerung haben Angst vor gesellschaftlicher Veränderung, 61% meinen, dass es nur noch „Oben" und „Unten" gäbe und keine Mittelschicht mehr (Friedrich-Ebert-Stiftung 2006, S. 4–7). Diverse Untersuchungen bestätigen die empfundene Sorge: Die Mittelschicht in

Deutschland wird kleiner (z. B. Statistisches Bundesamt 2006), das Deutsche Institut für Wirtschaftsforschung (DIW) stellt fest, dass die Mittelschicht in Deutschland allein in den Jahren 2000 bis 2006 von 62% der Bevölkerung auf nur noch 54% geschmolzen ist (DIW 2008). Die soziale Mobilität weist dabei mehr nach unten als nach oben. Die sozialen Unterstützungssysteme werden nicht mehr als Sicherung vor dem sozialen Abstieg gesehen, sondern als Einstieg dazu – ein durchschlagendes Ergebnis der politischen Reformen.

Arm dran in einem reichen Land
Mit der Zahl reicher Menschen wächst die Zahl der Menschen, die nach Definition der Organisation für wirtschaftliche Zusammenarbeit und Entwicklung (OECD) und der Europäischen Union armutsgefährdet sind und damit weniger als 60% des mittleren Nettoeinkommens zur Verfügung haben. So lag beispielsweise die Armutsgrenze im Jahr 2005 für Alleinstehende bei einem Einkommen von 781,– € im Monat, für Alleinerziehende mit zwei Kindern bei 1.249,– € im Monat.

Armut ist auch in Deutschland ein massives materielles Problem, aber nicht nur. Mit ihr sind immense Einschränkungen für die Lebensführung verbunden, die sich auf Befähigungs- und Verwirklichungschancen auswirken. Kinder und Jugendliche sind von allen Altersgruppen am meisten von Armut betroffen – sie sind die Hauptverlierer(innen) dieser Entwicklungen.

Das Armutsrisiko wird von zwei Faktoren wesentlich bestimmt: Erwerbslosigkeit und die Anzahl von Kindern. Die Armutsquote von Arbeitslosen (43%) ist im

Jahr 2005 mehr als dreimal so hoch als die der Gesamtbevölkerung (13%) (vgl. BMAS 2008, S. 77). Doch auch vollerwerbstätige Eltern bleiben davon nicht verschont. Die Befunde des DJI Kinderpanel und anderer Studien zeigen, dass nahezu jede fünfte Familie mit Kindern im Vor- bzw. Grundschulalter armutsgefährdet ist. Kinder sind in Deutschland ein erhebliches Armutsrisiko für Familien. Je mehr Geschwister, desto höher ist die Gefahr, dass die Familie mit ihrem Einkommen an die Armutsgrenze gerät:

Anteil armutsgefährdeter Familien mit 5- bis 9-jährigen Kindern in Abhängigkeit von der Anzahl der Kinder im Haushalt (%)

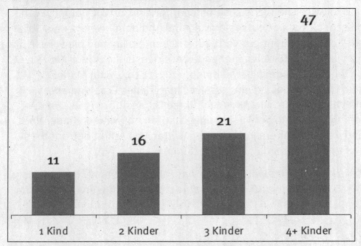

Quelle: DJI, 1. Welle Kinderpanel in: Alt 2005, S. 76

So reicht Familien mit zwei oder mehr Kindern ein Durchschnittseinkommen (im Jahr 2007 rund 30.000,– €) trotz Kindergeld nicht, um oberhalb des (steuerlichen) Existenzminimums leben zu können[13]. Unter den Bedingungen von Erwerbslosigkeit verschärft sich die Situation.

Vergleicht man die Unterschiede zwischen Familienformen, so offenbart sich, dass insbesondere Alleinerziehende unverhältnismäßig häufig von Armut betroffen sind:

Daneben weisen Menschen mit Migrationshintergrund als weitere signifikante Gruppe ein erhöhtes Armutsrisiko auf. Rund ein Viertel dieser Gruppe ist da-

---

13 Dies zeigen diverse Modellrechnungen (vgl. beispielsweise Borchert 2007). Das steuerliche Existenzminimum von Erwachsenen beträgt pro Jahr 7.664,– €, das eines Kindes 5.808,– €. Zwei Erwachsenen mit zwei Kindern haben beim Durchschnittseinkommen des Jahres 2007 von 30.000,– € ein Nettoeinkommen (incl. Kindergeld) von 15.328,– €. Dies liegt um rund 1.200,– € unter dem steuerlichen Existenzminimum dieser Familie.

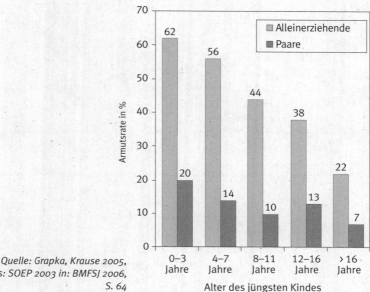

Quelle: Grapka, Krause 2005, Datenbasis: SOEP 2003 in: BMFSJ 2006, S. 64

von betroffen, in der zweiten Generation ist es ein Drittel von ihnen. Auffällig ist auch, dass Menschen, die länger in Deutschland leben, die viel Kontakt mit Deutschen haben, in binationalen Haushalten leben oder eingebürgert sind, weniger von Armut geprägt sind als Menschen mit Migrationshintergrund insgesamt.

Betrachtet man das Armutsrisiko von Kinder und Jugendlichen, so zeigt sich, dass dies seit den 90er Jahren konstant ansteigt.

Im Jahr 2005 liegt der Anteil von Armut betroffener Kinder und Jugendlicher weiter hoch: im Alter bis 15 Jahren sind es 26%, im Alter von 16–24 Jahren 28% (BMAS 2008, S. 294). Die Statistiken zum ALG II und der Sozialhilfe sowie weitere Studien zeigen, dass über 2,2 Millionen Kinder und Jugendliche unter 18 Jahren in Deutschland unter Armutsbedingungen leben. Nach allen Befunden sind Jugendliche die Gruppe der am höchsten von Armut Betroffenen!

Die Zahlen dürften durch verdeckte Armut noch höher sein als in den veröffentlichten Statistiken. Familien, die faktisch Anspruch auf ergänzende Sozialleistungen (z. B. Kinderzuschlag) hätten, machen diesen aus Unkenntnis oder Überschätzung ihrer finanziellen Lage nicht geltend. Eine Studie aus dem Jahr 1998 (vgl. Neumann, Hertz 1998) zeigt auf, dass Familien mit zwei und mehr Kindern anfällig sind, auf eine Unterstützung zu verzichten. Sie leben zurückgezogen, um ihre eingeschränkten Möglichkeiten zu verdecken, und verzichten auf notwendige Dinge des alltäglichen Lebens mit den entsprechenden Folgen für die Teilhabemöglichkeiten.

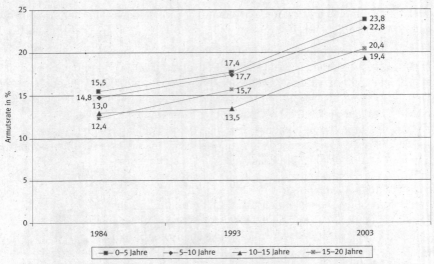

Quelle: Grapka, Krause 2005, Datenbasis SOEP 2003 in: BMFSFJ 2006, S. 65

Einmal arm, immer arm?
Eine differenzierte Auswertung von Daten zur Einkommensarmut zeigt, dass Armut überwiegend temporär ist. Diese Phasen dauern nicht länger als drei Jahre. Im Zeitraum von 1998 bis 2003 ist es mehr als der Hälfte der betroffenen Personen gelungen, ihre Lebens- und Einkommenssituation zu verbessern. Gleichzeitig kann Armut zurückkehren. Von Kindern, die die Armutslage überwunden haben, kehrt die Hälfte innerhalb von vier Jahren wieder in die Armut zurück.

Dieses Risiko ist in Ostdeutschland größer: 58% der Kinder sind nach drei Jahren und 83% nach fünf Jahren wieder arm (BMFSFJ 2006, S. 65). Eine Längs- und Querschnittsstudie des Instituts für Sozialarbeit und Sozialpädagogik (ISS) (Giering 2007) kommt zum Ergebnis, dass bei einem Drittel der 1999 armutsauffälligen Kinder im Kindergartenalter sich 2003 die Lebensbedingungen nicht verbessert haben.

Das Armutsrisiko und die Dauer des Verbleibs erhöhen sich, wenn die Personen/Eltern einen niedrigen Bildungsstand haben, arbeitslos sind, Kinder allein erziehen oder mit mehreren Kindern leben. Das mit Abstand größte Risiko, arm zu werden, ist Arbeitslosigkeit. Etwa die Hälfte aller Arbeitslosen (2005) lebt in Einkommensarmut. Der Status alleinerziehend ist ebenfalls ausschlaggebend für Armut. Bei Alleinerziehenden verbessern selbst Einkommen aus Erwerbstätigkeit die Lebenssituation nur unwesentlich. Sie sind überproportional im unteren Einkommensbereich vertreten, ihr geringes Einkommen wird nicht durch ein Paareinkommen ergänzt und ein Zehntel bekommt keine Unterhaltszahlungen (BMFSFJ 2006, S. 66).

13% der Gesamtbevölkerung leben in Armut (BMAS 2008, S. 13). Ein Teil davon ist bestrebt, diesen Status schnell zu verändern. Die anderen haben nicht die Fähigkeit, ihn zu verändern trotz der Förderangebote. Das Heidelberger Sinus-Institut bezeichnet diesen Teil in einer Milieustudie von 2006 (Friedrich-Ebert-Stiftung 2006, S. 81ff.) als „abgehängtes Prekariat" in der Größe von 8% der Bevölkerung – Menschen, die einen niedrigen gesellschaftlichen Status aufweisen, häufig einen gesellschaftlichen Abstieg hinter sich haben, einen hohen Anteil an Arbeitslosigkeit aufweisen und häufig Männer sind.

Folgen für das Aufwachsen

Armutsforschung und in neuerer Zeit auch Befunde zur Sicht von betroffenen Kindern auf ihre Situation zeigen auf, welche Folgen Armut und prekäre Lebenslagen für das Aufwachsen von jungen Menschen haben:

→ Die Grundversorgung, insbesondere bei der Ernährung und Kleidung, ist eingeschränkt, die Qualität der Ernährung mangelhaft. Die Studie des ISS (Holz 2006, S. 6) zeigt, dass rund 40% der armen gegenüber ca. 15% nichtarmer Kinder im Alter von 6 Jahren unterversorgt sind. Mit einem Regeltagessatz von 2,57 € für Kinder unter 14 Jahren von ALG-II-Empfängern für Essen ist die Sicherstellung einer ausreichenden Ernährung nur schwer leistbar.

→ Kinder und Jugendliche in Armutsverhältnissen leben auf weniger Wohnraum, also in beengten räumlichen Verhältnissen, die den kindlichen und jugendlichen Aktionsraum beschneiden. Der mit den Armutseinkommen bezahlbare Wohnraum liegt in verdichteten und sozial belasteten Wohnquartieren mit einem Wohnumfeld, das ebenfalls wenig Entfaltungs- und Gestaltungsmöglichkeiten bietet und zusätzliche Konflikte – zwischen unterschiedlichen Kulturen, zwischen Generationen – bereithält.

→ Möglichkeiten zur Gestaltung von Freizeit sind eingeschränkt. Es fehlen häufig die materiellen Voraussetzungen, sich notwendige Ausstattungen zur Ausübung anzuschaffen (zum Beispiel in Teilbereichen des Sports, Erlernen eines Musikinstruments, bei der Nutzung von Computern), es fehlen die Möglichkeiten, sich mit den notwendigen oder gruppendefinierten Standards und Marken auszustatten, für kostenverursachende Freizeitangebote stehen nicht die ausreichenden finanziellen Mittel zur Verfügung (beispielsweise Klassenfahrten, Ausflugstage etc.). Kurz gesagt, Kinder und Jugendliche aus Armutsfamilien können nicht mithalten. Sie fühlen sich ausgegrenzt und erleben sich stigmatisiert. Auch die innerfamiliäre Freizeitgestaltung ist vergleichsweise begrenzt – durch die räumliche Enge der Wohnung und die sehr begrenzten Mobilitätsmöglichkeiten. Gemeinsamer Familienurlaub findet i. d. R. nicht statt.

- → Studien zeigen, dass Kinder- und Jugendliche, die in Armut aufwachsen, erkennbar weniger soziale Kontakte in Gleichaltrigengruppen haben, sich weniger in den Angeboten von Verbänden und Vereinen bewegen und sich weniger von Mitschüler(inne)n akzeptiert fühlen.
- → Die psychische Belastung und die Anforderungen zur emotionalen Bewältigung sind beträchtlich und je länger Armutsphasen dauern, desto geringer ist eine Entwicklung im Wohlergehen möglich. Mit wachsendem Alter entwickeln junge Menschen ein sensibles Gespür für die sozialen Unterschiede und die darin liegenden Hierarchien. Sie sind familialen Spannungen ausgesetzt, die sich aus der spezifischen Lebenssituation ergeben, und stigmatisierenden Konflikten mit Vertreter(innen) anderer Einkommensschichten. Kinder und Jugendliche können darauf einerseits mit Schamgefühlen, Ängstlichkeit, Depressivität und Gefühlen der Traurigkeit reagieren, die auch zum partiellen Rückzug von Gleichaltrigen aus anderen und der eigenen Einkommensschicht führen können. Ebenso möglich sind Verhaltensmuster, die sich in Ärgerreaktionen und erhöhter Aggressivität ausdrücken. Von nicht unerheblicher Bedeutung für die Belastung sind die Formen der elterlichen Bewältigung, insbesondere wenn sich die Situation verschlechtert. Das Wohlergehen wird sehr von familialen Interaktionen beeinflusst. „Ein möglichst konfliktfreies Familienklima, ein kindzentrierter Alltag und viele gemeinsame Aktivitäten von Eltern und Kindern sind in diesem Alter entscheidende ‚Schutzfaktoren'" (Holz 2006, S. 7).
- → Arme und nichtarme Kinder entwickeln unterschiedliche Lebensbewältigungskompetenzen. Kinder, die von Armut betroffen sind, suchen in Konfliktfällen weniger Unterstützung und weniger gemeinsame Lösungswege. Sie wehren sich häufiger und nehmen dafür Ärger in Kauf. Bei Trauer ziehen sie sich eher zurück und lassen niemand an sich heran.
- → Die elterlichen Erziehungsleistungen sind durch die sozioökonomischen Zwänge und die jeweiligen Bewältigungsstrategien beeinflusst und mit wachsenden (Mehrfach-)Belastungen mehr eingeschränkt. Dies spüren Kinder und Jugendliche beim familiären Klima, dies schlägt sich in einer geringen Unterstützung bei der Alltagsbewältigung und Förderung in unterschiedlichen Bildungsprozessen der Kinder und Jugendlichen nieder.
- → Lebensstile, Verhaltensweisen und Handlungsmuster werden unter den Bedingungen von Armut geprägt und tragen wesentlich zur Reproduktion von Ungleichheit bei, je länger die Armut erlebt wird. Das kann dazu führen, dass junge Menschen gebotene Chancen nicht ergreifen (sogenannte ausbildungsmüde Jugendliche) und Möglichkeiten „umnutzen" zum Erwerb anderer Lebensbewältigungs- und -gestaltungskompetenzen, die ihren schlechten sozialen Status festigen. Erlebte Armut erzeugt Armut. „Bildungsarmut" der Eltern und in Folge der Kinder ist dabei ein entscheidender Faktor.

→ Prekäre Lebenslagen und Armut wirken sich entscheidend auf die Bildung von Kindern und Jugendlichen aus und können die Teilhabemöglichkeiten ein Leben lang beschneiden. Bildungsanlässe und Bildungsförderung finden ungleich weniger statt als in anderen Lebenslagen. Dies steht auch in einem Zusammenhang zum Bildungsgrad der Eltern. So zeigt zum Beispiel die Studie des ISS (Giering 2007), dass die Mütter armer Kinder einen erheblichen schlechteren Bildungsabschluss aufweisen als Eltern junger Menschen, die nicht unter Armutsbedingungen leben. Die Daten zur Bildungsbenachteiligung sind eindrücklich:

- Nur knapp 8% der nichtarmen Kinder wiederholen in der Grundschule mindestens einmal eine Klasse, bei Kindern, die unter Armut leiden, sind dies 30% (Giering 2007).
- 13,8% aller Schulabgänger haben im Jahr 2006 keinen Abschluss des Sekundarbereichs II (Fachhochschul-/Hochschulreife) und keinen beruflichen Bildungsabschluss, befinden sich an keiner (Hoch-)Schule, in keiner Ausbildung oder Weiterbildungsmaßnahme (BMAS 2008).
- Im Jahr 2006 sind 7,9% der 18- bis 24-jährigen Schulabbrecher(innen) – also ohne jeglichen Schulabschluss (BMAS 2008). Ein Teil holt später den Hauptschulabschluss nach.
- Die in die Arbeitslosigkeit entlassenen Hauptschüler(innen) sind von 1975 bis 1998 von 2,2% auf 12,5% (BMAS 2008) gestiegen – ein Hinweis darauf, dass Bewerber(innen) mit höherwertigen Schulabschlüssen Hauptschüler(innen) aus dem Ausbildungsmarkt verdrängen. Das ist auch eine Folge der Unterversorgung mit Ausbildungsplätzen.
- Der Anteil junger Menschen, die bis zum 25. Lebensjahr keine Ausbildung haben, hält sich seit Längerem auf hohem Niveau (zwischen 14 und 15%). Diese jungen Menschen haben nahezu keine Aussicht, in den Arbeitsmarkt integriert werden zu können.
- Die KIM-Studie 2006 dokumentiert, dass 89% der Haushalte mit Kindern Computer besitzen und 81% das Internet nutzen. Jedoch sind Haushalte mit niedrigem Einkommen (1.500,– € netto im Monat) im Vergleich zu Haushalten mit höherem Einkommen (2.500,– €) zu 20% weniger mit Computer und zu 30% weniger mit Internetzugängen ausgestattet (Medienpädagogischer Forschungsverbund Südwest 2007).
- Die Bildungsbeteiligung von Kindern gemessen am Bildungsniveau des Vaters untermauert den auch von OECD-Studien (PISA u. a.) aufgezeigten Zusammenhang zwischen sozialer Herkunft und Bildungserfolg von jungen Menschen:

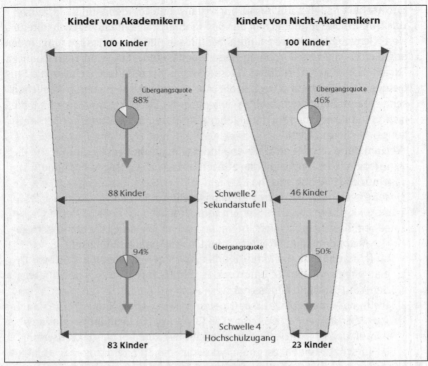

Quelle: Statistisches Bundesamt, Sonderauswertungen Mikrozensus 2001 und 2005; HISStudienanfängerbefragung 2005; Eigene Berechnungen DSW/HIS. In: BMAS 2008, S. 65

→ Die Voraussetzungen für den Übergang in ein eigenständiges Erwachsenenleben sind bedeutend schlechter als bei jungen Menschen aus einkommensstärkeren Schichten. Fehlende familiäre Förderung, unzureichende Bildungsabschlüsse (wenn überhaupt vorhanden) und das defizitäre Angebot an beruflichen Ausbildungsstellen insgesamt und in zukunftsweisenden Berufen (regionale Disparitäten) sind Faktoren, deren Zusammenwirken die prekäre Lebenslage von jungen Menschen verfestigt.

→ Die Arbeitslosigkeit ist unter Jugendlichen nach wie vor hoch. Im Juli 2008 waren trotz Konjunktur und Geburtenrückgang noch immer 362.665 Jugendliche arbeitslos. Eine wesentliche Ursache für Jugendarbeitslosigkeit sind gering qualifizierte oder fehlende Bildungsabschlüsse sowie eine fehlende Berufsausbildung. Dies weist auf eine weitere Problemkonstellation hin: Noch immer bieten Industrie, Handwerk und Dienstleistungssektor nicht ausreichend, nicht ausreichend zukunftsfähige und regional sehr unterschiedlich viele Ausbildungsplätze an. Für das anstehende Ausbildungsjahr

2008 fehlen im Juli 2008 immer noch rund 130.000 Ausbildungsplätze. Um das trotz Verbesserungen seit 2006 immer noch defizitäre Angebot konkurrieren Jugendliche mit sehr unterschiedlichen Schulabschlüssen und unterschiedliche Jahrgänge – nämlich Jugendliche, die in Vorjahren keinen betrieblichen oder außerbetrieblichen Ausbildungsplatz erhalten und versucht haben, einen Schulabschluss nachzuholen, oder in sonstige berufsvorbereitende Maßnahmen ausgewichen sind. Von den rund 575.000 Nachfragen für das Ausbildungsjahr 2008 sind allein rund 149.000 Nachfragende von Vorjahren. Verlierer(innen) sind schlecht gebildete, nicht mobile Jugendliche – denen eine weitere Chance vorenthalten wird. Die Jugend- und Familienministerkonferenz geht übrigens davon aus, dass weder die konjunkturelle Lage noch die demografische Entwicklung zu einem Rückgang der Zahlen dieser Gruppe von benachteiligten jungen Menschen führen wird (vgl. Familien- und Jugendministerkonferenz 2008).

→ Eine Form des Umgangs von jungen Menschen mit Armut ist der Ausstieg – nicht nur aus der Herkunftsfamilie, sondern auch aus den gesellschaftlichen Institutionen. Sie leben auf der Straße – auch in Deutschland. Über den Umfang liegen bisher wenige Daten vor. Fachleute sprechen von bis zu 28.000 Kindern und Jugendlichen, die wohnsitzlos sind (vgl. BMAS 2008, S. 159).

→ Ein weiteres Feld ist die *Gesundheit* von Kindern und Jugendlichen, die mit der sozioökonomischen Situation der Familien korreliert. Kinder und Jugendliche aus Armutsfamilien sind durch den Mangel, durch Verhaltensweisen und die psychischen Belastungen gesundheitsgefährdeter als ihre Altersgenossen aus anderen Einkommensschichten. Wer in Armut aufwächst, ist höheren Krankheitsbelastungen ausgesetzt und hat als Erwachsener einen schlechteren Gesundheitszustand. Das belegen die Befunde zahlreicher Studien. Kinder und Jugendliche, die in Armut leben, entwickeln durch Mangel- und Fehlernährung ein ungünstigeres Ernährungsverhalten, sie sind auffällig häufig von Essstörungen, Bewegungsmangel und Übergewicht betroffen und konsumieren regelmäßig Zigaretten. Sie leben unter erhöhter Umweltbelastung, die Quote gravierender innerfamiliärer Gewalterfahrungen ist deutlich höher als bei jungen Menschen aus anderen Einkommenslagen, ihre Eltern nutzen Gesundheitspräventionsmaßnahmen für Kinder signifikant schlechter. Dennoch ist es zu einfach zu behaupten, dass es um die Gesundheit von jungen Menschen in wohlhabenderen Gesellschaftskreisen zum Besten steht. Bewegungsarmut, Dickleibigkeit – aber auch ein breites Spektrum an psychosomatischen Erkrankungen tritt auch bei jungen Menschen aus sogenannten besseren Kreisen auf.

Vor einer allzu schnellen einseitigen Bewertung der Menschen, die in Armut aufwachsen und leben, ist zu warnen. Kinder und Jugendliche, die unter belastenden Lebensbedingungen aufwachsen, müssen keine Auffälligkeiten zeigen

und können zu einer integrierten Persönlichkeit heranwachsen. Dieses Faktum kann wiederum aber keine Legitimation für vorenthaltene Teilhabe sein oder einer Abwertung aller Initiativen dienen, Armut zu bekämpfen.

Gibt es einen Zusammenhang zwischen *Armut und Delinquenz*? Die Bewältigungsmuster von Menschen, die in Armutsverhältnissen leben, sind sehr unterschiedlich. Eine direkte Beziehung zwischen Armut und delinquentem Verhalten herzustellen, ist deshalb nicht zulässig und empirisch nicht eindeutig zu belegen. Es gibt jedoch Symptome, dass armutsbetroffene Jugendliche in höherem Maße an Gewalt- und weiteren Straftaten beteiligt sind als Jugendliche aus anderen Einkommensschichten.

Ebenso verhält es sich mit antidemokratischen, fremdenfeindlichen und rechtsradikalen Denk- und Handlungsweisen. Die Personengruppe mit hohem Armutsrisiko und die Gruppe, die einen eigenen sozialen Abstieg vor Augen hat, sind potenzielle Milieus, in denen antidemokratische, rechtsradikale Denkweisen und in Folge auch Handlungen Fuß fassen.

Auf der anderen Seite kann Reichtum nicht immer synonym für die bestmögliche Förderung junger Menschen stehen. Zwar sind materielle Ressourcen für jede Art von Unterstützungsleistung vorhanden, doch kann die emotionale Begleitung von Kindern und Jugendlichen durch berufliche Anforderungen und die

Karriereplanung beider Elternteile unzureichend bleiben. Aus der Praxis der Evangelischen Jugend wissen wir, welch hohe Bedeutung die „Heimat Evangelische Jugend" auch für Jugendliche mit diesem Hintergrund haben kann.

> *Die sozioökonomische Situation fordert Evangelische Jugend heraus. Die Tatsache, dass junge Menschen in Deutschland in Armutsverhältnissen aufwachsen, ist skandalös. Evangelische Jugend tritt für eine Wirtschafts- und Sozialpolitik ein, die ermöglicht, dass alle jungen Menschen die bestmögliche Förderung ihrer Entwicklung und alle Unterstützung bei der Suche nach einem gelingenden Lebensentwurf erhalten. Zugleich versucht Evangelische Jugend, jungen Menschen, die unter schlechten Bedingungen aufwachsen, ihre Angebote zu öffnen, ihnen Möglichkeiten der Gestaltung und eine gleichberechtigte Beteiligung zu schaffen und ihnen begleitend Bildungsmöglichkeiten anzubieten, die ihnen den Übergang in ein selbstständiges und selbstbestimmtes Leben erleichtern.*

2.3. Aufwachsen in der Stadt und auf dem Land

Die jeweils vorhandene wirtschaftliche und soziale Infrastruktur im sozialen Nahraum und in der erschließbaren Region bestimmen das Leben von Familien und das Aufwachsen von Kindern und Jugendlichen wesentlich mit. Die Verfügbarkeit und die Qualität des Wohnungs- und Freiflächenangebots, die Versorgung mit Gütern des alltäglichen Bedarfs, mit Dienstleistungen und Betreuungs- und Bildungsinstitutionen, die Existenz einer lebendigen Zivilgesellschaft, festzumachen an kirchlichen Angeboten, Vereinen und bürgerschaftlichen Initiativen, die Anbindung an den öffentlichen Nahverkehr – dies sind einflussreiche Faktoren, die Entwicklungsprozesse befördern oder erschweren. Sie tragen entscheidend zur altersspezifischen, sozialen und kulturellen Mischung bzw. zu Entmischungen der Bevölkerung bei. Es ist also nicht unbedeutend, wo Kinder und Jugendliche in Deutschland aufwachsen.

Zwar haben sich die Unterschiede zwischen Stadt und Land in den letzten Jahrzehnten tendenziell angeglichen, doch von gleichwertigen Lebensverhältnissen (vgl. Grundgesetz Artikel 72 und 106) in allen Regionen sind wir noch weit entfernt:
1. Auch nahezu 20 Jahre nach der deutsch-deutschen Vereinigung gibt es noch eklatante Unterschiede zwischen Ost- und Westdeutschland,
2. ein in vielen Bereichen der Gesellschaft vorhandenes Süd-Nord-Gefälle hat sich im letzten Jahrzehnt eher noch verstärkt,
3. die Abwanderung aus (Groß-)Städten in das verdichtete Umland hält tendenziell an, obwohl in sogenannten Boomgebieten die Innenstädte wieder Zuzug verzeichnen können,

4. soziale Segregationsprozesse und ihre Folgen prägen vor allem die Ballungsgebiete und Großstädte,
5. Entwicklungen im ländlichen Raum können sehr unterschiedlich verlaufen – zwischen strukturschwachen Gebieten und solchen mit einer dynamischen Entwicklung bzw. am Rande von Ballungsgebieten.

Die jeweiligen Bedingungen korrespondieren mit sehr unterschiedlichen, zum Teil gegenläufigen Entwicklungen. Dabei spielt insbesondere die Wirtschafts- und folglich die Arbeitsmarktstruktur und ihre jeweiligen Anpassungsleistungen an die aktuellen Entwicklungen des lokalen und globalen Wirtschaftsmarkts eine entscheidende Rolle – mit den Folgewirkungen für den Verbleib der Menschen in der Region, für die Zu- oder Abwanderung und den jeweils damit verbundenen Veränderungen für die soziale Zusammensetzung der Bevölkerung und der Infrastruktur.

Stadtluft macht frei?

Das moderne Leben pulst in den Großstädten, so ein gängiges Bild in der Öffentlichkeit, unterschiedlichste Kulturen, Weltanschauungen, Religionen, Lebensstile und Lebenslagen treffen aufeinander und liegen Seit an Seit. Lebendigkeit, Vielfalt und nahezu unerschöpfliche Möglichkeiten an Lebensgestaltung stehen neben Armut, sozialer Verelendung und Suche nach den allernotwendigsten Lebensgrundlagen. Stadtkerne entwickeln sich zu Konsummeilen, können aber wie Geisterstädte wirken, wenn die Konsumwelt ihre Tore schließt.

Die hohe Dichte an sozialen und kulturellen Einrichtungen und die Vielfalt an sozialen Erfahrungsmöglichkeiten tragen zur Lebensqualität bei. Veränderte Produktionsweisen und der Wandel im gesamten Wirtschaftssektor geben innerstädtische Flächen frei, die für neuen und hochwertigen Wohnraum genutzt werden mit einer großen Wohnattraktivität. Die Nutzung der vielfältigen städtischen Angebote steht jedoch in einem engen Zusammenhang mit der sozioökonomischen Lage der hier lebenden Menschen. Je attraktiver das Angebot an Wohnraum, sozialen und kulturellen Dienstleistungen, desto höher sind Lebenshaltungskosten, insbesondere in Städten, wo modernes Gewerbe und Dienstleistungsbetriebe alte monokausale Industrien verdrängt haben und die sich als Verwaltungszentrum und Universitätsstandort ausweisen. Diese Städte ziehen Menschen mit höheren Einkommensmöglichkeiten an – Singles und Partnerschaften ohne Kinder. Familien mit Kindern und Menschen mit niedrigem Einkommen werden verdrängt bzw. leben in Stadtteilen mit niedrigerem Standard.

Die sozialräumliche Entmischung von Bevölkerungsschichten entlang ihrer sozioökonomischen Lage und ihres jeweiligen soziokulturellen Hintergrunds führt auch zu einer Verdichtung des Anteils an Menschen mit Migrationshinter-

grund in bestimmten städtischen Quartieren – oftmals aus verschiedenen Herkunftsländern. Eine Mischung aus unterschiedlichen Kulturen und Mehrfachbenachteiligungen (z. B. alleinerziehend, Arbeitslosigkeit, Überschuldung, hoher Alkoholkonsum und Drogenmissbrauch) bei deutschen und ausländischen Familien führt zu sozialen Konflikten und stigmatisiert diese Ortsteile mit dem Schlagwort „sozialer Brennpunkt". Aufwachsen in einer dieser nicht freiwillig gewählten Umwelten findet mit eingeschränkten Entwicklungs- und Bildungschancen statt: verkehrsreiche Wohngebiete mit schlechtem Baubestand, kleinere Wohnflächen, fehlende und mangelhafte Spiel- und Freiflächen, Betreuungs- und Bildungseinrichtung mit schichthomogener Zusammensetzung schränken die Aneignungs- und Entfaltungsmöglichkeiten erheblich ein.

Deshalb zieht es Familien mit Kindern und mittleren Einkommen auch ins Umland, wo sie bezahlbares Wohnen und Entfaltungsmöglichkeiten für ihre Kinder finden können – zum Preis höherer Mobilitätsanforderung und mit der Folge steigenden Verkehrsaufkommens in Städten durch die Pendler(innen).

Stadt ist nicht gleich Stadt – es gibt Städte in sogenannten Boomregionen, die durch die wirtschaftliche Entwicklung und ihre Finanzkraft die Attraktivität ihrer sozialen, kulturellen und städtebaulichen Infrastruktur sichern und erhöhen können. Es gibt daneben Städte, die trotz aller Bemühungen gezwungen sind mit der begrenzten Finanzkraft den Mangel verwalten zu müssen – in West- und Ostdeutschland.

Die evangelische Kirchen und die evangelische Kinder- und Jugendarbeit sind in das Leben der Städte eingebettet und Teil der jeweiligen soziokulturellen Struktur von Quartieren. Besonders herausgefordert werden sie durch eine multireligiöse Situation und das Nebeneinander sehr unterschiedlicher Weltanschauungen. Christliches Weltverständnis und Traditionen stehen in Konkurrenz zu anderen religiösen Vorstellungen und Praktiken. Evangelische Kirche ist deshalb viel stärker herausgefordert, ihre Botschaft von der Liebe Gottes und den Anforderungen eines an christlichen Grundsätzen orientierten Lebens diesen Menschen nahezubringen als in (ländlichen) Regionen (des Westens und des Südens), in denen die Verwurzelung in christlichen Traditionen noch dominierender ist. Das hat Auswirkung auf die Gestalt und den notwendig höheren Ressourceneinsatz von evangelischer Kirche in den Ballungsgebieten (Städte und das angeschlossene Umland). Jugend- und Citykirchen, das Konzept „Kirche auf Zeit", Profil- und Zielgruppengemeinden, Einrichtungen für offene evangelische Kinder- und Jugendarbeit, Bildungsangebote und diakonische (Gemeinde-)Konzepte für die spezifischen Notlagen von Stadtmenschen – die evangelischen Antworten sind so vielfältig wie die Lebenslagen und fordern weiter Bewegung zwischen geistlicher Profilierung, Schwerpunktsetzung, Vielfalt (der Formen) und Außenorientierung (vgl. EKD 2006) bei gleichzeitiger Erkennbarkeit des evangelischen Profils. Lebendigkeit und Bewegung stehen zwar in einem Zusammenhang zu Verfügbarkeit von Ressourcen, werden aber entscheidend bestimmt von der Bereitschaft, sich den Herausforderungen der Stadt zu stellen. Eine der größten Spannungen liegt zwischen der Selbstgenügsamkeit evangelischer Kirche mit der Konzentration auf die Menschen, die ihren Kern bilden (geschützte Insel), und der Orientierung an städtischen Menschen, die der evangelischen Kirche fernstehen, aber auf Religion ansprechbar sind (Leuchtturm Kirche im Sozialraum). Diese Spannung kann sich sehr unterschiedlich ausformen – zwischen depressivem Verharren und dynamischem Aufbruch.

Natur pur? – Leben auf dem Land

Der Begriff „ländlicher Raum" umfasst sehr unterschiedliche Lebenslagen. Ländlicher Raum angrenzend an und in Ballungsgebieten ist geprägt von städtischen Entwicklungen. Er profitiert von der Infrastruktur der Ballungsgebiete, kann durch Zuzug von „Städter(innen)" an Bevölkerung gewinnen und hat in Boomgebieten auch Anteil an der wirtschaftlichen Dynamik. Die dort lebenden Menschen sind größtenteils sehr mobil, weil ihre Lebens- und Arbeitswelt räumlich nicht kongruent ist. Sie nutzen die soziale und kulturelle Infrastruktur der gesamten Region. Dennoch sind die infrastrukturellen Rahmenbedingungen dieser Regionen im Nahbereich für Entwicklungs- und Bildungsprozesse in der Kindheit und im Jugendalter vergleichsweise gut.

Daneben verzeichnet der ländliche Raum strukturschwache Gebiete mit niedriger Wirtschaftskraft, geringen Erwerbsmöglichkeiten und einer in hohem Maße defizitären Infrastruktur für das soziale und kulturelle Leben. Besonders die Randlagen des ländlichen Raums sind von Perspektivlosigkeit geprägt: Niedriges Einkommen, sinkende Ausbildungs- und Beschäftigungsmöglichkeiten in der Landwirtschaft, fehlende Möglichkeiten und Bedingungen für einen wirtschaftlichen Strukturwandel führen zur Abwanderungen und Fernpendeln (der Mobilen), zum Rückzug aus der Erwerbsarbeit mit der einhergehenden Armutsgefahr. Kennzeichnend für diesen Zustand ist der wachsende Verlust der Infrastruktur von Dienstleistungen und der sozialen Begegnungs- und Unterstützungsangebote, von Bildungs- und Betreuungseinrichtungen. Diese Begleiterscheinungen verschärfen die Situation und nähren die Perspektivlosigkeit der verbleibenden Bevölkerung.

In den prosperierenden Bereichen des ländlichen Raums profitieren junge Menschen von der geringeren Dichte der Bebauung und des Verkehrs. Sie können mehr und größere Spiel- und Freiflächen oftmals in einem besseren Zustand als in Großstädten nutzen, das soziale Umfeld ist überschaubarer. Dennoch und mit wachsendem Alter sind die Mobilitätsanforderungen an Kinder, Jugendliche und ihre Eltern im ländlichen Raum höher, weil Bildungs- und Freizeiteinrichtungen nicht mehr im sozialen Nahraum beheimatet sind. Auch die Pflege der Gleichaltrigen-Netzwerke erfordert höheren Einsatz sowohl bei der Planung als auch bei der Umsetzung. Informelle Treffpunkte können in großen räumlichen Entfernungen zum Wohnort und dem sozialen Nahraum liegen. Im Vergleich zur Situation in großen Städten fehlt jungen Menschen im ländlichen Raum die Möglichkeit, interkulturelle Erfahrungen zu machen. Menschen mit Herkunft aus anderen Kulturen leben in der überwiegenden Mehrheit in (Groß-)Städten. Dort, wo durch politische Steuerung die Ansiedlung „gelungen" ist, zeigen die Erfahrungen, dass Neuangesiedelte sich von der eingesessenen Bevölkerung separieren – und sich nur schwer in die örtliche Sozialstruktur integrieren lassen. Die positiven Aspekte des ländlichen Raums für das Aufwachsen verlieren sich in strukturschwachen Regionen mit dem fortschreitenden Abbau von Strukturen und der Abwanderung der mobilen jungen Menschen. Sie ziehen den modernen Berufen und Arbeitsplätzen nach in die Ballungsgebiete Rhein-Main, München, Hamburg, Berlin. Die Bedingungen für das Aufwachsen können in strukturschwachen Regionen mindestens so prekär sein wie in sozialen Brennpunktsquartieren der (Groß-)Städte.

In strukturschwachen Regionen mit schlechten Prognosen kann es jedoch auch Perspektiven geben. Engagierte Bürger(innen) mit einer Vision von der

Stärke ihres Dorfes schaffen neue Lebensqualität, die Menschen und Einrichtungen hält und andere anzieht. So kann die Tristesse eines Abwanderungsgebietes neben lebendiger Ideenvielfalt stehen. Hier sind es die sorgenvollen Zurückgebliebenen, dort sind es die Freudigen nach dem Motto: Das geht mit neuen Ideen auch anders. Dort kehren auch junge Menschen zurück, die ihre Ausbildung in der Ferne absolviert haben.

> *Auch im ländlichen Raum ist das kirchliche Leben und damit die evangelische Kinder- und Jugendarbeit eingebettet in die Lebenswelt der dort lebenden Menschen. Lässt sich am Rande von Ballungsgebieten und mittendrin evangelische Kirche dank der vorhandenen Infrastruktur und Ressourcenausstattung noch erfolgreich mit klassischen Gemeindekonzepten (Parochialgemeinde) und Formen der Gruppenarbeit entfalten, so stellen strukturschwache Regionen die evangelische Kirche vor große Herausforderungen: Wie kann Kirche und evangelische Kinder- und Jugendarbeit als oftmals letzte verbliebene soziale Infrastruktur in aussterbenden Dörfern gemeindliches Leben und jugendliche Treffpunkte sichern und mit den verbleibenden Menschen Glauben und Lebensperspektiven entwickeln? Das Impulspapier der EKD „Kirche der Freiheit" (EKD 2006) versucht, sich dieser Frage in der Beschreibung mehrerer „Leuchtfeuer" zu stellen und die Verantwortlichen herauszufordern, auf die jeweilige Situation zugeschnittene offensive Konzepte zu entwickeln, um Menschen mit ihren Glaubens- und Lebensfragen nicht alleine zu lassen und um Suchende für den christlichen Glauben zu gewinnen.*

2.4. Lebensort Schule

Jugendliche in der Schule – Lebensort unter hoher Aufmerksamkeit
Bildung ist eine wesentliche Voraussetzung für Teilhabe und ein selbstbestimmtes Leben. In einer sich immer schneller verändernden Welt ist es wichtig, Fähigkeiten zu haben, sich Wissen anzueignen, die Relevanz zu prüfen und Wissen umsetzen zu können.

Unterschiedliche *Bildungsorte und Lernwelten* geben Kindern und Jugendlichen die Möglichkeit, ihre Gaben zu entfalten und verschiedene Kompetenzen zu erwerben. Kindertageseinrichtungen, informelle Gleichaltrigengruppen, die Angebote der Kinder- und Jugendarbeit u. v. m. bieten Lernwelten außerhalb von Schule. Der hier mögliche Wissens- und Kompetenzerwerb ist nicht wie in der Schule an ein Curriculum gebunden, sondern folgt sehr unterschiedlichen pädagogischen Konzepten.

Ein wichtiger und vom ganzen Setting her dominanter Bildungsort ist Schule. Sie beansprucht, alle jungen Menschen in einem bestimmten Alter durch die Schulpflicht zu erreichen. „Sie ist für wesentliche Teile der Vermittlung systematisierten Wissens der heranwachsenden Generation zuständig, muss für alle ein „Bildungsminimum" hervorbringen, das die Teilhabe am gesellschaftlichen Leben erfordert, und weitergehende Lernfähigkeiten kultivieren" (Tenorth zitiert in BMFSFJ 2006, S. 92). Ab dem sechsten Lebensjahr bestimmt Schule maßgeblich die Lebenswelten nahezu aller jungen Menschen in Deutschland – und dies mindestens neun Jahre lang. Jung sein in Deutschland bedeutet deshalb, vor allem Schüler(in) zu sein. In den ersten vier Jahren (in manchen Bundesländern in den ersten sechs Jahren) werden alle Kinder eines Jahrgangs gemeinsam unterrichtet. Die einzige Ausnahme kann bestehen, wenn (Lern-)Behinderungen vorliegen. In diesem Fall stehen passende Sonderschulformen zur Verfügung, die von ca. 6% aller schulpflichtigen Kinder und Jugendlichen (Autorengruppe Bildungsberichterstattung 2008, S. 67) genutzt werden.

Je nach Bundesland wird nach der vierten/sechsten Klasse über den weiterführenden Schulbesuch entschieden. Die Abgänger(innen) von Schulen (2006) geben einen Einblick in die Verteilung: 24,4% verlassen die Schule mit einem Hauptschulabschluss, 41,1% mit einem mittleren Abschluss und 26,7% mit der Fach- bzw. Hochschulreife. Ohne einen Schulabschluss haben im Jahr 2006 7,8% der Schüler(innen) die Schule verlassen.

Rahmenbedingungen von Schule
Die Schule unterliegt als staatliche Einrichtung einem sehr strikten Regelwerk. Die Aufsicht über alle Schulen, auch die der Privatschulen, obliegt dem Staat. Die Nutzung des Bildungsangebots der Schulen ist nicht freiwillig, sondern unterliegt einer der wenigen staatlichen Verpflichtungen und bindet junge Menschen neun bzw. zehn Jahre. Das Schulwesen folgt einer festgelegten Ordnung. Die Schüler(innen) werden entsprechend ihres Alters und ihrer Leistungen eingeteilt. Wesentliches Instrument hierfür ist Leistungsbeurteilung. In der Schule spielen überwiegend kognitive und verbale Lernformen eine Rolle.

Der wachsende Wissensbestand, die Qualitätsforderungen des weiterführenden Ausbildungsmarkts, die geforderte Förderung von lernschwachen Schüler(inne)n, aber auch der gewachsene Bedarf an außerschulischem Nachhilfeunterricht im kommerziellen und privaten Bereich sowie die Erledigung von schulischen Hausaufgaben haben zu einer weitreichenden Ausweitung von Schule in die bisher freie Zeit der Kinder und Jugendlichen geführt – auch abgesehen vom Konzept der Ganztagsschule. Die Schulzeitverkürzung im gymnasialen Bereich verstärkt diese Entwicklung bei einer Verdichtung des Lernstoffes. Denn bisher ist es nicht gelungen, die Lehrpläne und vor allem ihre Umsetzung durch die Lehrer(innen) zu entschlacken – in kürzerer Zeit wird die gleichbleibende Menge an Wissen an Schüler(innen) weitergegeben. Späte Kindheit und Jugend ist in wachsendem Maße eine Schul-Jugend.

Schule wird dem grundgesetzlichen Anspruch auf Chancengleichheit nicht gerecht. Im internationalen Vergleich findet eine auffällig starke Benachteiligung von Kindern und Jugendlichen aus bildungsfernen Milieus und in prekären Lebenslagen statt. Der Einfluss des sozialen Status und des Bildungsstands der Herkunftsfamilie auf die Bildungsbiografie ist noch immer entscheidend. Die Schule sortiert Schüler(innen) zu früh aus, produziert hohe und pädagogisch wenig sinnvolle Sitzenbleiberquoten (nach PISA wiederholt ein Viertel aller 15-Jährigen ein Schuljahr) und entlässt zu viele Schüler(innen) mit wenig erfolgreichen Bildungsbiografien. Darunter sind Kinder aus Familien in prekären Lebenslagen, Arbeiterkinder und Kinder aus Familien mit Migrationshintergrund überproportional vertreten.

Wandel von Schule
Die Ergebnisse der internationalen Bildungs- und Schulvergleichsstudien haben den politischen Druck auf das deutsche Bildungswesen enorm erhöht. Über politische Lager und Interessengruppen hinweg besteht Einigkeit über den Reformbedarf des Schulwesens. Dabei sollen die zu vermittelnden Inhalte, insbesondere die notwendige Menge an Wissen überprüft, eine Flexibilisierung der Arbeitsformen und Methoden erreicht und die Schulen insgesamt stärker

geöffnet werden für die Lebenswelten junger Menschen und mögliche Kooperationspartner im Sozialraum.

Dem Ausbau des Angebots an Ganztagsschulen fällt eine besondere Rolle zu. Die politischen Entscheidungsträger(innen) verbinden damit sehr unterschiedliche Erwartungen:

→ Verbesserung der Entwicklungsbedingungen für Kinder und Jugendliche,
→ Förderung des Erwerbs von Kompetenzen für alle Kinder und Jugendlichen, um herkunftsbedingte Benachteiligungen abzubauen,
→ Ermöglichung einer Balance von Familie und Beruf, damit das Qualifikationspotenzial der Frauen besser zum Tragen kommt.

Die Ziele und Erwartungen sind von Bundesland zu Bundesland etwas unterschiedlich gewichtet, aber bei allen vorhanden. Selbst die Bundesregierung engagiert sich entgegen föderalen Gepflogenheiten verstärkt und mit immensen Fördermitteln (allein zwischen 2003 und 2007 insgesamt 4 Mrd. Euro) für den Ausbau der Ganztagsschulangebote. Die Veränderung der Schule hin zur Ganztagsschule trifft die schon erwähnten außerschulischen Bildungsträger und den gesamten Sozialraum, in dem Schule stattfindet. Sie alle sind aufgefordert, in Kooperation dem Projekt Ganztagsschule zum Erfolg zu verhelfen. Zwischenzeitlich finden „an fast 80% der Grundschulen und fast 70% der Schulen der Sekundarstufe I (...) Angebote von Sportvereinen bzw. Trägern der Jugendhilfe statt" (Arbeitsgemeinschaft für Kinder- und Jugendhilfe 2008, S. 14). Auch die evangelische Kinder- und Jugendarbeit kooperiert mit Ganztagsschulen.

Aber nicht nur die Kooperation mit Schule stellt evangelische Kinder- und Jugendarbeit vor neue Herausforderungen, sondern grundsätzlich der wachsende Anspruch von Schule auf die noch verbleibende (freidisponible) Zeit von Kindern und Jugendlichen.

Wie die Zukunft der Ganztagsschulen aussieht und wie sich außerschulische Lernwelten entwickeln werden, hängt sehr stark an den von Bund und Ländern zur Verfügung gestellten finanziellen und personellen Ressourcen. In einigen Bundesländern gibt es Absichtserklärungen der Landesregierungen, die von einem Ganztagsschulangebot für 25% aller Schüler(innen) sprechen (Rheinland-Pfalz) oder die in „angemessener" Erreichbarkeit (ca. 1 Stunde Fahrzeit) in den Landkreisen das Angebot der Ganztagsschule realisieren wollen (Hessen). Dies zeigt zweierlei: Man wird nicht von einem flächendeckenden Ausbau der Ganztagsschule als Normangebot ausgehen können. Und: Dort wo Schule real und faktisch (durch Schulwege im ländlichen Raum) den ganzen Tag der Schüler(innen) bestimmt, bedarf es einer offensiven Auseinandersetzung außerschulischer Jugend- und Bildungsorganisationen mit Kooperationsmöglichkeiten, um jungen Menschen außerschulische Lernwelten unter veränderten Bedingungen weiterhin zu erhalten.

2.5. Zwischen Berieselung und aktiver Mitgestaltung – Jugendliche und Medien

Das Gute gleich vorweg: Auch im Medienzeitalter ist die häufigste und wichtigste Freizeitaktivität von Jugendlichen das Zusammensein und Treffen mit anderen Jugendlichen. 86% treffen sich mit ihren Freundinnen und Freunden mehrmals pro Woche.

Allerdings nimmt auch hier schon die Mediendurchdringung im Alltag von Jugendlichen ihren Anfang. Sie tauschen Fotos und Filme, hören Musik, sehen zusammen fern oder spielen Computerspiele. Die Bandbreite der eingesetzten Medien und Geräte ist hoch und die immer stärker um sich greifende Medienkonvergenz tut ihr Übriges. Kommunikationsmedien, die in der Vergangenheit getrennt voneinander existierten, kommen sich immer näher. Da spielen überschneidende Inhalte genauso eine Rolle wie ein Zusammenwachsen von Endgeräten.

Ein Haushalt mit Jugendlichen zwischen 12 und 19 Jahren hat heute eine beeindruckende technische Medienausstattung. Für Kommunikation und Medien werden viel Zeit und Geld investiert. Fast alle Haushalte verfügen über einen Fernseher, ein Mobiltelefon, einen Computer oder einen MP3-/CD-Player und fast alle sind online. Digitalkameras, Spielkonsolen und DVD-Rekorder vervollständigen den Gerätepark.

Fast die Hälfte der Haushalte mit Jugendlichen bezieht regelmäßig zumindest eine Zeitschrift und 60% haben eine Tageszeitung abonniert. Dabei haben Jugendliche, die das Gymnasium besuchen, deutlich häufiger Zugang zu aktuellen Zeitungen und Zeitschriften als Haupt- und Realschüler(innen). Überhaupt unterscheidet sich die Medien- und Geräteausstattung von Jugendlichen stark nach dem jeweiligen Bildungsgrad und dem sozialen Hintergrund. Gymnasiast(inn)en haben häufiger Computer und Internetanschluss im eigenen Zimmer, Haupt- und Realschüler(innen) verfügen über mehr Fernseher und Spielkonsolen.

Entscheidend für das Nutzungsverhalten von Jugendlichen sind die sozioökonomischen und soziokulturellen Lebensbedingungen der Familie, die elterlichen Wertvorstellungen und der jeweilige Erziehungsstil. Welche Medien wie oft und wie lange genutzt werden, welche Grenzen gesetzt werden und wie sich dadurch eine Medienkompetenz ausbilden kann, hängt von diesen familiären Voraussetzungen ab. Tendenziell legen Eltern mit höherem Bildungstand einen größeren Wert auf kritischen Medienumgang und setzen auch eher zeitliche Grenzen als Eltern aus benachteiligten Milieus. Auch die Medienauswahl wird in Familien mit höherem Bildungstand stärker in das Erziehungskonzept integriert und es werden Alternativangebote und Gelegenheiten der Kommunikation geschaffen. In bildungsferneren Familien ist vermehrt ein unkritischer und problematischer Fernsehkonsum die einzige harmonische Konstante des Familienlebens.

Eine umfangreiche technische Medienausstattung und ein von Eltern unbeachteter Mediengebrauch ist aber auch bei Jugendlichen aus „privilegierten" Familien nicht selten der Auslöser für einen problematischen Medienkonsum.

Das Fernsehen bleibt auch bei Jugendlichen das Alltagsmedium, es verliert aber im Zeitbudget für Mediennutzung immer mehr an Nutzungsquantität. Insbesondere Computer und Internet sorgen hier für Verschiebungen. Die Verweildauer an Computer und im Internet steigt bei Jugendlichen kontinuierlich an. Daneben wird das klassische lineare Fernsehen bei Jugendlichen in Zukunft auch immer häufiger durch zeitversetzte Sendeformen ersetzt.

Fragt man Jugendliche, auf welches Medium sie in ihrem Alltag nicht verzichten könnten, ergibt sich ein Bild, das vor einigen Jahren noch ganz anders aussah. Wichtigstes Medium und damit unverzichtbar für Jugendliche ist heute der Computer, dann folgen Internet und MP3-Player. Der Fernseher landete nur auf Platz vier. Bücher und Radio bräuchten nur noch wenige, Zeitungen und Zeitschriften spielen kaum eine Rolle.

Medien erfüllen für Jugendliche viele Funktionen und werden in verschiedenen Situationen gezielt eingesetzt. Gerade beim Regulieren von Stimmungen (Mood Management) spielen Medien eine große Rolle. So sind bei Langeweile oder Einsamkeit das Internet oder Fernseher die Mittel der Wahl. Musik von CDs und MP3-Playern baut Frust und Ärger ab oder bestärkt die jeweiligen Stimmungen. Wenn Jugendliche traurig sind, spendet Musik am häufigsten Trost und sie bringt gute Laune beim Zusammensein mit Freund(inn)en.

Teenager von heute wachsen zwar nicht online auf, aber sie wachsen selbstverständlich mit den neuen Medien auf, gehen routiniert mit ihnen um und fragen erst einmal nicht, ob das alles pädagogisch wertvoll ist, was sie online unternehmen. Sie suchen im Internet vor allem Spaß, Informationen und Freund(inn)e(n). Sie tauschen sich mit unterschiedlichsten Menschen in Diskussionsforen, in Chaträumen oder per E-Mail aus und nutzen souverän die gesamte Palette der Kommunikations- und Interaktionsangebote, die im Netz zu finden sind.

Intuitiv versuchen sie, die Möglichkeiten, die sich ihnen bieten, für sich und ihre Bedürfnisse zu nutzen. Sie benutzen eine Sprache, die von der Generation vor ihnen kaum verstanden wird, legen sich nicht nur eine, sondern gleich mehrere virtuelle Identitäten zu und sind bestimmt auch in manchen Situationen etwas naiv und unbesorgt in den Weiten des Webzwonull unterwegs. Menschen, die gelernt haben, dass Medienpädagogik erst mal mit Medienkritik beginnt, stehen dem meist etwas ratlos gegenüber und schwanken zwischen ungläubiger Ver(Be)wunderung und hilfloser Ablehnung.

Eine besondere Rolle in der Kommunikation von Jugendlichen spielt das Mobiltelefon. 94% aller Jugendlichen besitzen so ein Gerät, das aus der heutigen Jugendkultur einfach nicht mehr wegzudenken ist. Das „Handy" ist im Alltag von Jugendlichen ein fester Bestandteil und es wird von zwei Dritteln täglich genutzt. War bis vor Kurzem noch das Versenden und Empfangen von Kurznachrichten (SMS) die Hauptsache, wird das Mobiltelefon jetzt erstmals am häufigsten seiner originären Bestimmung nach genutzt – nämlich zum Telefonieren. Am Beispiel Mobiltelefon kann man zudem auch die am weitesten verbreitete Konvergenz der einzelnen Medien feststellen. Mit modernen Geräten kann man telefonieren, Kurznachrichten versenden und empfangen, fotografieren, Musik hören, Internetseiten aufrufen, fernsehen oder Dateien austauschen. Problematisch wird es, wenn mit dem Mobiltelefon Menschen fotografiert oder gefilmt werden und diese Bilder schnell und massenhaft via Internet und Telefon verbreitet werden. Rechtliche und moralische Grenzen sind mit moderner Kommunikationstechnik schnell durchbrochen und es besteht großer Aufklärungsbedarf darüber, in welchem Maße z. B. Persönlichkeitsrechte oder soziale Umgangsformen von diesen neuen Techniken beeinflusst werden und wie sie geschützt werden können.

Computer und Internet sind, neben dem Mobiltelefon, die Kommunikations-, Informations- und Unterhaltungsmedien für Jugendliche geworden und die Kommunikation steht dabei an erster Stelle. Jedenfalls bei Mädchen und jungen Frauen. Jungen kommunizieren auch per Computer, spielen aber deutlich mehr damit. Am liebsten nutzen Jugendliche für ihre Onlinekommunikation Instant Messenger, wie z. B. ICQ oder Skype. Mit diesen Programmen pflegen sie Freundeslisten und tauschen Nachrichten oder Dateien aus, sie können feststellen, welche Freundinnen oder Freunde gerade online sind, um sie dann zum Chat einzuladen. Nebenbei können sie sich noch bei einem gemeinsamen Spiel vergnügen. Auch Internetcommunitys werden bei Jugendlichen immer beliebter. Bei solchen Angeboten können sich Jugendliche meist mit eigenen Porträts vorstellen und darüber wieder andere Jugendliche kennenlernen. Sie können Fotogalerien anlegen, sich in Interessengruppen organisieren, chatten oder in Foren diskutieren. Die wenigsten erwarten dabei, dass sie in Communitys neue Freundinnen und Freunde kennenlernen. In solchen Communitys werden meist lokale Kontakte gepflegt. Man trifft seine Freundinnen und Freunde morgens in der Schule und mittags wieder im Chatroom.

Die meisten Inhalte in solchen Communitys werden von den Nutzer(inne)n selbst generiert, wobei der Übergang von Qualität zu Banalität fließend ist. Allerdings werden die Inhalte in Communitys eher passiv genutzt. Nur eine relativ kleine Gruppe von Nutzer(inne)n beteiligt sich aktiv an der Erstellung von Inhalten, der größte Teil liest nur mit.

Bedenklich ist, dass in solchen Communitys häufig die Grenzen zwischen Öffentlichkeit und Privatsphäre verschwimmen und sich viele Nutzer(innen) keine Gedanken darüber machen, wer ihre vermeintlich vertraulichen Mitteilungen, Gedanken und Bilder zu sehen bekommt. Gerade Jugendliche haben anscheinend das Gefühl, in einer Online-Community in einem ähnlich geschützten Raum wie in einem Jugendclub zu sein. Sie machen sich keinerlei Gedanken, was mit ihren, zum Teil sehr persönlichen und intimen Informationen, die sie in solchen Portalen hinterlegen, passieren kann. Und passieren kann viel. Fotos können kopiert und weiterverbreitet werden, persönliche Daten werden benutzt, um Profile für Werbetreibende zu erstellen, und zum Teil werden die persönlichen Daten verkauft, die bei einer Registrierung erhoben werden.

Diese Gefahren, die Jugendliche vielleicht nicht auf den ersten Blick erkennen, um die aber geschulte Pädagog(inn)en wissen sollten, sollten auch für evangelische Kirchen ein Anlass für eine sinnvolle medienpädagogische Arbeit mit Kindern und Jugendlichen sein.

Als Informationsmedium für Jugendliche wird der Computer mit Internetanschluss ebenfalls immer bedeutsamer. Das Internet ist für Schule und Ausbildung nützlich. Das sagen jedenfalls 70% der Jugendlichen mit Computerzugang. Berücksichtigt man den Bildungshintergrund von Jugendlichen, fällt auf, dass Gymnasiast(inn)en insgesamt das breiteste Anwendungsspektrum aufweisen. Sie nutzen Instant Messenger und E-Mails häufiger und setzen das Internet sehr viel stärker für Recherche und Information ein als Real- und Hauptschüler(innen). Nur beim Chatten weisen Hauptschüler(innen) die höchste Nutzungsfrequenz auf.

Probleme werfen allerdings manche Einstellungen von Jugendlichen zum Internet auf. Zum Beispiel denkt jeder vierte Jugendliche, dass die Inhalte im Netz von jemandem geprüft werden. Das macht deutlich, dass auch bei Jugendlichen, die im Medienzeitalter aufwachsen, eine Stärkung ihrer Medienkompetenz notwendig ist.

Eigentlich suchen Jugendliche im Internet nur nach dem, was sie auch im „richtigen" Leben suchen, etwa in der Schule, bei Freundinnen und Freunden oder in der Jugendgruppe. Allerdings können sie sich im Netz auf ganz andere Weise ausprobieren. Anonymität ist hier das Zauberwort. Wenn sich Jugendliche eine virtuelle Identität zulegen, können sie viel offener und ungezwungener über ihre Vorlieben, Probleme, Stärken oder Abgründe erzählen, als sie es mit einem realen Gegenüber könnten. Gruppenzugehörigkeit wird über Interessen und Vorlieben bestimmt, nicht durch Zugehörigkeit zu einer sozialen Schicht mit entsprechenden Ausstattungsmerkmalen wie etwa der teuren Designerjeans oder den angesagten Turnschuhen. Körperliche Attraktivität und Körpersprache treten in den Hintergrund und müssen durch sprachliche Mittel ersetzt werden.

„Ich bin medial präsent, also bin ich." Ganz im Sinne des „Impression Managements" können sie sich so im Netz selbst betrachten und ihr Selbst arrangieren. Mit dieser virtuellen Identität werden die Jugendlichen natürlich auch unabhängiger von ihrer Umgebung. Sie besorgen sich die Informationen, nach denen sie die Erwachsenen nicht mehr fragen wollen, oder die diese ihnen gar nicht geben können oder wollen. Sie engagieren sich in einer Weise, die sie selbst ausprobieren. Jugendliche Identitätsbildung geschieht damit auch im Internet durch Abgrenzung von Erwachsenen und deren vorgelebten und angeleiteten Bildungszumutungen.

Kindheit und Jugend sind schon längst keine Schonräume mehr, in denen Kinder und Jugendliche über die Eltern allmählich mit gesellschaftlichen Werten und Normen vertraut gemacht werden. Es liegt kein Wissensmonopol der Eltern mehr vor, vielmehr sind Jugendliche ihren Eltern gerade auf dem Gebiet der neuen Medien um Längen voraus.

Alle Fertigkeiten im Umgang mit Computern und neuen Medien, die junge Menschen beim Spielen, Kommunizieren und Arbeiten erlernen, werden in der heutigen Zeit vom Arbeitsmarkt vorausgesetzt, können aber keinen Arbeitsplatz sichern. Für Jugendliche, die auf der Suche nach einem Ausbildungs- oder Arbeitsplatz sind, bedeutet das keine Job-Garantie. Im Gegenteil – durch neue Informations- und Kommunikationstechniken sind Arbeitsplätze in Gefahr und Arbeitskräfte werden eingespart. Auch hier sind die evangelischen Kirchen gefordert, sich aktiv an der Diskussion zu kulturellen, sozialen, politischen und ökonomischen Dimensionen von neuen Techniken und Medien zu beteiligen.

2.6. Junge Menschen in einer alternden Gesellschaft

Die Bevölkerungsgröße im Ganzen und das Verhältnis der einzelnen Altersgruppen zueinander haben sich in den letzten Jahrzehnten gravierend verändert. Zwei Trends erweisen sich zwischenzeitlich als gesichert. Zum einen geht die Bevölkerungsgröße insgesamt zurück, zum anderen werden weniger Kinder geboren. Damit verbunden ist, dass sich das quantitative Verhältnis zwischen jungen und alten Menschen zu Ungunsten der jungen Bevölkerung verändert, unterstützt durch eine steigende Lebenserwartung. Ebenfalls zeigt sich, dass Zuwanderung diese Trends nicht aufhebt. Selbst bei weiterhin kontinuierlich erfolgenden Zuwanderungen sind der Bevölkerungsrückgang und die Verschiebung der Altersstruktur nicht aufzuhalten, sondern allenfalls abzumildern.

Das Statistische Bundesamt fertigt regelmäßig koordinierte Bevölkerungsvorausberechnungen an. Diese Prognosen besagen, dass die Zahl der jungen Menschen in Deutschland drastisch abnehmen wird. Der Anteil der jungen Menschen unter 20 Jahren an der Bevölkerung soll sich fast halbieren, von 30% im

Jahre 1970 auf 17% im Jahre 2020. Der Anteil von Menschen über 60 Jahren wird sich im selben Zeitraum knapp verdoppeln, von rund 20% im Jahre 1970 auf 35% im Jahre 2020.

Ein wesentlicher Faktor ist dabei der Rückgang der Zahl von Frauen im „gebärfähigen" Alter:

Frauen im Alter von 20 bis 44 Jahren (in 1.000)
Ergebnisse der 11. koordinierten Bevölkerungsvorausberechnung

- Variante 1W1
- Variante 1W2

2006: 13.813
2025 = 11.740 (Variante 1W2)
2025 = 11.210 (Variante 1W1)
2050: 9.722 (Variante 1W2)
2050: 8.721 (Variante 1W1)

Variante 1W1: Geburtenziffer 1,4, Wanderungssaldo 100.000
Variante 1W2: Geburtenziffer 1,4, Wanderungssaldo 200.000

Quelle: StaBa: 11. koordinierte Bevölkerungsvorausberechnung, Variante V1 W1 und Variante V1 W2, Basisjahr 2006 (https://www-genesis.destatis.de/genesis/online/logon); zusammengestellt und berechnet Arbeitsstelle Kinder- und Jugendhilfestatistik

Diese Grafik zeigt sehr eindrücklich die Folgen des in den 60er Jahren einsetzenden *Rückgangs von Geburten* (Pillenknick). Innerhalb weniger Jahre ist die Geburtenrate um ca. 40% gesunken. Damit verringert sich die Zahl von Frauen, die Kinder bekommen können. Diese Entwicklung setzt sich fort, denn die Geburtenziffer deutscher Frauen hat sich seit den 60er Jahren (Nachkriegshöhepunkt mit durchschnittlich 2,5 Kindern pro Frau) kontinuierlich verschlechtert und stagniert seit zehn Jahren bei durchschnittlich zwischen 1,3 und 1,4 Kindern je Frau (Statistisches Bundesamt 2007c, S. 16).

Entsprechend hat die Zahl der jungen Menschen bis 27 Jahren in den letzten Jahrzehnten abgenommen:

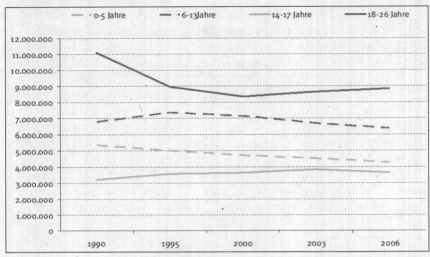

Quelle: Statistisches Bundesamt 2008; eigene Darstellung

Diese Entwicklung wird sich nach den Prognosen fortsetzen:

Deutschland

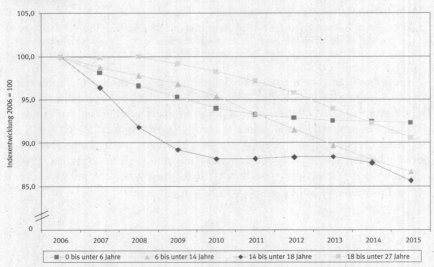

Quelle: Statistisches Bundesamt, 11. koordinierte Bevölkerungsvorausberechnung 2006, Berechnungen der Dortmunder Arbeitsstelle Kinder- und Jugendhilfestatistik

Bei dem insgesamt weiter nach unten weisenden Trend ist am bemerkenswertesten, wie stark Zahl der 14- bis unter 18-Jährigen zurückgeht (um 14,4% auf der Basis des Jahres 2006).

Wie schon bisher werden nicht alle Regionen gleich und zur selben Zeit von den demografischen Veränderungen betroffen sein. Unterschiedliche Bevölkerungsdichten und -zusammensetzungen und *Wanderungsbewegungen* sind hierfür verantwortlich. Die Ansiedlung von aus dem Ausland zuwandernden Menschen wird sich auch zukünftig auf Ballungsgebiete konzentrieren, die Binnenwanderung verstärkt die ungleiche Bevölkerungsentwicklung. Besonders kritisch sind die Entwicklungen in ländlichen Gebieten Ostdeutschlands, die nach und nach entvölkert werden.

Bei einer Differenzierung zwischen Ost- und Westdeutschland ergibt sich folgendes Bild:

Ostdeutschland

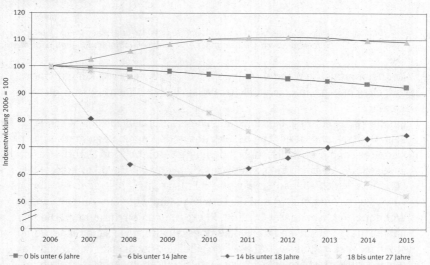

Quelle: Statistisches Bundesamt, 11. koordinierte Bevölkerungsvorausberechnung 2006, Berechnungen der Dortmunder Arbeitsstelle Kinder- und Jugendhilfestatistik

In Ostdeutschland zeigen sich die Folgen kumulierter Veränderungsfaktoren: Der große Einbruch bei den Geburtenzahlen in den Jahren nach der Wende (Tiefpunkt 1994 mit durchschnittlich 0,77 Geburten pro Frau) und die massive Abwanderung von jungen Menschen über 18 Jahren auf der Suche nach besseren Lebens-, Ausbildungs- und Arbeitsbedingungen.

Der Trend in Westdeutschland sieht die Altersgruppen bei ihrer Entwicklung näher beieinander, weist aber ebenfalls nach unten:

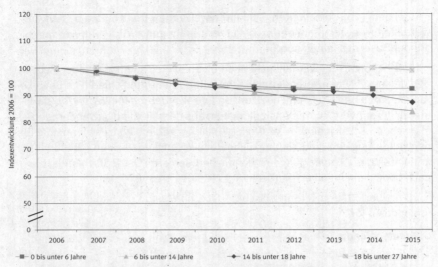

Quelle: Statistisches Bundesamt, 11. koordinierte Bevölkerungsvorausberechnung 2006, Berechnungen der Dortmunder Arbeitsstelle Kinder- und Jugendhilfestatistik

Der demografische Wandel verändert die Lebenslagen von Kindern und Jugendlichen in ganz unterschiedlicher Weise. Einige Dimensionen wollen wir skizzieren:

→ Ein Rückgang der Bevölkerungszahlen muss grundsätzlich nicht schlecht sein. Deutschland ist ein eng besiedeltes und in vielen Regionen sehr zersiedeltes Land. Der zivilisatorisch bedingte Verbrauch von Naturfläche ist vergleichsweise hoch. Ein gemäßigter Rückgang der Bevölkerungszahlen könnte in verschiedenen Bereichen zur Entspannung beitragen (Wohnungsversorgung, Verkehr etc.) und die Lebensqualität steigern (Aufgabe von Wohnquartieren minderer Qualität, Rückbau und Renaturierung). Die Annahme, dass mit sinkender Bevölkerungszahl der gesellschaftliche Wohlstand nicht zu halten sei, lässt sich so eindimensional nicht darstellen. Faktoren wie die Wirtschaftsentwicklung, Produktivität, Erwerbstätigkeitsrate und der Grad von zivilgesellschaftlicher Organisation sind hierbei wesentlich mitbestimmend.

→ Immer weniger Kinder bedeutet im schlechtesten Fall – also in Regionen, in denen kaum noch Familien mit Kindern leben, dass der Gesellschaft ein gewisser selbstverständlicher Umgang mit Kindern und Jugendlichen verloren geht. Und damit auch die Sensibilität für den Umgang mit und die notwendige Förderung und Unterstützung von jungen Menschen und ihren Eltern.

→ Die geringere Geschwisterzahl führt unter guten Voraussetzungen dazu, dass Kinder heute mehr Aufmerksamkeit und Begleitung erfahren als Generationen vor ihnen. Das kann gleichzeitig das mit wachsendem Alter bedeutungsvollere Erleben außerhalb der elterlichen Sozialkontrolle mindern und durch eine tendenzielle „Überbehütung" zu Einschränkungen führen, die notwendige Selbstständigkeit auszubilden.

→ Die verwandtschaftlichen Netzwerke schrumpfen, eine Begegnung mit Gleichaltrigen im Schutzraum Familie wird immer geringer. Damit fehlt Kindern und Jugendlichen eine wichtige Ressource für gemeinsame Initiativen, den Austausch, die Auseinandersetzung und die emotionale Sicherheit – die Solidarität der Geschwister, der Cousins und Cousinen. Die natürlichen Begegnungsmöglichkeiten zwischen den Generationen werden geringer.

→ Kindern und Jugendlichen können – regional sehr unterschiedlich – die gleichaltrigen Partner(innen) ausgehen. Je nach Situation bedarf es eines großen Aufwandes, um Treffen von Gruppen und zwischen Einzelnen zu organisieren. Das schränkt schon im Kindesalter eine wichtige Entwicklungs- und selbstbestimmte Entfaltungsmöglichkeit ein. Mit wachsendem Alter und steigender Mobilität der Kinder schränkt diese Situation die familialen Interaktionszeiten zusätzlich ein, weil junge Menschen zur notwendigen Pflege ihres Gleichaltrigennetzwerkes durch räumliche Entfernungen viel Zeit benötigen.

→ Mit dem Schwinden von Kindern wird das Netz der sozialen Infrastruktur für junge Menschen und ihre Eltern löchrig. Nicht nur die Kindertageseinrichtungen und Schulen befinden sich nicht mehr im sozialen Nahraum, sondern auch wichtige andere Netzwerkknoten wie Verbände, Vereine, Beratungs- und Freizeiteinrichtungen gehen verloren oder können nur noch in räumlicher Ferne mit schlechter Anbindung an den öffentlichen Personenverkehr genutzt werden.

→ Es besteht eine nicht zu unterschätzende Gefahr, dass eine kurzsichtige Politik zu einer beträchtlichen Einschränkung der Förderung führt, wenn die Zahl von jungen Menschen sinkt. Dies ist der Fall, wenn vermeintlich freiwerdende öffentliche oder kirchliche Fördermittel, Räume und Personal in die Bewältigung anderer Aufgaben „überführt" werden. Ein gelingendes Aufwachsen unter diesen Bedingungen erfordert dagegen insbesondere in strukturschwachen Gebieten und Städten mit hohen sozialen Belastungen eine intensivere Begleitung junger Menschen und angemessene, neue Formen infrastruktureller Unterstützung.

→ Unverantwortlich ist, heutige Problemstellungen mit dem Hinweis auf die rückläufige Zahl von jungen Menschen zu bagatellisieren. Für Betroffene, die unter schlechten Bedingungen leben müssen, die keinen Ausbildungs- oder Arbeitsplatz erhalten, bedeutet eine solche Haltung, dauerhaft ausgeschlossen zu werden. Ihnen werden notwendige Hilfen untersagt, obwohl sie teilhaben und ein selbstständiges Leben führen wollen.

→ Obwohl junge Menschen weniger werden und damit ihr Gewicht bei politischen Entscheidungen in den kommenden Jahren schwindet, wächst ihre Bedeutung: Sie sind schon heute in manchen Bereichen ein knappes Gut – für die gesellschaftliche Reproduktion, die Sicherung sozialstaatlicher Instrumente, für den Fachkräftenachwuchs und für die Sicherung der Marktchancen unterschiedlicher Branchen. Wirtschaftsbetriebe konkurrieren mit Werbemaßnahmen um eine Bindung der nachwachsenden Generation an ihre Produkte.

Die schrumpfende Zahl von Kindern und Jugendlichen ist für die Evangelische Jugend noch kein Hinweis, dass sie insgesamt betrachtet weniger Kindern und Jugendlichen einen Gestaltungsraum bieten kann. Auch in Zukunft ist das Potenzial junger Menschen noch groß, das Evangelische Jugend mit dem Evangelium und ihren, den Menschen zugewandten Angeboten zusätzlich erreichen kann. Das setzt die Bereitschaft und Fähigkeit voraus, gewandelte Situationen von jungen Menschen – insbesondere in strukturschwachen Regionen aktiv aufzugreifen und mit ihnen passende Formen von Evangelischer Jugend zu entwickeln. Sie wird im Oderbruch eine andere Gestalt haben müssen als in Berlin-Mitte, in München oder in Ostfriesland. Erkennbar ist sie überall als Evangelische Jugend, weil sie jungen Menschen Gott näherbringt, mit ihnen zusammen nach Spuren des Himmelreichs und einem gelingenden Lebenskonzept sucht und ihnen eine geistliche Heimat bietet. Dafür braucht sie den Segen Gottes und die Unterstützung der evangelischen Kirchen.

2.7. Eine bunte und multikulturelle Gesellschaft

Wanderungsbewegungen aus anderen Staaten nach Deutschland haben die deutsche Gesellschaft in den letzten Jahrzehnten nachhaltig verändert. Deutschland ist dadurch multikultureller, „bunter" geworden. Kinder und Jugendliche wachsen heute in einer immer weniger monokulturellen Umgebung auf – ihre Lebenswelten entwickeln sich auch durch die Integration von Zugewanderten zu multikulturellen Beziehungs- und Wissenswelten. Dabei bestehen aber große regionale Disparitäten, denn Zuwandernde und in Folge ihre Familien siedeln sich weit weniger im ländlichen Raum und insbesondere nicht in ostdeutschen ländlichen Regionen an.

Die soziale und kulturelle Integration von Migrant(inn)en ist eine Aufgabenstellung, der sich keine moderne Gesellschaft entziehen kann. Im Kern geht es um die Frage, ob und wie die aufnehmende Gesellschaft und Menschen mit Migrationshintergrund Wege finden, kulturelle Vielfalt, aber auch gesellschaftliche Einheit zu gestalten.

Menschen mit Migration in Deutschland

Seit 2005 erfasst der Mikrozensus alle vier Jahre differenzierte Daten über einen möglichen Migrationshintergrund. Nicht mehr nur die Staatsangehörigkeit wird erhoben, sondern auch Spätaussiedler(innen) mit deutschem Pass und eingebürgerte Personen mit eigener oder über die Eltern vermittelter Migrationserfahrung (1. oder 2. bzw. 3. Generation).

Danach leben 15,3 Millionen Menschen in Deutschland mit Migrationshintergrund. Das sind 18,6 Prozent der Gesamtbevölkerung – im Westen 21,5%, in Ostdeutschland 5,2%. Diese Zahlen sprechen auch dafür, dass sich eine Vielzahl von Menschen in Deutschland niedergelassen, Fuß gefasst und eine neue Heimat gefunden hat. 5,8 Millionen *junge Menschen* haben einen Migrationshintergrund. Das entspricht einem Anteil von 27,2% der unter 25-Jährigen in Deutschland. Die Statistik offenbart im Blick auf Kinder noch eine weitere Steigerung: Rund 33% der Kinder bis zu sechs Jahren wachsen in Deutschland mit Migrationshintergrund auf. Wenn auch der weitaus größte Teil davon in Deutschland geboren ist, sind bei jedem dritten Kind unter sechs Jahren entweder die Eltern nach Deutschland zugewandert oder die Kinder selbst sind nicht hier geboren.

Anteil der Bevölkerung mit Migrationshintergrund 2005 nach Altersgruppen und Herkunftsregionen (in %)

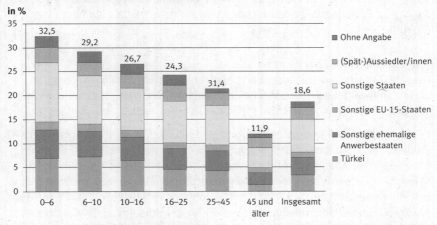

Quelle: Konsortium Bildungsberichterstattung (2006), „Bildung in Deutschland", S. 143

Bei all den Zahlen ist zu beachten, dass sich dahinter vielfältige Migrationshintergründe, unterschiedliche rechtliche Status, kulturelle Traditionen und Herkunftsregionen verbergen. Versucht man sozio-kulturelle Gruppen zu gewichten, so gehören Menschen türkischer Herkunft zur stärksten Gruppe (3,4%), gefolgt von (Spät-)Aussiedler(innen) (2,5%).

Diese Zahlen in Verbindung mit öffentlichen Meldungen über Migration mögen schnell das Bild entstehen lassen, dass Migration gleichbedeutend mit Benachteiligung, Problemen, Scheitern und einem Verliererstatus ist. Zurzeit ist die öffentliche Wahrnehmung davon stark geprägt, deshalb betonen wir – bevor die kritischen Bereiche beleuchtet werden –, dass der größte Teil der Menschen mit Migrationshintergrund ein erfolgreiches und eigenständiges Leben führt. Sie nutzen die vorhandenen Gestaltungsmöglichkeiten der deutschen Gesellschaft wie Ausbildung, Arbeitsmarkt, Wohnungsmarkt, Freizeitangebote und unterstützende Leistungen ganz selbstverständlich. Es gibt viele Beispiele gelingender Integration in die Gesellschaft: Wissenschaftler(innen) aus Indien, Manager(innen) aus Japan, Ehepartner(innen) aus anderen EU-Ländern, Student(inn)en aus aller Welt.

Ein Gespräch mit jungen Frauen macht deutlich, dass sie keinerlei Interesse daran haben, immer unter dem Blickwinkel „Migrationshintergrund" betrachtet zu werden. Sie wollen als ganz normale Jugendliche gesehen werden. Für sie selbst spielt die Zuwanderung eine nachgeordnete Rolle, die sie auch deshalb ablehnen, weil sie dadurch zu „Opfern" oder „Hilfsbedürftigen" gemacht werden, während sie sich als selbstbewusste junge Frauen verstanden wissen möchten. Von zuschreibenden Verallgemeinerungen muss deshalb Abstand genommen werden. Immer gilt es, die persönliche Biografie zu beachten, wenngleich die eigene Zuwanderung oder die der Eltern ein wesentliches Moment in der Biografie bleibt.

Teilhabechancen – aber nicht für alle
Die selbstbewussten Aussagen und positiven Beispiele dürfen jedoch nicht darüber hinwegtäuschen, dass es einen Teil von Kindern und Jugendlichen aus Migrantenfamilien in Deutschland gibt, der in prekären Verhältnissen lebt.

Personen mit Migrationshintergrund sind häufiger in unteren Einkommensgruppen vertreten, beeinflusst durch eine Reihe von Faktoren: fehlende berufliche Qualifikationen bzw. nicht anerkannte berufliche Abschlüsse, Sprachbarrieren, Branchenabhängigkeiten sowie unterschiedliches Erwerbsverhalten. Nur 14% der Erwerbstätigen mit Migrationshintergrund erzielen ein Einkommen über 2.000,– € (ohne Migrationshintergrund: 23%). Erwerbstätige mit Migrationshintergrund sind in der Einkommensgruppe bis 1.100,– € mit 45% deutlich stärker vertreten als Erwerbstätige ohne Migrationshintergrund (37%). Das Risiko, einkommensarm zu sein, haben nach den Daten des Mikrozensus 2005 15% der Gesamtbevölkerung. Bei Personen mit Migrationshintergrund liegt dieser Anteil mit über 28% fast doppelt so hoch. Hinsichtlich des Armutsniveaus bestehen deutliche Unterschiede nach den Herkunftsländern und dem rechtlichen Status der Zugewanderten.

Prekäre Lebenslagen schlagen sich auch auf die Bildungsbeteiligung nieder. So sind beispielsweise Kinder mit türkischer Herkunft zu einem hohen Anteil in Hauptschulen vertreten. Aussiedlerkinder liegen zwischen den Leistungen von Kindern ohne Migrationshintergrund und Kindern aus Migrantenfamilien anderer Herkunft.

Bevölkerung im Alter von 25 bis unter 35 Jahren 2005 nach Migrationstypen und allgemeinen Schulabschlüssen (in %)

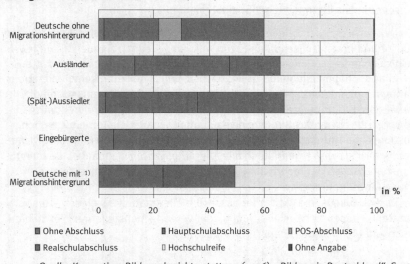

Quelle: Konsortium Bildungsberichterstattung (2006), „Bildung in Deutschland", S. 147

Zu berücksichtigen sind dabei auch geschlechtsspezifische Unterschiede. Mädchen ausländischer Herkunft erreichen höherwertige Abschlüsse als ausländische Jungen und verlassen die Schule seltener ohne Hauptschulabschluss. Trotzdem gibt es starke Anteile von weiblichen Nichterwerbspersonen. Zudem machen immer weniger Mädchen und Jungen mit einer Zuwanderungsgeschichte das Abitur.

Besonders kritisch stellt sich der Übergang der jungen Migrant(inn)en von der Schule in die Ausbildung und von der Ausbildung in die Erwerbsarbeit dar: Ihr Weg in eine qualifizierte Ausbildung weist stärkere Hürden auf als der ihrer Altersgenoss(inn)en ohne Migrationshintergrund. Die Praxis zeigt, dass Jugendliche mit Migrationshintergrund im Durchschnitt deutlich bessere schulische Vorleistungen erbringen müssen als die Gleichaltrigen ohne Migration, um einen Ausbildungsplatz zu erhalten. Es sind vor allem junge Erwachsene mit türkischem Hintergrund sowie aus den anderen ehemaligen Anwerbestaaten, die

die stärksten Probleme im Übergang in die Erwerbstätigkeit haben. Nach dem jüngsten Bericht über die Lage der Ausländerinnen und Ausländer liegt der Anteil ausländischer Schulabgänger(innen) ohne Abschluss 2005 mit 17,5% deutlich über dem entsprechenden Anteil der jungen Deutschen (7,2%) (Die Beauftragte der Bundesregierung 2007, S. 43). Die Ausbildungsquote junger Ausländer(innen) ist nur halb so hoch wie die der deutschen Jugendlichen (56,9%). Sie erreichte inzwischen einen Tiefpunkt von 23,7%. Im Vergleich dazu hatten 1994 immerhin 34% der ausländischen Jugendlichen einen Ausbildungsplatz gefunden (Brenner 2008, S. 251).

Dennoch: Studien zeigen, dass sich die große Mehrheit der Migrant(inn)en in die Aufnahmegesellschaft einfügen will – ohne jedoch eigene kulturelle Wurzeln zu vergessen. Viele, vor allem jüngere Befragte der zweiten und dritten Generation, haben ein bi-kulturelles Selbstbewusstsein und sehen Migrationshintergrund und Mehrsprachigkeit als Bereicherung für sich selbst und die Gesellschaft. Der Integrationsgrad ist wesentlich bildungs- und herkunftsabhängig: Je höher das Bildungsniveau und je urbaner die Herkunftsregion, desto leichter und besser gelingt eine Integration in die Aufnahmegesellschaft. Häufig beklagt wird – quer durch alle Migrantengruppen – mangelnde Integrationsbereitschaft der Mehrheitsgesellschaft und geringes Interesse an den neuen Mitbürger(inne)n.

Es gibt Milieus, die aktiv oder passiv die Integration verweigern – aus verpassten Chancen der Ausländerpolitik der vergangenen 30 Jahre. Hier spielen insbesondere prekäre Lebenslagen eine Rolle.

Die Aufnahmegesellschaft –
Aufwachsen mit abnehmender Akzeptanz und Diskriminierung

Neben den Teilhabechancen im Erziehungs-, Bildungs- und Arbeitsmarktsystem wird die Integration in die Aufnahmegesellschaft ebenso bestimmt vom Grad an Akzeptanz für die Zuwanderungsgruppe. Jugendliche zeigen sich in Jugendstudien (vgl. 15. Shell Jugendstudie 2006, S. 131 ff.) generell tolerant gegenüber anderen bzw. andersartigen Gruppen. 13% aller Jugendlichen haben jedoch viele Vorbehalte, die in der Summe als Intoleranz interpretiert werden können. Entwickelt hat sich zudem eine deutlich stärkere Ablehnung zum weiteren Zuzug von Migrant(inn)en nach Deutschland. 2002 wollten 48% von Jugendlichen einen weiteren Zuzug von Migrant(inn)en eher stoppen, 2006 hat sich diese Haltung auf 58% – 56% alte Bundesländer, 65% neue Bundesländer – erhöht. Eine restriktivere Haltung ist verstärkt bei Jugendlichen aus materiell schlechter gestellten Haushalten anzutreffen, bei Jugendlichen, die dem rechten Spektrum zuzuordnen sind, sowie im ländlichen Raum.

Ausländische Jugendliche erleben Diskriminierungen im Alltag. Der Anteil der Ausländer(innen), die wegen ihrer Nationalität Benachteiligungen erfahren haben, ist von 58% (2002) auf 63% (2006) angestiegen. Von den Ausländerinnen und Ausländern geben im Einzelnen sogar 15% im Vergleich zu 13% im Jahr 2002 an, „schon oft" Benachteiligungen erlebt zu haben. Das Empfinden von häufigen Diskriminierungen gehört demnach für ausländische Jugendliche in Deutschland zum Alltag. Die Formen sind sehr unterschiedlich von abfälligen Bemerkungen, sozialer Ausgrenzung bis zu harter Benachteiligung in Schule, bei Ausbildungssuche. Besonders Aussiedler(innen) aus Russland gehören zu der Zuwanderungsgruppe, gegenüber der die Toleranz nachgelassen hat.

Junge Migrant(inn)en organisieren sich selbst

Lebenslagen von jungen Migrant(inn)en sind vielfältig und differenziert zu betrachten. Neben geschilderten Problemlagen und mangelnden Teilhabechancen zeichnet sich ein neues Bild im Rahmen von Verbänden von Jugendlichen mit Migrationshintergrund (MJSO). Innerhalb des letzten Jahrzehnts hat sich eine plurale Szene von Jugendverbänden – insbesondere in urbanen Ballungsgebieten –, die ausschließlich von Jugendlichen mit Migrationshintergrund gegründet, geleitet und genutzt werden, entwickelt. Zum Teil sind sie als Emanzipationsprozess von den Vereinen der Eltern oder ganz ohne einen Erwachsenenverband entstanden.

Auf den ersten Blick könnten diese Vereine als weitere „Parallelwelt" und Isolationstendenz gedeutet werden. Seit Beginn ihrer Existenz versuchen sie, sich jedoch zu vernetzen und an der allgemeinen Jugend(verbands)arbeit in Deutschland zu partizipieren. Das Anliegen der Mitglieder ist also nicht nur auf sich selbst gerichtet, sondern genauso auf jugendpolitisch relevante Themen und gesamtgesellschaftliche Partizipation. Sie engagieren sich in Stadt- und Kreisjugendringen und bemühen sich um Aufnahme in Landes- und Bundeszusammenhänge. Hier treffen sie jedoch auf Zugangshürden, wie z. B., eine bestimmte Anzahl an Mitgliedern aufweisen zu müssen, die von ihrer Ausgangslage nicht erfüllt werden kann. Für eine Einbindung entsprechende Rahmenbedingungen und Ressourcen bereitzustellen, fällt als Aufgabe der Aufnahmegesellschaft zu.

Wenn junge Menschen ihre Sache selbst in die Hand nehmen können, unterstützt dies die Identifikation mit und die Integration in die Gesellschaft, die dieses Engagement ermöglicht. Deshalb ist die Unterstützung junger Migrant(inn)en bei ihrer verbandlichen Selbstorganisation neben der Öffnung der eigenen Angebote ein wichtiger Beitrag der Aufnahmegesellschaft.

3. Jugend und Religion – Jugend und Kirche

Jugend und Religion

Lange Zeit galt das Paradigma, dass Religion in modernen Gesellschaften an Bedeutung verliert und langfristig „verdunsten" wird. Für die deutsche Gesellschaft wurde prognostiziert, dass die weitgehend gelungene Säkularisierung und Verabschiedung von Religion mit der damit einhergehenden Entkirchlichung, die in der damaligen DDR autoritär erzwungen wurde und ihre Folgen in den östlichen Bundesländern zeitigt, als Modell für die zukünftige religiöse Landschaft in ganz Deutschland zu gelten habe.

Daran ist richtig, dass wir in der Tat in westeuropäischen Gesellschaften und in Deutschland eine kulturelle Entmächtigung von Religion (vgl. Küenzlen 2003, S. 11ff.) verzeichnen – sowohl als öffentliche Legitimationsinstanz als auch hinsichtlich ihrer Prägekraft für die private Lebensführung. Die verbindliche Deutekraft von Religion und ihre Plausibilität als Welterklärung ist im Schwinden und marginalisiert Religion im öffentlichen und privaten Bewusstsein. Im praktischen Leben kommt Gott selten vor.

Weltweit gilt dies – auch für moderne Gesellschaften wie in den USA und für sich modernisierende Kulturen – sicher nicht. Wie der aktuelle Religionsmonitor (Bertelsmann 2007) ausweist, ist weltweit mit einem Anstieg der Religiosität gerade auch in jüngeren Altersgruppen zu rechnen.

Auch für westeuropäische Kulturen wird derzeit vielfach von einer „Wiederkehr der Religion" gesprochen und ein „Megatrend Religion" bzw. ein „Megatrend Spiritualität" diagnostiziert. Daran ist richtig, dass das öffentliche Interesse an Religion aus ganz verschiedenen Gründen (z. B. Präsenz des Islam, fundamentalistische Auswüchse in verschiedenen Religionen, große Selbstinszenierungsevents wie der Weltjugendtag, aber auch missionarische Anstrengungen christlicher Kirchen und Gruppen) gewachsen ist und Religion im medial vermittelten öffentlichen Diskurs steht. Auch Vorbehalte und Tabuisierungen von Religion scheinen geschwunden. In einer verhältnismäßig toleranten Gesellschaft kann wieder über Religion, auch privat, gesprochen werden und muss ein eigenes religiöses Bekenntnis nicht versteckt werden. Die Offenheit für religiöse Fragen hat zugenommen – wohl auch verbunden mit dem Scheitern der Deutungsmonopole der großen Ideologien und eines rein auf Wissenschaft und Rationalität gegründeten Weltentwurfes und dem Ahnen dessen, dass auf reine Diesseitigkeit und Konsumorientierung fixierte Lebensmuster für viele Menschen nicht tragend und sinnstiftend sind.

Das öffentliche Interesse an Religion und das Fragen nach Sinn, Transzendenz und Spiritualität bedeuten derzeit allerdings keineswegs eine Renaissance des christlichen Glaubens und der Kirchenbindung. Zugenommen haben neue Formen von Religiosität und selbst gebastelte Mischformen wie z. B. eine nach jeweiligen Bedürfnissen selbst konstruierte „religion light". Die Kirchen scheinen vom Boom religiöser Fragen und Sehnsüchte bisher kaum zu profitieren (vgl. Körtner 2006).

Trotzdem kann von einem Verdunsten der Religion nicht gesprochen werden. Dies gilt auch für die jüngere Generation: Die Befunde des Religionsmonitors 2008 lassen bisher die Deutung nicht zu, dass traditionelle Glaubensinhalte im Altersvergleich an Bedeutung verloren hätten (Zieberts, in: Bertelsmann 2008, S. 44 ff.) und dass von einem Traditionsabbruch gesprochen werden könnte. Der Glaube an Gott ist unter jungen Leuten relativ stabil.

Dies untermauern weitere Studien: Die jüngste Shellstudie 2006 kommt zu dem Ergebnis, dass ungefähr die Hälfte der Jugendlichen in Deutschland als religiös eingestuft werden kann (49%). Diese teilen sich allerdings auf in 30%, die an einen persönlichen Gott glauben, und 19%, die sagen, dass es eine höhere Macht gäbe. Nur 28% sind davon überzeugt, dass es weder einen persönlichen Gott gibt noch eine höhere Macht. 23% wissen nicht richtig, was sie glauben sollen.

Gerade diese letzte Zahl der Glaubensunsicheren ist allerdings höchst bedenkenswert: Sie darf gerade nicht als Verabschiedung von Gott und Glauben gedeutet werden. Im Gegenteil handelt es sich vielfach, so ist jedenfalls zu vermuten, um junge Menschen, die in ihrer biografischen Phase nach flüssiger Identität auf der Suche sind und sich die Option des Glaubens an Gott offenhalten. Möglicherweise verbirgt sich hinter dieser Offenheit eine Sehnsucht nach jemandem, der Sinn stiftet und hilft, Kontingenzen – vor allem die Todesproblematik – zu bewältigen, und der im alltagspraktischen Leben begleitet. Offenheit und Unsicherheit kann demnach eine unausgesprochene, vielleicht auch unreflektierte Sehnsucht nach Gott bedeuten. Auf jeden Fall sind die unentschiedenen und glaubensunsicheren Jugendlichen potenziell auf Glauben hin ansprechbar, sofern er für sie überzeugend ist.

Der Glaube an Gott bzw. die Sehnsucht nach Gott differiert allerdings erheblich von eigener religiöser Praxis und von der Übernahme kirchlicher, christlicher Glaubensinhalte und Glaubenslehren. Eine neue Studie der Universität Wien (vgl. zum Folgenden: Polak in: Freitag 2008) kommt zu dem Ergebnis, dass Religion vermehrt wieder ein Thema bei jungen Menschen ist und dass der Glaube an Gott wieder zugenommen hat. Religion ist erneut attraktiv als Fundort für Lebensbewältigungsstrategien und als Lösung für persönliche und globale Lebensfragen und Herausforderungen. Gott wird wiederentdeckt als eine Option und Denk- und Sinnmöglichkeit, der Jugendliche zwar mit Skepsis und Vorsicht, aber doch mit Interesse zu begegnen bereit sind. Andererseits sind die Werte für ein religiöses Selbstverständnis im Sinne von gelebter Religion deutlich gesunken: „Ich glaube an Gott, bin aber nicht religiös" könnte ein typischer Satz von Jugendlichen sein. Diese „gottesfreundliche Religionslosigkeit", wie die Studie es nennt, hat benennbare und plausible Gründe: Neben Veränderungen im Gottesbild benennt die Studie vor allem drei Faktoren:

→ Jugendliche assoziieren mit dem Begriff „religiös" eine traditionelle kirchliche Form von Religiosität. Auch wenn nur eine Minderheit der Jugendlichen sie aus eigener Erfahrung kennt, ist die niedrige Zustimmung eine Folge der Erosionsprozesse der sozialen Zugehörigkeit zur Institution Kirche.
→ Die niedrige Zustimmung ist Folge einer Tradierungskrise konkret gelebter Religiosität. Religiöse Lebensformen werden nicht genügend weitergegeben und vor allem nicht so transformiert, dass junge Menschen sie in ihr Alltagsleben integrieren können und wollen.
→ Gelebte Religion verschwindet. Ein religiös geprägtes Alltagsleben ist zu einem Minderheitenphänomen geworden. Religion ist keine alltäglich präsente Lebenswelt mehr, in die man hineinwächst und die subjektive Relevanz hat. Das persönliche Leben verläuft weitgehend jenseits von religiösen Praxen und von der Kirche.

Was fehlt, sind Orte gelebter Religion: kein privatisierter religiöser Sonderkosmos, sondern Orte und Erfahrungsfelder, wo Leben und Religion miteinander zu tun haben und Religion praktisch erfahrbare Lebenshilfe bietet – wo also Gott mit dem Alltag zu tun hat und dort erfahrbar ist.

Jugendlichen fehlen also die Vorbilder und damit Bilder religiösen Lebens. Es fehlen ihnen Erfahrungsfelder, Orte und Modelle religiöser Praxis.
Kirche und evangelische Arbeit mit Kindern und Jugendlichen könnten und müssten dazu beitragen, dafür Räume zu geben und authentisch gelebtes Christ-Sein durch Personen zu zeigen.

Problematisch wird dieser Sachverhalt für Kirche auch hinsichtlich der religiös hoch motivierten bzw. hoch identischen jungen Menschen, die in den Studien meist als sehr kirchennah, missionarisch oder evangelikal-pietistisch etikettiert werden. Viele dieser „religiösen Eliten" wandern aus der Jugendarbeit der evangelischen Landeskirchen und inzwischen oft auch aus den etablierten evangelischen Freikirchen aus und wenden sich den vielen neu entstandenen, frei flottierenden christlichen Gemeinschaften zu. Dazu zählen jugendkulturadaptierte Gruppierungen wie die „Jesus Freaks", Neugründungen von meist „Jungen Gemeinden", eine Vielzahl unabhängiger evangelischer Freikirchen und das breite Spektrum der charismatischen Bewegung. Leider tummeln sich in diesem Feld auch obskure, zumindest recht problematische Gruppierungen, die mit fragwürdigen Versprechungen (z. B. Heilungen oder Erweckungen), einer streng fundamentalistischen Bibelauslegung und teils autoritärer Gemeindeführung unerfüllbare Erwartungen wecken, Abhängigkeiten erzeugen und geistliche und psychische Schäden produzieren können.

All diesen Gemeinden und Gruppierungen ist gemeinsam, dass sie eine alltagsrelevante und erfahrungsbezogene geistliche Praxis pflegen, Orientierungsleistungen und scheinbar einfache und plausible Weltdeutungen liefern, emotionale und ästhetische Bedürfnisse bedienen und ein stabiles soziales Gefüge anbieten.

> *Diese Auswanderung wäre nur dann zu vermeiden, wenn die evangelischen Kirchen und die Freikirchen bzw. ihre Kinder- und Jugendarbeit ihrerseits auf der Basis reflektierten Glaubens und im Rahmen evangelischer Kirchlichkeit die Felder von erfahrungsbezogenem Glauben, plausibler Deutung, Emotionalität und gemeinschaftlichem Leben entsprechend zur Verfügung stellen. Auch im Rahmen der Kinder- und Jugendarbeit evangelischer Kirchen gibt es genügend Beispiele für das Gelingen solcher Ansätze.*

Jugend und Kirche

Die jüngsten Zahlen zur *Einstellung von Jugendlichen zur Kirche* ergeben folgendes Bild: Der Shell Jugendstudie 2006 zufolge haben 69% der Befragten (und sogar 89% derer, die an einen persönlichen Gott glauben) die Antwortmöglichkeit: „Ich finde es gut, dass es die Kirche gibt" gewählt. Nur 27% meinen, dass es die Kirche nicht mehr zu geben brauche. Damit haben mehr als zwei Drittel eine wie auch immer geartete grundsätzlich positive Einstellung zur Institution Kirche. Insgesamt können die Kirchen damit auch unter Jugendlichen auf eine breite Anerkennung ihrer Existenz und auf ein prinzipielles Wohlwollen setzen. Jugendliche empfinden es offensichtlich in ihrer großen Mehrheit gut, dass es die Kirche gibt und dass sie eine positive Funktion in unserer Gesellschaft hat.

Diese Zahlen könnten zunächst sehr beruhigend wirken. Diese positive Wertschätzung der Kirche an sich geht aber gleichzeitig mit einer *hohen persönlichen Distanz* und einer *kritischen Einschätzung der Zukunftsfähigkeit der Kirchen* durch die Jugendlichen einher: 68% sind der Meinung, dass „sich die Kirche ändern muss, wenn sie eine Zukunft haben will". Und immerhin 65% sagen, dass „die Kirche keine Antwort hat auf die Fragen, die mich wirklich bewegen". Dies gilt sogar für 40% der sogenannten „Kirchennahen".

Umgekehrt haben immerhin 26% der insgesamt Befragten gemeint, dass Kirche Antworten auf ihre Fragen habe. Positiv oder unentschieden haben sich zu diesen Fragen damit 60% der kirchennahen, 30% der kirchenfern Glaubenden und 27% der Glaubens-Unentschiedenen und sogar 16% der Nicht-Glaubenden geäußert. Eine Vielzahl von Jugendlichen vermutet oder erlebt in „Kirche" also noch ein Antwortpotenzial.

Worüber die Studie keine Auskunft gibt, ist allerdings, was die befragten Jugendlichen hier unter „Kirche" verstehen. Es wäre für die Evangelische Jugend höchst interessant zu wissen, ob sich diese Auskunft vornehmlich auf die „Erwachsenenkirche" bezieht – sei es aufgrund ihrer institutionellen und gottesdienstlichen Erfahrungen oder im distanzierten Blick auf Kirche ohne eigene persönliche Erfahrungen – oder inwieweit die befragten Jugendlichen auch die kirchliche Jugendarbeit unter dem Label „Kirche" verrechnen.

Breites Erfahrungswissen und andere Daten lassen plausibel vermuten, dass eine Vielzahl von Jugendlichen deutlich zwischen „Kirche" und evangelischer Kinder- und Jugendarbeit differenziert.[14]

Ist diese Annahme zutreffend, dann werden erheblich mehr Jugendliche sich mit ihren Fragen und Themen in der evangelischen Kinder- und Jugendarbeit aufgehoben wissen, als die auf „Kirche" bezogenen Zahlen ausweisen. Sie ordnen dieses Antwortpotenzial aber nicht unbedingt der „Kirche" zu, sondern erleben zu einem guten Teil kirchliche Jugendarbeit als einen eigenständigen Sonderraum – zwar im Bereich von Kirche, aber eben nicht als integrativen Teil von Kirche.

Die Konfessionsbindung von Jugendlichen ist in den letzten Jahren nach Auskunft verschiedener Studien ziemlich stabil geblieben. Der Shell Jugendstudie 2006 zufolge bekannten sich 75% aller befragten Jugendlichen als konfessionsgebunden, darunter 35% als evangelisch (inklusive 1% freikirchlich), 31% als katholisch, 3% gehörten einer anderen christlichen Gemeinschaft an (vermutlich vornehmlich orthodoxe Christen) und 5% sind islamische Jugendliche. Ähnliche Ergebnisse sind im 3. Jugendsurvey des Deutschen Jugendinstitutes zu finden, allerdings mit etwas höheren Zahlen (38,4%) für junge „Evangelische" unter den 12- bis 15-Jährigen.

Dennoch werfen die Ergebnisse für das wechselseitige Verhältnis von Kirche und von evangelischer Kinder- und Jugendarbeit und damit auch für die Zukunftsfähigkeit von Kirche Fragen auf.

Problemkonfigurationen lassen sich in vier Bereichen ausmachen: in der Attraktivität von Kirche als Lebensraum für Jugendliche, in der Relevanz von Kirche für ihre Lebensfragen, in der Kommunikation zwischen Kirche und Jugendlichen bzw. evangelischer Jugendarbeit und in Fragen gelingender religiöser Sozialisation.

---

14 Dass Jugendliche zwischen Kirche und (ihrer privaten) Religion deutlich differenzieren und eine antiinstitutionalistische Grundtendenz haben, ist seit Langem vielfach belegt – unter anderem durch die aej-Studie „Jugend und Religion" 1992.

Attraktivität als Lebensraum

Kirche hat bei Jugendlichen ein großes Imageproblem. Das mag zum Teil Vorurteilen geschuldet sein. Real erleben junge Menschen allerdings, dass Kirche bzw. die Menschen, die sie dort erleben, nicht die unter Jugendlichen präferierten Milieus repräsentieren. Kirche ordnen sie zumeist den traditionellen, konservativen und „gut-bürgerlichen" Milieus zu, während ihre eigenen Sehnsüchte und Lebenswelten auf andere Stile und Milieus gerichtet sind.

Damit verbunden ist, dass sie Kirche als nicht jugendkulturell anschlussfähig erleben. Jugendkulturelle Lebensstile entfalten sich in großer Distanz zur Kirche. Normale kirchliche Vollzüge vom Gottesdienst bis zu Gemeindeveranstaltungen sind von bestimmten Erwachsenenkulturen geprägt; ihre eigene Kultur müssen sie sozusagen „vor der Kirchentür lassen". Gelegentliche jugendgemäße Sonderveranstaltungen bleiben eben aus ihrer Perspektive auch ein „Sonderraum" und prägen nur schwer ihr Gesamtbild von Kirche.

Besonders gottesdienstliche Erfahrungen können – wie viele Gespräche mit Jugendlichen belegen – eher abschrecken.

Auch ihrer tiefen, jugendspezifisch konturierten Sehnsucht nach religiöser Erfahrung, nach Spiritualität und nach gelebtem, authentischem Glauben tragen die meisten kirchlichen Veranstaltungen nicht Rechnung.

> *Als Lebensraum für jugendliches Leben und für jugendliches geistliches, religiöses Leben hat Kirche mit vielen ihrer Kernangebote, die meist an Erwachsenen orientiert sind, wenig Attraktivität.*

Relevanz für Lebensfragen

Junge Menschen haben Lebensfragen. Jugendliche haben Lebensthemen und meist auch ein derzeit sie bewegendes „Lebensthema". Sie suchen Orientierungen und Antworten, Begleitung und Ansprechbarkeit dafür. Der Kirche schreiben sie die Antworthaltigkeit für ihre Lebensthemen allerdings oft nicht zu.

Oft hat Kirche weder auf kognitiver Ebene noch auf emotionaler und ästhetischer Ebene für sie Lebensrelevanz. Auch relevante Personen, die als Vorbilder oder Lebensbegleiter(innen) für sie Bedeutung gewinnen können, orten sie abgesehen vielleicht von der Kinder- und Jugendarbeit selten in der Kirche, wie sie ihnen als Gesamtbild erscheint.

Kommunikation

Darin deuten sich Kommunikationsprobleme an: Offenbar kommunizieren junge Menschen und die „Erwachsenen" als Repräsentant(inn)en der Kirche viel zu wenig. Das ist einerseits seitens von jungen Menschen biografisch durch ihre Abgrenzungstendenzen begründet. Andererseits fehlt oft die Bereitschaft von Erwachsenen oder Vertreter(inne)n der Institution Kirche, sich auf junge

Menschen wirklich einzulassen. In der Regel reagieren junge Menschen aber sehr positiv auf Kommunikationsversuche.

Unterschiedliche Sprachwelten und Lebenserfahrungen scheinen dies zunächst zu behindern. Gerade diese Unterschiedlichkeit wird von jungen Menschen aber auch als bereichernd erfahren.

Zu den Kommunikationsproblemen gehört auch die Bereitschaft zur gegenseitigen Identifikation. Selbstkritisch ist seitens der evangelischen Kinder- und Jugendarbeit anzumerken, dass sie bisweilen ihre Identifikation mit der Kirche auf verschiedenen Ebenen vermissen ließ oder nicht genügend dargestellt hat. Seit längerer Zeit allerdings betont die Evangelische Jugend, dass sie gegenwärtiger, integrativer Teil von Kirche ist und nicht nur deren Zukunft, aber eben auch deren Zukunftspotenzial und nicht nur ein eigenständiger, auf sich selbst fixierter Raum.

Evangelische Jugend versteht sich als (Teil von) Kirche. Das bedeutet allerdings umgekehrt, dass „die Kirche" ihre Kinder- und Jugendarbeit auch als Teil ihrer selbst ernst nehmen muss und sie nicht in einem Sonderraum („im Jugendkeller") verorten darf. Dazu gehören deutliche Signale seitens der Kirche und der Ortsgemeinden, dass junge Menschen und die Jugendarbeit wahrgenommen werden, geschätzt sind und als vollgültige Mitglieder der Gemeinde in eben einer spezifischen biografischen Situation und mit ihren alterstypischen Glaubensformen ernst genommen werden. Ebenso müssen das Veränderungspotenzial und der Veränderungswille von jungen Menschen als produktiv und zukunftsbildend für die Kirche positiv aufgenommen werden.

Wichtig sind gemeindepädagogische Konzepte, die plausibel und ernsthaft Wege beschreiben, wie junge Menschen im Lauf ihrer Biografie in Glauben und Gemeinde hineinwachsen können und sich mit Gemeinde und Kirche identifizieren.

Religiöse Sozialisation

Die Selbstverständlichkeit und die Intensität religiöser Sozialisation in Familien haben deutlich abgenommen. Eine gemeinsame praxis pietatis wie Gebete in der Familie, Bibellese oder Erzählen von Glaubenserfahrungen wird seltener gepflegt. Oft sehen sich Eltern überfordert, ihre Kinder religiös zu begleiten und auf Fragen zu antworten, oft fehlen ihnen selber religiöse Praxis und Erfahrungen, um authentisch religiöse Bildung zu vermitteln.

Religiöse Sozialisation geschieht vermehrt durch Kirche und Jugendarbeit, in der Schule und in peer groups. Die Verantwortung der Kirche für religiöse Sozialisation von Kindern und Jugendlichen und für Erfahrungsfelder der

Deutungskraft und der Lebensrelevanz des Glaubens ist damit gewachsen – oft ohne dass dieser Bedeutung Rechnung getragen wird.

Jugendliche haben die Kirche offensichtlich (noch) nicht aufgegeben. Sie hat ihr Potenzial für junge Menschen. Sie muss es allerdings nutzen, indem sie eine jugendsensible und jugendfreundliche Kirche wird.

Evangelische Jugend – Profilierte Vielfalt

1. Was ist Kinder- und Jugendarbeit?

Kinder- und Jugendarbeit richtet sich an Kinder, Jugendliche und junge Erwachsene – unabhängig von ihrer Herkunft und ihrem sozialen Status. Hauptsächlich nutzen junge Menschen im Alter von 6 bis 18 Jahren die Möglichkeiten der Kinder- und Jugendarbeit. Sie orientiert sich an den Interessen von Kindern und Jugendlichen und wird wesentlich von ihnen mitgestaltet. Kinder- und Jugendarbeit zeichnet sich durch eine Vielfalt von Inhalten, Methoden und Formen aus. Sie basiert auf freiwilliger Teilnahme und der Bereitschaft junger Menschen, sich zu engagieren.

Kinder- und Jugendarbeit verortet sich zwischen Familie, Schule und Ausbildung als eigenständiger und eigensinniger Sozialisations-, Bildungs- und Gestaltungsrahmen in den Lebenswelten junger Menschen zwischen informellen Peergroups/Cliquen einerseits und andererseits institutionellen sowie kommerziellen Freizeitangeboten. Kinder- und Jugendarbeit ist ein Bestandteil des Leistungsangebots der Kinder- und Jugendhilfe und damit der staatlichen Förderung von Kindern und Jugendlichen. Seit Inkrafttreten des Sozialgesetzbuches VIII/Kinder- und Jugendhilfegesetz (SGB VIII/KJHG) SGB VIII hat Kinder- und Jugendarbeit mit § 11 einen eigenständigen Rechtsstatus, der sie in den Katalog der Pflichtaufgaben aufnimmt.

Kinder- und Jugendarbeit ist ein Angebot, das junge Menschen zur Selbstentfaltung motivieren, die Selbstbestimmung fördern und zu gesellschaftlicher Teilhabe und Mitverantwortung anregen soll. Drei grundlegende Dimensionen ihres Wirkens sind für die Beschreibung ihrer Einzigartigkeit von Bedeutung:

→ Sie ist eine Form außerschulischer *Bildung* – verstanden in einem umfassenden Sinne als aktive Persönlichkeitsbildung und -entwicklung, Ressourcenbildung und Erwerb von verschiedenen individuell und sozial relevanten Kompetenzen.

→ Nicht zu unterschätzen ist aber auch das Moment der *Erziehung* – verstanden als die intentionale Gesamtheit der Entwicklungshilfen und Einflussnahmen, mit denen Erwachsene bzw. die Umgebungskultur die Entstehung von Persönlichkeitsmerkmalen, Fähigkeiten und Einstellungen begünstigen, die aus Sicht der Erwachsenen und der Gesellschaft wertvoll und sinnvoll erscheinen.

→ Hinzu kommt das Moment der *Sozialisation* – verstanden als die nicht-intentional strukturierte Gesamtheit des Interaktionsprozesses zwischen Jugendlichen und der umgebenden Gesellschaft und Kultur, durch die in aktiver

Auseinandersetzung mit der sozialen und dinglichen Umwelt *Integration in die Gesellschaft* und ihre Teilformen, deren Aneignung und Mitgestaltung erzielt wird.

Produktive Spannung: verschiedene Interessen
Diese Bemühung wird durch staatliche und zivilgesellschaftliche Organisationsformen, von öffentlichen und freien Trägern wahrgenommen. Das Spektrum der Träger von Kinder- und Jugendarbeit ist sehr breit und vielfältig. Jugendverbände, Gruppen und Initiativen der Kinder- und Jugendarbeit erbringen mit rd. 82% der öffentlich geförderten Maßnahmen (Pothmann 2006) den überwiegenden Teil der Leistungen in der Kinder- und Jugendarbeit. Andere Träger sind Organisationen, bei denen Kinder- und Jugendarbeit nicht Schwerpunkt ihrer Arbeit ist. Dazu gehören z. B. Wohlfahrtsverbände und die Träger der öffentlichen Jugendhilfe (kommunale Jugendpflege).

Kinder- und Jugendarbeit steht dabei in einer produktiven Spannung zwischen den Interessen unterschiedlicher Organisationen und den Interessen junger Menschen:

Staat und Gesellschaft haben ein Interesse daran, dass Kinder und Jugendliche zu mündigen, selbstbestimmten und konstruktiven Mitgliedern dieser Gesellschaft mit gelingenden Biografien heranwachsen, dass sie sich in die bestehende Gesellschaft integrieren und positive Veränderungspotenziale entfalten. Kinder und Jugendliche sollen ihre eigene, selbstbestimmte Persönlichkeit entwickeln und ihre Identität aufbauen, gleichzeitig aber auch eine soziale Identität als konstruktiver Teil der Gesellschaft entwickeln. Kinder und Jugendliche bilden das Zukunftspotenzial einer Gesellschaft, sie sind aber als Teil der gegenwärtigen Gesellschaft Subjekte, deren Grundbedürfnisse und Interesse zu respektieren sind und deren materielles, physisches und psychisches Wohl zielführend im Sinne öffentlicher Fürsorge (vgl. Zielbestimmung SGB VIII) und den eigenständigen Rechten des Kindes (vgl. UN-Kinderrechtskonvention) ist.

Träger verbinden mit Kinder- und Jugendarbeit aber auch ihre jeweils eigenen weltanschaulichen und Organisationsinteressen. Insbesondere Jugendverbände als eine besondere Form jugendlicher Selbstorganisation und Interessenvertretung unterscheiden sich in ihren Zuordnungen zu unterschiedlichen Weltanschauungen, den wertbezogenen Zielsetzungen und Handlungsoptionen. Die evangelischen Kirchen – und damit evangelische Kinder- und Jugendarbeit als Teil von evangelischer Kirche – verbinden mit ihren pädagogischen Bemühungen darum das Interesse der Heranführung an und Einführung in den christlichen Glauben und die Integration in Kirche. Das Moment der Sicherung des eigenen Nachwuchses ist in diesem Kontext ein Aspekt der Kirche.

Jugendliche haben und verfolgen ihre eigenen subjektiven, allerdings auch durch Sozialisationsprozesse mitbestimmten und generierten Interessen.

Kinder- und Jugendarbeit hat sich darum an den subjektiven Bedarfslagen und Bedürfnissen junger Menschen zu orientieren, ihre Lebenswelten zu berücksichtigen und die Eigensinnigkeit und Widerständigkeit von Jugendlichen als Potenzial für deren eigenes Leben genauso wie auch für die Gesellschaft und deren jeweilige Teilsysteme zu begreifen. Kinder- und Jugendarbeit ist darum immer subjektorientiert und beinhaltet unbedingt die Merkmale der Freiwilligkeit, der Partizipation und Mitbestimmung sowie demokratischer Organisationsformen. Das Kinder- und Jugendhilferecht weist jungen Menschen bei der juristischen Definition von Kinder- und Jugendarbeit eine sehr prominente Rolle zu: Alle Maßnahmen der Kinder- und Jugendarbeit sind freiwillig, knüpfen an den Interessen der jungen Menschen an und sollen „von ihnen mitbestimmt und mitgestaltet werden" (§ 11 Abs. 1 SGB VIII/KJHG). Die *„selbsttätige Selbstbestimmung von jungen Menschen"* (Wiesner 2006, S. 206) bei der Produktion von Kinder- und Jugendarbeit pointiert der Gesetzgeber für einen spezifischen Trägerbereich: „In Jugendverbänden und Jugendgruppen wird Jugendarbeit von jungen Menschen selbst organisiert, gemeinschaftlich gestaltet und mitverantwortet" (§ 12 Abs. 2 SGB VIII/KJHG). Der Gesetzestext nimmt damit Bezug auf *das entscheidende Merkmal von Kinder- und Jugendarbeit*: Wo sie sich entfaltet, ist Kinder- und Jugendarbeit ein Ort der jungen Menschen. Insofern versteht evangelische Kinder- und Jugendarbeit sich als „jugenddominierten Raum".

Intermediäre Organisation
Jugendverbände sind darum ambivalente Organisationen: Sie sind einerseits eine Form jugendlicher Selbstorganisation und jugendlicher Interessenvertretung, andererseits eine „Erziehungsinstitution, d. h. eine gesellschaftliche Vorkehrung zur Sozialisation und Erziehung im Jugendalter" (vgl. Münchmeier, Corsa 2002).

Die zivilgesellschaftlichen Organisationsformen, die Kinder- und Jugendarbeit betreiben (wie z. B. Jugendverbände), sind darum als intermediäre Organisationen zu beschreiben: Sie nehmen einerseits die Interessen von Kindern und Jugendlichen wahr und vermitteln diese Interessen in die Gesellschaft und damit auch in die zivilgesellschaftliche Organisationsform Kirche hinein (Anwaltschaft für junge Menschen und Selbstorganisation junger Menschen). Umgekehrt vertreten sie die Integrationsinteressen von Gesellschaft und Kirche gegenüber der Jugend als Erziehungsinstitution und vermitteln Werte und Einstellungen an Jugendliche. Zu diesem Werteensemble gehört in der evangelischen Jugendarbeit spezifisch die christliche Religion bzw. christlicher Glaube in seinen unterschiedlichen Facetten.

Aufgabe und Herausforderung ist es für evangelische Kinder- und Jugendarbeit immer gewesen, diese unterschiedlichen Interessenlagen nicht als Konflikt auszuagieren, sondern in *eine produktive Balance* zu bringen: Weder sind die (vordergründigen und tatsächlichen) Bedürfnisse von Kindern und Jugendlichen allein maßgeblich, noch darf Kinder- und Jugendarbeit die reine Exekution eines Erziehungsprogramms sein. Jugendarbeit bettet ihre Erziehungsziele ein in jugendliche Motivations- und Erwartungsstrukturen, vermittelt zwischen den unterschiedlichen Interessenlagen und ermöglicht Jugendlichen die Selbstaneignung und eigenständige Nutzung vorgegebener Inhalte und Wertorientierungen.

Als Dolmetscher zwischen subjektiven Bedürfnisartikulationen und gesellschaftlich bzw. kirchlich begründeten Lernzielen fungieren die Ehrenamtlichen: „Sie repräsentieren gleichsam zugleich den Jugendverband samt der hinter ihm stehenden Interessen der Erwachsenengesellschaft und die jugendlichen Mitglieder" (Münchmeier, Corsa 2002, S. 5).

Evangelische Kinder- und Jugendarbeit ist insofern als *Raum* konstituiert, in dem jugendliche Bedürfnisse und Interessen sich entfalten können und die Interessen der „Anbieter" genutzt und Inhalte angeeignet werden können.

Raum
Wir beschreiben Kinder- und Jugendarbeit und damit auch evangelische Kinder- und Jugendarbeit gerne mit der Kategorie des *Raumes*.

Das Bild des Raumes signalisiert gleichzeitig Offenheit und Freiraum einerseits, andererseits aber auch Begrenzung, Verortung und inhaltliche Füllung.
→ Evangelische Kinder- und Jugendarbeit ist zunächst ein jugenddominierter Raum und ein Raum, in dem jugendliche bzw. kindgemäße Kulturen und Lebensthemen Platz haben und sich entfalten können.
→ Evangelische Kinder- und Jugendarbeit ist damit ein Raum, in dem Kinder und Jugendliche mit ihren Lebenswelten und Lebensthemen sich verorten können, sich angenommen wissen und „Heimat auf Zeit" erleben können.
→ Sie ist ein Raum, in dem Kinder und Jugendliche *sich entfalten* können.
→ Evangelische Kinder- und Jugendarbeit ist kein komplett eingerichteter, fertig gestylter und fest möblierter Raum, sondern dieser Raum ist *gestaltbar*: Er bietet jungen Menschen eine Vielzahl von Gestaltungsmöglichkeiten, Nutzungs- und Umnutzungsmöglichkeiten und die Möglichkeit, Eigenes mitzubringen und in diesem Raum „aufzubauen". Im Gegensatz zu anderen institutionellen Settings in den Lebenswelten Jugendlicher ist Kinder- und Jugendarbeit ein Raum, der verhältnismäßig geringe Gestaltungsvorgaben hat. Sie bietet freie Räume an. Schule, kommerzielle Orte, Sportvereine u. a. geben dagegen die Nutzungsmöglichkeiten im Wesentlichen vor.
→ Evangelische Kinder- und Jugendarbeit ist ein *offener Raum*, insofern er offene Türen und Zugangsmöglichkeiten ohne programmatische Auswahlmechanismen und Zugangsbeschränkungen hat.
→ Sie ist ein bunter und *vielfältiger Raum* mit Angeboten und Nutzungsmöglichkeiten für unterschiedliche Zielgruppen.

→ Evangelische Kinder- und Jugendarbeit ist allerdings nicht beliebig und gestaltlos. Dieser Raum hat durchaus Begrenzungen und „Wände". Es ist ein *umrissener und profilierter Raum*, der Orientierungen und auch Grenzen bietet und der spezifische Angebotsformen zur Nutzung durch Kinder und Jugendliche beinhaltet.
→ Sie ist ein *erkennbarer Raum*: Wo evangelisch drin ist, soll auch evangelisch draufstehen.

Was es in diesem „Raum" alles zu „besichtigen und zu erleben" gibt, entfalten wir im Folgenden.

2. Der Auftrag von evangelischer Kinder- und Jugendarbeit

Der Grundauftrag: Das Evangelium

Evangelische Jugend versteht sich als Teil der weltweiten ökumenischen christlichen Kirche. Ihren „Arbeitsauftrag" bezieht die evangelische Arbeit mit Kindern und Jugendlichen darum primär aus dem Auftrag, der der Gemeinde Jesu Christi insgesamt aufgegeben ist und zugemutet wird: im *Bekenntnis* zu Jesus Christus als das eine Wort Gottes an alle Menschen, in der *Verkündigung* des Evangeliums durch Reden, Leben und Handeln, durch eine persönliche so wie kommunitäre *Lebenspraxis* in der Nachfolge Jesu Christi sowie die *Gestaltung* der Welt als Schöpfung und Gesellschaft im Horizont und nach den Maßstäben des anbrechenden Reiches Gottes.[1]

Evangelische Jugend verbindet damit den Anspruch, lebenswirkliches und lebensrelevantes Zeugnis der Wahrheit und der Wirklichkeit Jesu Christi zu sein und diese in Lebenswelten, moderner Gesellschaft und Gegenwartskultur zu bewähren.

Evangelische Jugend ist Teil der Kirche; jegliche evangelische Arbeit mit Kindern und Jugendlichen ist selbstverständlicher Teil kirchlichen Handelns. Die Notwendigkeit und die Berechtigung einer eigenständig konturierten Arbeit mit Kindern und Jugendlichen leitet sich daraus ab, dass sie als Teil von Kirche und als Teilhaberin von deren Auftrag sich einer spezifischen, altersmäßig und soziologisch bestimmten Zielgruppe unter jeweiligen kulturellen Rahmenbedingungen widmet – wie unzählige andere zielgruppenorientierte Arbeiten als Teil kirchlichen Handelns auch.

Evangelische Arbeit mit Kindern und Jugendlichen ist theologisch darum in einem Gesamtkonzept von Kirche bzw. Gemeinde Jesu Christi und deren Auftrag gegründet. Ekklesiologisch ist sie begründet in einem ausdifferenzierten Verständnis der Gemeinde als Leib Jesu Christi in seiner Unterschiedlichkeit. Ihre funktionale Legitimation und Notwendigkeit hat sie damit in einer zielgruppenspezifischen Differenzierung der Verkündigung des Evangeliums, die bereits durch das biblische Zeugnis als eine Art Grundlegung aller Religionspädagogik vorgegeben ist: „Eure Worte seien immer freundlich, doch mit Salz gewürzt; denn ihr müsst jedem in der rechten Weise antworten können" (Kolosser 4, 6) – frei übersetzt: „Redet vom Evangelium so, dass die, um die es geht, in ihrer Unterschiedlichkeit euch trotzdem verstehen und etwas davon haben."

---

[1] Vgl. die Präambel der Satzung der Arbeitsgemeinschaft der Evangelischen Jugend in Deutschland e. V.: „Die Arbeitsgemeinschaft der Evangelischen Jugend in Deutschland e. V. (aej) als Teil der Gemeinde Jesu Christi bekennt Jesus Christus als das eine Wort Gottes an alle Menschen. Sie verkündigt Christus durch Wort und Tat als Gottes Zuspruch der Vergebung der Sünden und zugleich als seinen kräftigen Anspruch auf das ganze Leben."

Evangelische Kinder- und Jugendarbeit ist thematisch durch ihre altersspezifische Zielgruppe begründet. Ihr spezifisches „Thema" sind junge Menschen und deren Lebensgestalt.

Evangelische Kinder- und Jugendarbeit gibt es ganz schlicht, weil es Kinder und Jugendliche gibt und weil alle jungen Menschen in ihrem realen und potenziellen Kommunikationsbereich liegen – und zwar die jungen Menschen sowohl innerhalb der Kirche als auch außerhalb der Kirche. Alle jungen Menschen haben ein Recht auf Religion und darauf, dass ihnen das Evangelium verkündigt wird. Die Kirche hat ihrem Missionsauftrag zufolge die Pflicht, wie allen Menschen so auch ihnen das Evangelium angemessen zu verkündigen (Matthäus 28, 18 ff.).

Kinder und Jugendliche brauchen kirchliche, christliche Jugendarbeit darum, weil Gott alle Menschen liebt und weil das Evangelium in die biografisch, soziologisch und kulturell eigenständigen und – zumindest tendenziell abgrenzbaren – Lebenswelten und Lebensphasen junger Menschen inkulturiert werden soll.

Die Auftraggeber für evangelische Kinder- und Jugendarbeit

Evangelische Kinder- und Jugendarbeit hat neben ihrem „göttlichen Auftraggeber" und dem daraus resultierenden Grundauftrag verschiedene recht weltliche und menschliche Auftraggeber, die ihre Arbeit im Einzelnen bestimmen und konturieren und deren Interessen sich in der Kinder- und Jugendarbeit spiegeln: die Jugendlichen selbst, die Kirche und die Gesellschaft bzw. den Staat.

Die Auftraggeber investieren unterschiedliche Ressourcen in die Kinder- und Jugendarbeit und erwarten demzufolge auch einen bestimmten Ertrag.

Wesentlicher Auftraggeber sind die **Kinder und Jugendlichen selbst**, die einerseits ein „Recht auf Gott" haben[2] und darauf, dass sie das Evangelium hören und erleben, die andererseits Räume zur Selbstentfaltung, Selbstgestaltung und Selbstverantwortung brauchen und die zum Dritten eine Lobby brauchen, die ihre Interessen artikuliert und sie anwaltschaftlich vertritt.

Kinder und Jugendliche bringen als Ressource sich selbst ein: ihre Zeit, ihr Interesse, ihre Kräfte, ihr Engagement, ihre ganze Person. Auch ihre Fragen und Probleme, ihre Beiträge und ihr „Herzblut", mit dem sie dabei sind – all dies stellt eine unschätzbare Ressource für evangelische Kinder- und Jugendarbeit dar. Fraglos kostet dies die jungen Menschen auch etwas. Besonders Ehrenamtliche investieren viel.

Sie alle dürfen für ihre Investition auch etwas erwarten: Raum und Hilfe zum Leben nämlich.

---

2 So z. B. auch Friedrich Schweitzer und Karl E. Nipkow: „Wir dürfen Kindern und Jugendlichen Gott nicht vorenthalten".

Die Kirche ist ein weiterer wesentlicher Auftraggeber für evangelische Kinder- und Jugendarbeit. Sie hat das Interesse, dass junge Menschen Glauben kennenlernen und für sich übernehmen und dass sie in den Erfahrungs- und Lebensbereich Gottes kommen. Sie hat darum das Interesse an gelebter Tradierung ihrer Glaubensinhalte. Evangelische Jugend ist ein wichtiger Teil des kirchlichen Konzeptes für ihren Selbsterhalt und die Sicherung ihres Nachwuchses.

Wesentlich ist, dass zu diesem Interesse auch dazugehört, das Veränderungspotenzial, das Jugendliche in die Organisationsform Kirche einbringen können, zu werten und zu nutzen.

Dafür investiert Kirche in ihre Kinder- und Jugendarbeit finanzielle, materielle und personelle und darüber hinaus auch geistliche Ressourcen, z. B. durch Identifikation mit der Kinder- und Jugendarbeit, durch inneres und äußeres „Mit-Tragen" und durch das Gebet.

Dafür kann Kirche auch etwas erwarten: Nämlich dass Jugendliche innerhalb der Evangelischen Jugend und auch durch Nutzung ihrer Angebote Gott kennenlernen, ihren eigenen Weg des Glaubens (und manchmal auch des Unglaubens) finden und entwickeln, dass sie lernen, ihr Leben zu bewältigen, und dass sie Verantwortung für Kirche und Gesellschaft entwickeln. Kirche soll allerdings auch hoffen, dass möglichst viele junge Menschen sich als konstruktive Mitglieder in die Organisationsform „Kirche" integrieren und dort Zukunftspotenzial entwickeln.

Evangelische Jugend ist auch die Nachwuchsorganisation von Kirche. Sie ist es aber nur dann, wenn Kirche ihr den Raum zur zielgruppenspezifischen Eigensinnigkeit und Eigenständigkeit gibt und wenn Kirche bereit ist, das Veränderungspotenzial durch junge Menschen positiv aufzunehmen und zu integrieren – und sich durch ihre Jugendarbeit permanent verändern zu lassen. Die Kirche als *ecclesia semper reformanda*[3] **lebt wesentlich vom Veränderungspotenzial ihrer Jugend.**

Staat/Gesellschaft: Der Staat und seine unterschiedlichen Verantwortungsebenen sind ebenfalls Auftraggeber der evangelischen Kinder- und Jugendarbeit. Die Verfassung verpflichtet den Staat, Kinder, Jugendliche und ihre Eltern in besonderer Weise zu schützen und zu fördern. Das Kinder- und Jugendhilferecht spricht deshalb allen jungen Menschen ein Recht auf Förderung in ihrer Entwicklung zu und verpflichtet alle Träger der Kinder- und Jugendhilfe in partnerschaftlicher Zusammenarbeit positive Lebensbedingungen für junge Menschen und ihre Familien zu schaffen (vgl.: § 1 SGB VIII). Kinder- und Jugendarbeit als eigenständiges und eigensinniges Förderangebot leistet ihren Beitrag dazu und wird mit entsprechenden Fördermitteln des Bundes, der Länder und Gemeinden bei

---

[3] Kirche als immer veränderungsbedürftige und veränderungsfähige Kirche.

der Umsetzung ihres Auftrages unterstützt. Dabei hat der Gesetzgeber Erwartungen an die Qualität der Leistungen (sie sollen an den Interessen der jungen Menschen anknüpfen, von ihnen mitgestaltet werden und zur Selbstbestimmung befähigen, vgl.: § 11 SGB VIII) und an den Schutz von jungen Menschen (vgl.: §§ 8 a, 72 a SGB VIII). Die Evangelische Jugend trägt mit ihren vielfältigen Angeboten diese Verantwortung und erbringt damit wesentliche Leistungen der Kinder- und Jugendhilfe. Sie versteht ihr Handeln als Teil des stattlichen Schutz- und Förderauftrags und erhält dafür nicht unerhebliche öffentliche Fördermittel.

3. Merkmale evangelischer Kinder- und Jugendarbeit

Evangelische Arbeit mit Kindern und Jugendlichen hat ihr besonderes Profil. Im Folgenden beschreiben wir ihre wesentlichen Merkmale:

3.1. Subjektorientierung

Zu ihren wesentlichen Merkmalen gehört ihre Subjektorientierung. Nachdrücklich ist besonders in letzter Zeit Subjektorientierung in der konzeptionellen Debatte der Evangelischen Jugend zu einem Schlüsselbegriff geworden, der auf der einen Seite deskriptiv die Realität evangelischer Kinder- und Jugendarbeit in weiten Bereichen beschreibt, der auf der anderen Seite normativen Charakter trägt. Evangelische Kinder- und Jugendarbeit ist subjektorientiert und sie soll und muss noch viel konsequenter subjektorientiert werden (vgl. Schwab in: Freitag/Scharberg 2006, S. 42).

Der Begriff „Subjektorientierung" ist an sich nicht neu und der damit gemeinte Sachverhalt schon gar nicht. Subjektorientierungen lassen sich im Bereich der evangelischen Kirche letztlich bis auf Martin Luther zurückverfolgen. In die evangelische Praktische Theologie sind spätestens in den 80er Jahren des letzten Jahrhunderts die Menschen als Subjekte des Glaubens in ihrer jeweiligen Individualität in den Fokus kirchlicher Theorie und Praxis geraten und sind als Subjekte wahr- und ernst zu nehmen. Friedrich Schweitzer beschreibt es in seinem grundlegenden religionspädagogischen Entwurf als religionspädagogische Aufgabe, „Jugendliche als Subjekte an(zu)erkennen und sie zugleich dazu aufzufordern, Subjekte erst zu werden" (Schweitzer 1996).

Es ist allerdings das Verdienst der aej-Studie „Jugend im Verband" (Fauser/Fischer/Münchmeier 2006 und Corsa 2007), diesen Begriff und die damit gemeinte Sache in die derzeitigen Diskussions- und Rezeptionsprozesse nachdrücklich eingespielt zu haben – und zwar so sehr, dass er mit viel Ernst und Fleiß diskutiert wird und zu einem wichtigen Orientierungsmuster für die Praxisentwicklung der evangelischen Kinder- und Jugendarbeit geworden ist.

Was ist Subjektorientierung?
Subjektorientierung auf Jugendliche bezogen meint zunächst, „dass die Jugendlichen als Subjekte ernst genommen werden und dass sich Jugendarbeit an ihnen als Subjekte orientiert", so Katrin Fauser (vgl. Fauser in: Corsa 2007, S. 39ff.). Jugendliche sind Subjekte ihres Lebens und ihrer Lebensdeutungen. Sie sind Subjekte ihres Glaubens und Unglaubens. Sie sind Subjekte ihrer Lebenspraxis und damit auch ihrer religiösen Praxis. Ihre Lebensbewältigung müssen sie letztlich selber leisten und eigene Verantwortung für ihr Leben übernehmen. Beides müssen sie allerdings lernen.

Jugendliche sind nicht als Objekte irgendwelcher, wie auch immer gearteter Interessen und pädagogischer Bevormundungen zu verstehen.

Natürlich gehören zur Subjektwerdung junger Menschen auch von außen initiierte Lernprozesse, Orientierungen, Vorbilder und Hilfen zur Persönlichkeitsentwicklung. Und selbstverständlich geschieht solch eine subjektive Lebenspraxis nur im Rahmen und in den Grenzen von Vorgegebenheiten wie gesellschaftlichen Rahmenbedingungen, familiären und sozialen Determinanten und personalen (z. B. psychischen) Dispositionen. Im Kern heißt Subjektorientierung aber: der Eigenständigkeit und der Selbstverantwortung von jungen Menschen Entscheidendes zuzutrauen.

Subjektorientierung nimmt alle Beteiligten als Subjekte ernst

Die Realität eines Jugendverbandes und damit evangelischer Kinder- und Jugendarbeit wird selbstverständlich nicht allein durch die jugendlichen Subjekte, sondern durch alle daran Beteiligten als Subjekte konstruiert. Alle Beteiligten sind im Rahmen ihrer Handlungsmöglichkeiten und Kompetenzen Akteure und Subjekte des Systems „Evangelische Kinder- und Jugendarbeit" und insofern Koproduzenten des Sozialraumes Jugendarbeit. Subjektorientierung schließt damit die Wahrnehmung, die Reflexion und das Ernstnehmen der Interessen und Sichtweisen der Mitarbeitenden und der für die Rahmenbedingungen Verantwortlichen mit ein.

Subjektorientierung recht verstanden führt also zu Aushandlungsprozessen zwischen Wahrnehmungen, Sichtweisen, Deutungen und Interessen der verschiedenen, an Gruppenprozessen und der Konstruktion evangelischer Jugendarbeit beteiligten Subjekten.

Subjektorientierung ist kein methodisches Rezept

Subjektorientierung ist keine Methode unter vielen anderen guten methodischen Ideen. Sie ist kein Rezept, das nach Anleitung in einer Gruppenstunde umzusetzen wäre. Streng genommen gibt es gar keine spezifisch subjektorientierten Methoden. Der Satz: „Heute machen wir mal ein subjektorientiertes Interaktionsspiel/eine subjektorientierte Bibelarbeit" ist ein in sich unsinniger Satz. Und ein Buch mit dem Titel „Handbuch für subjektorientierte Methoden" wird es (hoffentlich) nie geben. Natürlich gibt es Methoden, die ein inneres Gefälle zu subjektorientierter Jugendarbeit haben und sie erleichtern und fördern können, – genau wie es auch methodische Ansätze geben mag, die Subjektorientierung erschweren und behindern.

Im Prinzip gilt aber: Jedes methodische Setting, jegliche Praxis von Jugendarbeit kann entweder an Jugendlichen als Subjekten orientiert werden oder Jugendliche zu Objekten machen – oder, in der Realität wohl am häufigsten, eine Mischform mit Gewichtungen zur einen oder anderen Seite bilden.

Subjektorientierung ist eine Haltung

Subjektorientierung spielt sich in den Köpfen oder auch in den „Herzen" der Mitarbeitenden ab. Sie ist, der Begriff sagt es schon, ein konstituierender Bestandteil der eigenen Orientierung – an Jugendlichen nämlich, aber auch an den anderen Beteiligten.

Subjektorientierung ist eine Form der *Wahrnehmung bzw. des Begreifens und der Deutung*; sie prägt die inneren *Einstellungen, die Haltung*; und sie hat natürlich *Verhaltenskonsequenzen* in der praktischen Jugendarbeit.

Subjektorientierung durchzieht damit im Idealfall die Praxis von Jugendarbeit als Grundkonzept, als „roter Faden", als Handlungsprägung von Mitarbeitenden und Leitenden und das zunächst unabhängig von spezifischen Inhalten und gewählten Methodensettings.

Subjektorientierung ist eine Frage dessen, wie Mitarbeitende Jugendlichen begegnen und wie sie mit ihnen umgehen – und welche Einstellungen sie zu ihnen haben.

Subjektorientierung kann man/frau also nicht einfach auf Knopfdruck einschalten oder gelegentlich mal vollstrecken. Sie ist auch kein durch das Lesen zweier guter Bücher anzueignendes Theoriekonzept.

Sie ist vielmehr ein längerer, durchaus auch mühsamer Prozess der Selbstbildung, der eigenen Persönlichkeitsentwicklung, der Formung von Einstellungen und – wichtig – der Einübung entsprechender Verhaltenssequenzen.

Subjektorientierung in der Praxis

Subjektorientierung in der Praxis evangelischer Jugendarbeit besitzt mehrere Komponenten und vollzieht sich in mehreren Schritten (vgl. Fauser in: Corsa 2007, S. 39 ff.):
→ *wahrnehmen*
→ *differenzieren*
→ *zurücktreten*.

- *Wahrnehmen – Deuten – Ernstnehmen*
  Wahrnehmen bedeutet hier, präzise zu beobachten, genau hinzuschauen und den jugendlichen Subjekten gut zuzuhören:
  Wie verhalten sich die Jugendlichen? Was äußern sie, wie reagieren sie, welche Fragen haben sie? Wie nutzen sie unsere Angebote oder wo verweigern sie sich? Wie verläuft die Kommunikation untereinander oder mit den Leitenden? Was sind ihre offensichtlichen oder hintergründig-verborgenen Wünsche und Erwartungen, Sehnsüchte und Träume, Ängste und Blockaden?
  Wahrnehmung bedeutet hier allerdings auch die Wahrnehmung der eigenen Interessen, Erwartungen, Sehnsüchte und Ängste als Leitende.

Um überhaupt wahrnehmen zu können, ist ehrliche Neugierde für Jugendliche notwendig. Dazu gehört die innere Bereitschaft, sich auf ihre Sichtweisen in aktuellen Kommunikations- und Gruppenprozessen offen einzulassen und ihre Begriffswelten und Deutungsmuster nachzuvollziehen und ggf. in Aushandlungsprozesse über die unterschiedlichen Deutungen zu treten.

Zu den Kompetenzen von Mitarbeitenden gehören darum auf jeden Fall die Fähigkeit zur *Selbstdistanzierung*, also in Selbstdistanz zu mitgebrachten Deutungsmustern gehen zu können, und die daraus resultierende Bereitschaft zur Revision von eigenen Deutungen, Einstellungen und Verhalten.

All dies setzt voraus, Jugendliche in ihrer Rolle als Ko-Produzenten von Jugendarbeit, aber auch als Personen insgesamt mit ihren Perspektiven, Deutungen, Lebensthemen und Handlungen *ernst zu nehmen*. Im Bezugsrahmen von Subjektorientierung hat die Haltung des Ernstnehmens darum einen hohen Stellenwert, weil die Perspektiven und Deutungen von Jugendlichen einen hohen Wert haben. Sie dürfen in Gruppenprozessen und Beziehungskonstellationen nicht entwertet werden bzw. als die uneigentlichen Perspektiven „noch unreifer" Jugendlicher diskreditiert werden. Jugendliche dürfen ebenso nicht zu reinen Objekten einer auch noch so gut gemeinten Jugendarbeit und der inhaltlichen Interessen von Mitarbeitenden degradiert werden.

- *Differenzieren und Aushandeln*

Der Prozess des Differenzierens meint hier, die eigene Sichtweise auf die Dinge von der Sichtweise der Jugendlichen zu unterscheiden und beide nebeneinander stehen zu lassen. Beide Perspektiven haben ihre Berechtigung und müssen nicht gegeneinander ausgespielt werden. Wichtig ist, klar zu differenzieren, welche Einschätzung aus welcher Perspektive vorgenommen wird und auch welche Interessenlagen und Motive solche Deutungen und Perspektiven konstituieren.

Der Ansatz subjektorientierter Kinder- und Jugendarbeit beinhaltet eben auch die Erkenntnis, dass Mitarbeitende/Leitende ihrerseits ebenfalls Subjekte evangelischer Kinder- und Jugendarbeit sind.

Ulrich Schwab merkt zu Recht an, dass es ein fatales Missverständnis wäre, wenn sich unter dem Label „subjektorientiert" eine Sichtweise durchsetzen würde, wonach nur und ausschließlich Jugendliche die Realität eines Jugendverbandes gestalten.

Daraus folgt für eine subjektorientierte praktische Kinder- und Jugendarbeit und für Praxisentwicklungsprozesse: Die jeweiligen unterschiedlichen Perspektiven müssen ihren Platz und ihren Raum haben. Subjektorientierung bedeutet eben nicht, dass die Mitarbeitenden alles machen, was die Jugendlichen wollen oder als Bedürfnisse äußern. Mitarbeitende haben aus einer wohlüberlegten und fachlichen, pädagogischen und theologischen Sicht oft andere Perspektiven, Interessen und Intentionen als die Jugendlichen selbst. Sie werden auf dieser Basis also auch Entscheidungen treffen, die unter Umständen sehr anders aussehen können als die von Jugendlichen geäußerten Wünsche und Bedürfnisse.

Entscheidend ist es, Subjektorientierung in diesem Zusammenhang als einen *Aushandlungsprozess* zu begreifen, der die jeweils unterschiedlichen Interessen und Intentionen der Verantwortlichen und Mitarbeitenden und die Interessen und Bedarfslagen der Jugendlichen ausdifferenziert und ausbalanciert.

In solchen Aushandlungsprozessen sind Konflikte unvermeidbar, aber positiv und als produktiv zu bewerten. Es kommt dabei darauf an, Konflikte wahrzunehmen und offen auszutragen, anstatt sie zu verharmlosen und kuschelpädagogisch oder aus Angst vor Liebesentzug seitens der Jugend lichen zu überdecken. Jugendliche brauchen und wollen Auseinandersetzungen und konstruktive Konfliktbewältigung, Herausforderung und Konfrontation, sogar Irritationen und Korrektur.

Wichtig ist allerdings, dass solche Konflikte und Aushandlungsprozesse so gut es geht symmetrisch ausgetragen werden. Dies stellt hohe Anforderungen an die kommunikativen und sozialen Kompetenzen der Mitarbeitenden.

Subjektorientierung kann auch bedeuten, Jugendlichen in gewissen und sozialverträglichen bzw. für Mitarbeitende verträglichen Grenzen auch Macht zu überlassen.

- *Zurücktreten und die kontrafaktische Unterstellung von Mündigkeit*
  Jemandem Macht zu überlassen, setzt eigene Kompetenz und Souveränität voraus. Der dritte Schritt im Prozess, das *Zurücktreten*, gilt darum als der vielleicht schwierigste Teil der Angelegenheit.

  Zurücktreten kann nicht heißen, sich als Mitarbeitende(r) einfach in einem Konflikt oder einem Prozess zurückzuziehen und die Jugendlichen machen zu lassen, was sie so wollen. Das ist bisweilen zwar recht verführerisch und bequem, aber es wäre im Grunde nur ein Zeichen von Resignation und eigener Inkompetenz. Zurücktreten bedeutet nicht einfach: Ich verschwinde, halte mich raus und komme nicht wieder.

  Zurücktreten bedeutet vielmehr: Jugendlichen den Raum zu geben, auf den sie ein Recht haben. Es bedeutet andererseits für Mitarbeitende, auch dazubleiben und da zu sein, um den „Rückraum" für den überlassenen Raum zu sichern. In der Praxis heißt dies also keineswegs, Leitungs- und Orientierungsaufgaben und pädagogische Verantwortung sträflich zu vernachlässigen. Es kann aber heißen, dass sich durch die explizite oder implizite Intervention der Jugendlichen Programme, Inhalte oder Gruppenprozesse verändern. Das bedeutet in jedem Fall, Jugendlichen Mitbestimmung und Verantwortungsübernahme einzuräumen, auch wenn sie aus der Erwachsenenperspektive nicht unbedingt alle Kompetenzvoraussetzungen dazu nachweisen oder erfüllen können.

Schön hat dies Benedikt Sturzenhecker mit dem Begriff *„Kontrafaktische Unterstellung von Mündigkeit"* umschrieben (Sturzenhecker 2006, S. 35). Kontrafaktische Unterstellung von Mündigkeit und von Kompetenz bedeutet, Kindern und Jugendlichen den Subjektstatus und die Verantwortungsfähigkeit, den man ermöglichen und im pädagogischen Prozess erreichen will, schon zu unterstellen – durchaus gelegentlich auch gegen die Fakten, also kontrafaktisch, weil Kinder und Jugendliche entwicklungsbedingt noch nicht die Kompetenzen voller Mündigkeit und Verantwortungsfähigkeit erreicht haben können.

Eine subjektorientierte Haltung bedeutet, Jugendliche nicht einfach nur zu beteiligen, sondern ihnen auch Macht zu überlassen und ihnen Verantwortung zuzumuten.

Dies erfordert eine große *Virtuosität* seitens der Mitarbeitenden in den Aushandlungsprozessen um Macht und Interessen, um Gestaltung und Zurücktreten, um Verantwortungsübernahme und Verantwortungsabgabe.

Die Haltung subjektorientierter Jugendarbeit bedeutet keinesfalls den Verzicht auf personale und inhaltliche Angebote. Leere Räume sind in der Tat nicht attraktiv und reizen weder zur Aneignung noch zur Nutzung und Umnutzung. Auch Freiräume brauchen Wände zur Abgrenzung und Orientierung und sie brauchen Inhalte zur experimentellen Erprobung.

Subjektorientierung und Angebote

Subjektorientierte Kinder- und Jugendarbeit muss darum Interessen und Inhalte haben und darf selbstverständlich Angebote machen. Jugendliche haben im Kontext evangelischer Kinder- und Jugendarbeit auch das Recht auf Verkündigung, – also das Evangelium zu hören und zu erfahren. Subjektorientierung „bedeutet also nicht eine große Beliebigkeit oder einen Verzicht auf Programm, Angebot oder Profil. Wohl aber zeigt sich darin die große Stärke der Jugendarbeit, dass sie nämlich in ihrem Angebot und ihrem Programm viele Nutzungs- und Aneignungsmöglichkeiten für die jungen Menschen offen lässt, also im besten Sinne des Wortes ‚Selbstbildungsprozesse' anregen und unterstützen kann" (Fauser/Fischer/Münchmeier 2006, S. 286). Evangelische Kinder- und Jugendarbeit verbindet dabei das Intentionale mit dem eigenbestimmten Erleben junger Menschen. Dazu gehört es allerdings, die Intentionen und Interessen von Jugendlichen und ihr Nutzungsverhalten wahrzunehmen und als legitim zu werten – und Raum dazu zu lassen.

3.2. Gender Mainstreaming

Gott nimmt uns an, so wie wir sind, es spielt keine Rolle, ob wir Mann sind oder Frau. Nach biblischem Verständnis haben alle Menschen vor Gott gleichen Wert und gleiches Recht und tragen gemeinsam Verantwortung für die Schöpfung. Wir sind allerdings oft noch weit entfernt davon, gerecht miteinander umzugehen. Dies zeigt sich auch am Verhältnis zwischen Mädchen und Jungen.

In alltäglichen Situationen entscheiden wir sehr schnell, ob uns gerade ein Mädchen oder ein Junge, ein Mann oder eine Frau begegnet. Kleidung, Haltung, Gestik, Mimik scheinen uns genug Anhaltspunkte zu bieten, um im Bruchteil einer Sekunde das Geschlecht des Gegenübers zu erkennen. Spontan ordnen wir das Gegenüber zu. Diese Unterscheidung ist im Alltag hilfreich und erleichtert die Orientierung und Kommunikation, doch sie hat enorme Konsequenzen: Eine Identifikation des Gegenübers als weiblich bzw. männlich ist mit der Zuschreibung von Eigenschaften, Verhaltensweisen und Erwartungen verbunden. Dies geschieht jeden Tag unzählige Male. Mit diesen Verhaltensmustern ordnen und stabilisieren wir unsere Welt- und Gesellschaftsbilder. In alltäglichen Interaktionen schaffen und bestätigen wir handelnd diese Bilder immer wieder.

> *In der evangelischen Kinder- und Jugendarbeit können wir besser für Kinder und Jugendliche und mit ihnen arbeiten, wenn wir unsere verborgenen Vorurteile kennen und wenn wir etwas wissen über die Geschlechterverhältnisse in unserer Gesellschaft, in der Kirche, der Schule und dem Alltag von Jugendlichen.*
>
> *Die evangelische Kinder- und Jugendarbeit setzt sich dafür ein, dass Mädchen und Jungen, junge Frauen und junge Männer, in ihrer ganzen Vielfalt, ihren Ähnlichkeiten und in ihren Unterschieden einen gleichberechtigten Platz in Kirche und Gesellschaft einnehmen können.*
>
> *Die evangelische Kinder- und Jugendarbeit schafft Raum für die vielfältigen Potenziale, Lebenserfahrungen und Erwartungen von Mädchen und Jungen, jungen Männern und jungen Frauen. Sie zeigt ihr Engagement für die Weiterentwicklung der Qualität von Jugendarbeit und begrüßt die Verpflichtung, für eine gleichberechtigte Teilhabe von Mädchen und Jungen, Männern und Frauen im kirchlichen, öffentlichen und privaten Leben zu sorgen. Diese Verpflichtung ergibt sich aus vielen Beschlüssen kirchlicher Gremien und aus den Vorgaben der EU sowie aus den nationalen und bundeslandbezogenen Regelungen für die Jugendarbeit. Im Kinder- und Jugendhilfegesetz (§ 9 SGB VIII/KJHG) heißt es zum Beispiel: „Bei der Ausgestaltung der Leistungen und der Erfüllung der Aufgaben sind ... 3. die unterschiedlichen Lebenslagen von Mädchen und Jungen zu berücksichtigen, Benachteiligungen abzubauen und die Gleichberechtigung von Mädchen und Jungen zu fördern."*

In der Praxis zeigt sich das Engagement der Evangelischen Jugend für Geschlechtergerechtigkeit sowohl in der koedukativen Arbeit wie bei besonderen Mädchen- und Jungengruppen, deren Zahl wohl allerdings eher abnimmt. Letzteres hängt auch mit dem Stellenabbau im Bereich der Jugendarbeit zusammen.

Bei vielen Aktivitäten im Bereich der Evangelischen Jugend ist es mittlerweile selbstverständlich, zu bestimmten Themen und in einigen Phasen einer Veranstaltung geschlechtsspezifisch zu arbeiten. Sexualität und Gewalterfahrungen sind beispielsweise Themen, bei denen ein geschlechtersensibler Blick und gelegentlich getrennte Mädchen- und Jungengruppen sich anbieten.

In letzter Zeit rücken Jungen mehr in den Fokus der öffentlichen Debatte. Ihre Bedürfnisse nach männlichen Bezugspersonen und die Herausforderungen, die sie zu bewältigen haben, um in dieser Gesellschaft ihre männliche Rolle zu finden, bedürfen noch weiterer Aufmerksamkeit.

Zur Arbeit eines Jugendverbandes gehören die Förderung und das Engagement von ehrenamtlich tätigen Jugendlichen. Mädchen engagieren sich in der evangelischen Jugendarbeit besonders und sie stellen viele Aktive in Mitgliederversammlungen. „Je höher eine Position, desto eher ist sie männlich besetzt" – dies verbreitete gesellschaftliche Phänomen gilt allerdings auch bei Vorständen in der evangelischen Jugendarbeit. Die evangelische Kinder- und Jugendarbeit sollte und will sich deshalb weiterhin für junge Frauen in Führungspositionen innerhalb des Verbandes einsetzen.

Wie in vielen anderen Lebensbereichen haben sich auch in der kirchlichen Jugendarbeit Lebensweisen und Einstellungen von Jungen und Mädchen in den vergangenen Jahren verändert und in mancherlei Hinsicht angenähert. Das Forschungsteam um Richard Münchmeier zeigt in der aej-Studie „Jugend im Verband", dass Mädchen und Jungen in den Gruppen der Evangelischen Jugend durchweg dieselben Motive, Bedürfnisse und Interessen äußern. Das Autorenteam konstatiert, dass die evangelische Kinder- und Jugendarbeit kein Ort sei, an dem geschlechtsspezifische Unterschiede auffällig oder gar zum Problem würden (vgl. Fauser/Fischer/Münchmeier 2006. Band 1, S. 24 f.). Offen bleibt allerdings, ob sich in der evangelischen Jugendarbeit Jugendliche mit ähnlichen Verhaltensstilen treffen und andere eher nicht erreicht werden, so dass aufgrund dieser Selektivität nur wenige Unterschiede zwischen Mädchen und Jungen messbar sind.

3.3. Selbstbestimmen, Mitbestimmen und Einmischen

Ein entscheidendes Merkmal evangelischer Kinder- und Jugendarbeit ist, dass sie wesentlich von jungen Menschen selbst gestaltet wird. Sie ist ein Ort von jungen Menschen für junge Menschen. Junge Menschen bestimmen selbst, welche Angebote sie nutzen und wie sie sie nutzen. Die unterschiedlichen Settings evangelischer Kinder- und Jugendarbeit sind also Mittel und Möglichkeit zur Gestaltung des Lebens.

Mit zahlreichen und sehr unterschiedlichen Tätigkeitsfeldern stellt die evangelische Kinder- und Jugendarbeit weitere Gestaltungsräume zur Verfügung. Engagierte Jugendliche und junge Erwachsene können je nach Aufgabe Funktionen übernehmen, die einen hohen Grad an Gestaltung und Mitbestimmung aufweisen. Die Leitung von Kinder- und Jugendgruppen, von Projekten und Ferienfreizeiten setzen geradezu voraus, dass junge Menschen entscheidungsfreudig und bereit sind, Verantwortung zu übernehmen. Sie erarbeiten Inhalte, sie entscheiden sich für Methoden der Umsetzung, sie steuern Budgets für ihre Projekte – selbstverständlich immer in Kommunikation mit den Kindern und Jugendlichen, die das jeweilige Angebot nutzen (sollen). Sie setzen sich mit anderen ehrenamtlichen und hauptberuflichen Mitarbeiter(inne)n über thematische Schwerpunktsetzungen und neue Horizonte auseinander und übernehmen mandatierte Funktionen in Leitungsorganen der Evangelischen Jugend in Gemeinden und Vereinen, im Kirchenkreis, auf Landes(kirchlicher) Ebene und im bundesweiten Kontext z. B. im Vorstand der Arbeitsgemeinschaft der Evangelischen Jugend in Deutschland e. V. (aej). Die Funktionen in den kirchlichen und jugendverbandlichen Gremien der evangelischen Kinder- und Jugendarbeit können mit weitreichenden Entscheidungsbefugnissen ausgestattet sein und reichen von Personalverantwortung, Haushaltsverantwortung bis zur kirchen- und jugendpolitischen Steuerung der Organisation. Die Vernetzungsstrukturen der Evangelischen Jugend ermöglichen darüber hinaus die Mitwirkung in Kirche, Politik und Gesellschaft. Jugendliche und junge Erwachsene wirken in Gremien der Erwachsenenkirche und vertreten sie in der weltweiten Ökumene, vertreten die Evangelische Jugend in politischen Steuergremien und Zusammenschlüssen wie Jugendringen. Sie bestimmen dabei vielfältige Grundsatzfragen der Gegenwart und der Zukunft mit und sichern durch ihr Engagement gleichzeitig die Beteiligung junger Menschen an Entscheidung – und für die nachkommenden Generationen Mitwirkungsmöglichkeiten. Exemplarisch weisen wir auf die derzeitigen Initiativen der Jugenddelegierten der EKD-Synode hin, die „volle und gleichberechtigte Teilnahme an der Synode" (EKD 2007) zu erreichen.

Das Engagement junger Menschen über die Nutzung einzelner Angebote hinaus in unterschiedlichen Funktion in der und für die Evangelische Jugend ermöglicht nicht nur entscheidende Mitbestimmung, sondern auch den Erwerb von Organisations- und Leitungskompetenz sowie von Kenntnissen und Erfahrungen demokratischer Spielregeln und Verfahrensweisen. Mit ihrem Verständnis von Beteiligung und ihrer Praxis ist Evangelische Jugend ein wichtiger Ort zur Gewinnung des kirchlichen, politischen und gesellschaftlichen Führungsnachwuchses.

Die Evangelische Jugend ist damit auch ein politischer Raum. Sie bildet den Resonanzboden für die Interessenartikulation von jungen Menschen. Sie ist sozusagen ein authentisches Sprachrohr der jungen Generation im Geflecht von gesellschaftlichen Interessensgegensätzen. Sie bringt die eigenwilligen Vorstellungen von jungen Menschen auf den Punkt und in die Gesellschaft ein – auf allen politischen Ebenen. Sie ist aber auch Vermittlerin zwischen den Welten, gleichsam Dolmetscherin für jugendliche Vorstellungen in der Welt der Erwachsenen einerseits und für die Vermittlung von Denkweisen der Erwachsenen andererseits. So können Jugendliche in die Räume der Erwachsenen vordringen und ihre Interessen platzieren.

Die Vertretung der Interessen von Kindern und Jugendlichen ist ein Ausdruck evangelischer Verantwortung für die Lebensfragen und Lebenslagen von jungen Menschen. Evangelische Jugend nimmt Lebenswelten von Kindern und Jugendlichen nicht nur hin, sondern mischt sich mit und für junge Menschen und deren Zukunft ein. Das kann sehr unterschiedliche Formen entwickeln und reicht von Gruppenangeboten zu spezifischen Themen bis zu aktionsgeleiteten Formen (beispielsweise Lichterketten für ein demokratisches Deutschland), von thematisch ausgerichteten Fachveranstaltungen bis zur organisierten, ebenenübergreifenden Interessenvertretung in Jugendringen und Strukturen der verfassten Demokratie.

3.4. Offenheit und Geschlossenheit

Die evangelische Kinder- und Jugendarbeit ist für alle jungen Menschen offen. Das belegt die aej-Studie „Jugend im Verband" (Fauser/Fischer/Münchmeier 2006). Die Evangelische Jugend weist aus Sicht derjenigen Jugendlichen, die Angebote der evangelischen Kinder- und Jugendarbeit nutzen, eine große Offenheit auf: Die meisten Jugendlichen (74%) sind der Ansicht, „jeder kann mitmachen". Aus Sicht der großen Mehrheit der Jugendlichen gibt es zunächst einmal keine Einschränkung bzw. Zulassungsbedingung für die Teilnahme.

Eine Reihe von Jugendlichen ist allerdings der Meinung, dass Gruppen und Angebote der Evangelischen Jugend, bei denen es wesentlich auch um religiöse Dinge geht, eigentlich nur oder eher für evangelische bzw. zumindest für religiös interessierte und ambitionierte oder religiös gebundene junge Menschen (z. B. Gemeindemitglieder) gedacht und konzipiert sind. Auch wenn dies nicht unbedingt mit der Programmatik des Verbandes oder der Sicht der Leitenden übereinstimmen wird, die ihre Angebote gerne „für alle" offenhalten wollen, existiert für diese Jugendlichen damit eine faktische Zugangsbeschränkung.

Insgesamt spiegelt sich allerdings eine große Offenheit der Evangelischen Jugend. Insbesondere ist von Interesse, dass die Evangelische Jugend es problemlos zulässt, dass auch Jugendliche anderer Glaubensrichtungen an ihren Angeboten teilnehmen (im Westen sind dies 11 % Katholiken, 1 % Orthodoxe, 2 % Muslime, 5 % Konfessions- oder Religionslose; im Osten 7 % Konfessionslose): Mit 81 % „Evangelischen" in Westdeutschland und 93 % in Ostdeutschland ist evangelische Kinder- und Jugendarbeit insgesamt allerdings konfessionell relativ homogen.

Dieser äußeren Offenheit entspricht eine innere Offenheit, die sich in einer großen inhaltlichen Breite des Angebotes, der Themen und Aktionsformen realisiert, aber auch in unterschiedlichen Zielgruppen und Jugendkulturadaptionen. Die Angebote der evangelischen Kinder- und Jugendarbeit sind alltags- und lebensweltorientiert ohne formale Zugangsbarrieren – in ihr können junge Menschen die Breite des gesamten Lebens erfahren.

Bei aller prinzipiellen Offenheit existieren jedoch faktische Selektionsmechanismen:

Zugänge – am wichtigsten sind persönliche Kontakte
Dass jede(r) kommen kann, heißt noch lange nicht, dass auch jede(r) kommt. Interessant und für manche auch überraschend und irritierend ist das Ergebnis, dass Evangelische Jugend junge Menschen fast ausschließlich über persönliche Zugänge und Kontakte erreicht. Fast die Hälfte der Jugendlichen kommen durch und wegen ihrer Freunde und Freundinnen dorthin; ein weiteres Viertel über ihre Familie und zwar dann, wenn diese einen Bezug zur Kirchengemeinde hat.

Bei aller prinzipiellen und seitens der evangelischen Kinder- und Jugendarbeit auch gewollten Offenheit herrscht demnach faktisch eine hohe Exklusivität in der Realität des Alltags der Evangelischen Jugend und ein untergründiger Selektionsmechanismus: Zumeist nur wenn man jemanden kennt, gelingt der Einstieg in die Gruppe – oder positiv gewendet: Die Freunde, die Clique, bilden die wichtigste Zugangsmöglichkeit zur Evangelischen Jugend – zunächst unabhängig davon, ob religiöses Interesse bzw. Interesse an der Evangelischen Jugend als solche und an ihren Themen besteht. Daneben ist die religiöse Erziehung bzw. die entsprechende Beeinflussung in der Familie und durch Familientraditionen und die bereits vorhandene Anbindung an und Einbindung in eine Kirchengemeinde von Bedeutung.

Jugendliche, die keine Menschen kennen, die mit der Evangelischen Jugend oder der Kirche zu tun haben bzw. die nicht in kirchengemeindliche Bezüge hineingewachsen sind, werden durch Angebote der Evangelischen Jugend kaum oder nur schwer erreicht.

Bleiben – die Gruppe und die Inhalte sind wichtig
Die Möglichkeiten zur Eigenaktivität und Selbstgestaltung, die Ausgestaltung der Gruppenkultur und der Beziehungsnetze, aber auch das inhaltlich-thema-

tische Angebot und die spezifischen Arbeitsformen bilden allerdings Motive für Jugendliche, entweder dabeizubleiben und weiterhin zu kommen – oder, wenn ihnen Angebote, Themen und Gruppenkultur nicht entsprechen, auch wieder zu gehen. Insofern sind die Auswahl und die Güte des inhaltlichen Angebotes und der Gruppengestaltung, der Mitmach-Möglichkeiten und des Spaßes keineswegs beliebig, sondern wesentlich.

Generell besteht in der Kinder- und Jugendarbeit ein interaktiver Zusammenhang zwischen der Angebotsstruktur, der motivierenden Situation als Anreiz, Lockung und Anregung auf der einen Seite und den Aneignungsweisen durch Jugendliche (Teilnahme, Nutzung, Ausgestaltung, Umgestaltung, Eigenaktivität etc.) auf der anderen Seite, auch wenn die „Mischungsverhältnisse" jeweils sehr variantenreich ausfallen.

Jugendliche haben dabei ihre eigenen Qualitätskriterien, die aus ihrer Sicht eine Teilnahme attraktiv oder eben auch unattraktiv machen:

→ Junge Menschen versuchen, Angebote und Gruppenstrukturen für ihre Interessen zu nutzen und für ihre Bedarfslagen und in ihrem Sinne umzunutzen bzw. zu ändern. Wenn sie keine Möglichkeiten der Änderung sehen und keine Räume zur Eigengestaltung und Eigennutzung haben, werden sie die Gruppe eher verlassen.
→ Jugendliche bleiben in einer Gruppe nur, wenn die Gruppenkultur und das Gruppenverhalten mit ihren eigenen Bedarfslagen und ihrem eigenen Verhalten kompatibel ist – wenn sie also eine hinreichend große Schnittmenge der eigenen Normen mit den Gruppennormen erleben.
→ Es bleiben vornehmlich diejenigen jungen Menschen bei den Angeboten der Evangelischen Jugend, die in den für sie relevanten Punkten mit der konzeptionellen Ausrichtung des Verbandes und seinen zentralen Weltanschauungsideen, so wie sie sie in ihrer Gruppe erleben, harmonieren und übereinstimmen. Junge Menschen beispielsweise, die sich an den religiösen Orientierungen des Jugendverbandes stoßen, bleiben eher weg oder verlassen die Gruppe.
→ Nur Jugendliche, die eine hinreichende Menge ihrer subjektiven Bedürfnisse erfüllt sehen, bleiben auf Dauer bzw. zumindest für eine bestimmte Zeit.
→ Nur Jugendliche, die innerhalb der Gruppe ein soziales Netz, Geborgenheit und Angenommensein erleben und Freundschaften aufbauen bzw. ausbauen, bleiben auf Dauer.

Durch ihre auf die Bedarfslagen abgestimmten inhaltlichen Angebote und durch das Gruppenleben kann Evangelische Jugend für Kinder und Jugendliche so attraktiv sein, dass Kinder und Jugendliche, die einen Zugang gewonnen haben, auch für längere Zeit bleiben. Faktisch wird es so sein, dass die genannten subtilen Selektionsmechanismen und Einstiegshürden dazu führen, dass eher „passende Jugendliche", die also den Wertekanon Evangelischer Jugend teilen und von ihren spezifischen Formen des Gruppenlebens angesprochen werden, den Einstieg riskieren und auf Dauer in Gruppierungen der Evangelischen Jugend bleiben. „Passende Jugendliche" sind also für den Fortbestand und die Erhaltung von Gruppierungen der Kinder- und Jugendarbeit wichtig.

Das hat allerdings Konsequenzen für die Konzeption wie auch immer gearteter missionarischer Kinder- und Jugendarbeit, die naturgemäß darauf ausgerichtet ist, eher kirchenferne bzw. nicht-religiöse Jugendliche und damit möglicherweise zunächst „nicht passende" Jugendliche zu erreichen.

Im Spannungsfeld zwischen Offenheit und Geschlossenheit:
Eine prinzipielle Offenheit ist für die Selbsterhaltung evangelischer Kinder- und Jugendarbeit funktional sinnvoll, sofern sie ihre Selbsterhaltung zum Ziel hat. Sie muss sich, um weiter existieren zu können, darum bemühen, dass ihre Teilnehmer(innen) nicht wegbleiben und dass sie neue Zielgruppen erschließt bzw. neue Leute gewinnt.

Eine möglichst hohe Offenheit ist damit auch Bedingung für jeglichen Ansatz missionarischen Handelns, der jungen Menschen die Möglichkeit öffnen will, mit dem Angebot des Evangeliums in Berührung zu kommen.

Damit steht die Evangelische Jugend gerade wegen ihrer prinzipiellen Offenheit und Vielgestaltigkeit vor der Aufgabe, nach innen ausreichend Identität zu wahren und nach außen ausreichendes erkennbares Profil zu zeigen:

→ Nach innen: Die Evangelische Jugend braucht den permanenten Rückbezug auf ihren christlichen Glauben in all seinen Facetten, um ihr Selbstverständnis nicht zu verlieren sowie um ihren Zusammenhalt auf der Basis eines gemeinsamen Nenners zu wahren und nicht auseinanderzubrechen. Nur wenn sie ihre Aktivitäten auf der Basis der Botschaft des Evangeliums vollzieht und mit ihrem – in gewisser Weise vorgegebenen – Wertekanon vereinbaren kann, behält sie ihre Identität.

→ Nach außen: Die Evangelische Jugend braucht ausreichend Profil und Signifikanz,
  – um sich von anderen Angeboten zu unterscheiden und Attraktivität für junge Leute durch ihr spezifisches Profil und Angebot zu gewinnen;
  – um eine gesellschaftlich relevante Größe und „Stimme" zu sein, die Wesentliches zu Gehör bringt, das sich durch seine Glaubensbasis und seine Jugendperspektive oft von anderen „Stimmen" unterscheidet und darum für Gesellschaft und Kultur interessant und unverzichtbar ist;
  – damit sie identifizierbar ist und junge Menschen wissen, worauf sie sich einlassen, und nicht enttäuscht werden;
  – damit junge Menschen den Wertekanon und die Identität der Evangelischen Jugend kennenlernen und übernehmen können und weiter tradieren;
  – um sich in Kirche, Politik und Gesellschaft zu legitimieren.

Im Spannungsfeld zwischen Kontinuität und Veränderungsbereitschaft
Neben dem unablässigen Bemühen um einen gemeinsamen Identitätskern und um eine gemeinsame hinreichende Schnittmenge von gelebter Identität braucht Evangelische Jugend darum Träger(innen) und Multiplikator(inn)en von Tradition und damit Kontinuität.

Andererseits unterliegt ein Jugendverband permanenten Veränderungsnotwendigkeiten. Das gilt nicht nur im Blick auf „objektive" Veränderungsprozesse in Kultur und Gesellschaft und damit auch in Kirche; vor allem sind es die subjektiven Bedarfslagen Jugendlicher und ihr Veränderungspozential, die Veränderungsprozesse erforderlich, aber eben auch möglich machen.

Veränderungsprozesse in der Evangelischen Jugend werden wesentlich durch Veränderungspotenziale und Veränderungsbereitschaften Jugendlicher in Gang gesetzt und mitbestimmt. Um diese Potenziale zu nutzen und Veränderungsbereitschaften in Handlungen umzusetzen, bedarf es zunächst der sorgfältigen Wahrnehmung durch Mitarbeitende. Wichtig aber sind vor allem auch die Veränderungswilligkeit und die Veränderungsfähigkeit der Mitarbeitenden – die Bereitschaft, sich auf Veränderungsprozesse einzulassen und sie mitzugestalten, sowie die Bereitstellung und Gestaltung von „Räumen" und Strukturen, um Veränderungsprozesse geschehen zu lassen.

Dabei bleibt Evangelische Jugend in einem Spannungsfeld:
Wie stark muss sie sich gegen Veränderungsprozesse zur Wehr setzen, um identisch zu bleiben, und wie intensiv muss sie andererseits Veränderung zulassen, um an junge Leute heranzukommen bzw. sie zu halten?

Selbstbeschränkung – notwendig oder kontraproduktiv?
Die aej-Studie „Jugend im Verband" kommt zu dem Ergebnis, dass evangelische Kinder- und Jugendarbeit dann für Jugendliche und die Gesellschaft eine wichtige Rolle spielt, wenn sie sich nicht freiwillig auf bestimmte Zielgruppen beschränkt. Im Spannungsfeld zwischen inhaltlichem Profil und Signifikanz auf der einen und notwendiger Offenheit auf der anderen Seite bietet Evangelische Jugend als Lösungsmöglichkeit ihre *Vielfalt in der Breite*: Nicht die einzelnen Angebote bzw. Gruppen sind unbeschränkt offen, grenzenlos vielfältig und für jede denkbare Zielgruppe attraktiv und angebotshaltig. Genau damit würde sie beliebig-unkenntlich. Keine einzelne Gruppe kann (auch bei prinzipieller Offenheit für alle Interessierten) für alle da sein (wer für alle da ist, ist für niemanden wirklich da!). Ein Angebot, das auf die inkonsistente Menge aller jungen Menschen eines Einzugsgebietes abzielen würde, wäre untauglich, weil es kein spezifisches Profil hätte und keine inhaltlichen Konturen, gar versehen mit Leitdifferenzen und Alleinstellungsmerkmalen, hätte.

Einzelne Gruppen und Organisationsformen brauchen ihr jeweiliges Profil, ihre jugendkulturellen Stile, ihre jeweils eigene Ausformung und Signifikanz des „Evangelischen" und ein auf spezifische Zielgruppen und Bedarfslagen abgestimmtes Angebot.

Aber in ihrer Breite mit vielfältigen situativ abgestimmten und inhaltlich unterschiedlich konturierten Angeboten hat Evangelische Jugend ein vielfältiges Angebot, das sich *insgesamt* nicht auf bestimmte Zielgruppen beschränkt, sondern ein hohes Maß an Offenheit für unterschiedliche Bedarfslagen und jugendkulturelle Stile aufweist – allerdings in aller Vielfalt an den eigenen, nämlich christlichen Wertekanon gebunden bleibt.

Gerade der Verbund von innerverbandlicher Ausdifferenzierung und der Beteiligung Jugendlicher bildet die große Stärke Evangelischer Jugend.

3.5. Reichweite und Zielgruppen

Reichweite
Die Reichweite der Evangelischen Jugend ist erfreulich hoch: 10,1% aller Jugendlichen im Alter von 10 – 20 Jahren in Deutschland geben an, in der Evangelischen Jugend zu sein bzw. gewesen zu sein. Das ergab die aej-Studie „Jugend im Verband". Es gibt genügend Anhaltspunkte, dass diese Zahlen für Kinder im Alter von 6 – 9 Jahren in ähnlichen Größenordnungen gelten. Damit erreichte die evangelische Kinder- und Jugendarbeit im Referenzjahr 2004 1,35 Mio. junge Menschen im Alter von 6 – 20 Jahren. Die weitaus überwiegende Anzahl (90%) nutzt den eigenen Angaben zufolge die Angebote regelmäßig – zumeist wöchentlich, seltener alle zwei Wochen, 5% einmal monatlich. Diese Zahlen gelten vermutlich auch gegenwärtig.

Die Grundgesamtheit für die repräsentative Stichprobe der aej-Studie waren **alle** jungen Menschen dieses Alters von 10 – 20 Jahren – also u. a. auch katholische, muslimische oder konfessionslose Jugendliche. Das ist darum zu betonen, weil es die Bedeutung der Zahlen erst richtig einschätzen lässt: Sie sind um so höher zu bewerten, wenn man z. B. berücksichtigt, dass die katholischen Jugendverbände der Studie zufolge ihrerseits annähernd gleich viele Jugendliche zusätzlich erreichen. Zudem ist die Zahl von 10,1% vermutlich eine Mindestgröße, da z. B. solche Jugendliche nicht erfasst werden, die gar nicht wissen, dass ihre Gruppe zur Evangelischen Jugend gehört, oder dieses in der Befragungssituation schlicht vergessen haben.

Die Studie liefert damit keinerlei Beleg für die bisweilen geäußerte Behauptung, dass kirchliche Kinder- und Jugendarbeit marginalisiert sei und nur noch kleine Teilgruppen erreiche, weil Kinder- und Jugendarbeit mehr und mehr den kommerziellen Anbietern in die Hände gefallen sei. Sie belegt vielmehr eine stabile Attraktion der evangelischen Kinder- und Jugendarbeit – zunächst für die Klientel konfessionell evangelisch gebundener Jugendlicher, aber auch darüber hinaus.

Zielgruppen – für alle da sein …?
Die Reichweite evangelischer Kinder- und Jugendarbeit ist ihrem Auftrag zufolge prinzipiell unbegrenzt: Sie hat allen jungen Menschen das Evangelium zu verkündigen und ist als Raum zur Lebenshilfe offen für alle junge Menschen.

Keine Form und kein Konzept evangelischer Kinder- und Jugendarbeit ist je für sich genommen in der Lage, für alle da zu sein und Angebote für alle potenziell vorhandenen Jugendlichen zu machen. Zu ausdifferenziert und unterschiedlich sind Lebenslagen und Milieus, Bedürfnisse und Sozialräume von jungen Menschen. Der Auftrag von evangelischer Kinder- und Jugendarbeit, ihre Offenheit und ihre Subjektorientierung schlagen sich darum in einer Vielfalt von Arbeitsformen und Methoden nieder.

Nur durch diese Breite und Vielfalt gelingt es, den im Evangelium formulierten prinzipiellen Anspruch der Offenheit für alle junge Menschen einzulösen. Die jeweiligen einzelnen Angebote und Formen sind umso besser, je größer ihre Passung ist und je deutlicher sie zielgruppenspezifisch konturiert sind.

Zwei Faktoren sind dabei ausschlaggebend:
→ Zum einen die präzise Wahrnehmung der tatsächlichen Bedarfslagen: Welche Kinder und Jugendlichen leben im Umfeld? Wie ist der unmittelbare lokale Sozialraum strukturiert? Wie sehen die Milieuanbindungen und die Bildungsschichtzugehörigkeiten der real vorhandenen Jugendlichen aus? Was sind ihre menschlichen, gesellschaftlichen und religiösen Bedürfnisse?
  Diese Perspektive ist bedarfs- und manchmal auch problemorientiert und aufgabenbezogen.
→ Zum anderen geht es um die eigenen Ressourcen und Gaben: Welche jungen Menschen sind schon (in einer Gruppe beispielsweise) vorhanden? Denn Jugendliche fühlen sich in der Regel nur zu Gruppierungen hingezogen, die ausreichend große Schnittmengen mit eigenen Kulturen, Milieus, Meinungen und Zeichensystemen haben.
  Welche Mitarbeitenden mit welchen jugendkulturellen Kompetenzen und Sprachfähigkeiten stehen zur Verfügung und wen können sie ansprechen? Welches Angebot kann die Jugendarbeit machen und wo liegen ihre Attraktionen und Anziehungskräfte für junge Menschen?

Das Potenzial gelingender Kinder- und Jugendarbeit liegt in der Ausmittelung von Bedarfslagen und eigenen Ressourcen – ganz schlicht auf den Spuren der biblischen Erkenntnis: „(Nur) was ich habe, kann ich dir geben" (Apostelgeschichte 3, 6) und „nur das, was du wirklich brauchst, kommt auch bei dir an".

Wichtig für evangelische Kinder- und Jugendarbeit ist in der derzeitigen Situation, dass sie verschiedene potenzielle Zielgruppen nicht außer Acht lässt. Dazu gehören vor allem:

→ *Junge Menschen, denen die gesellschaftliche Ausgrenzung droht und die in prekären Verhältnissen leben.* Eine Vielzahl von diakonischen Projekten, jugendpolitischen Aktivitäten und vor allem die Arbeitsformen der Evangelischen Jugendsozialarbeit tragen dem Rechnung. Die Anstrengungen müssen aber eher verstärkt werden.

→ *Junge Menschen mit Migrationshintergrund.* Die Integration in Kirchen und Gemeinden sowie in Arbeitsformen evangelischer Kinder- und Jugendarbeit ist dabei durchaus problematisch: Auf der einen Seite gibt es zahlenmäßig starke Gruppierungen, z. B. von Einwanderern aus Staaten der ehemaligen Sowjetunion mit ihren deutlich konservativeren theologisch-geistlichen und kulturellen Einstellungen, auf der anderen Seite junge Leute aus dem kulturell stark geprägten Bereich anderer Religionen, besonders dem Islam. Interkulturelle und interreligiöse Kompetenz ist darum genauso gefragt wie die Integrationsfähigkeit von Gruppen, mit Fremdartigkeit und der Ablehnung „westlicher Liberalität" umzugehen. Auch die Frage, wie respektvolle, tolerante und gesprächsfähige, gleichwohl selbstbewusste missionarische Konzeptionen aussehen könnten, bedarf der Diskussion. Ob und inwieweit im Bereich der abrahamitischen Religionen Mission und Evangelisationen berechtigt sind und inwiefern sich evangelische Kinder- und Jugendarbeit als Anbieter von Religion auf dem religiösen „Markt der Möglichkeiten" positioniert, ist eine offene und viel diskutierte Frage. In der Breite der Evangelischen Jugend gibt es dazu sehr unterschiedliche Ansätze.

→ *Junge Menschen aus säkularisierten Kontexten, die kirchenfern sind und keinerlei oder wenig religiöse Bindungen und Identitäten aufweisen.* Viele Gruppierungen der Evangelischen Jugend versuchen, missionarische Konzepte zu praktizieren, die Grundkenntnisse über den christlichen Glauben vermitteln, Erfahrungsfelder anbieten und zur Beschäftigung mit dem Evangelium führen – und auf persönliche Übernahme des christlichen Glaubens abzielen (Bekehrung).

→ *Junge Menschen, die aus Gruppierungen der Evangelischen Jugend abwandern in Bewegungen und frei flottierende Gemeinden und Gruppen mit oft charismatischem Hintergrund und der Betonung der Erfahrung und Praxis des Glaubens, weil sie dort die Erfüllung ihrer geistlichen und religiösen Bedürfnisse erwarten.* In vielen Gruppierungen der Evangelischen Jugend wird in seriösem Rahmen auf eine geistliche Praxis und Erfahrungsfelder des Glaubens Wert gelegt, die diesen Bedürfnissen Rechnung tragen. Gleichwohl gibt es vielfältige Defizite, die eine so begründete Abwanderung fördern.

Was heißt erreichen?

Evangelische Arbeit mit Kindern und Jugendlichen erreicht eine Vielzahl von jungen Menschen. Erreichen bedeutet zunächst, dass sie Angebote evangelischer Kinder- und Jugendarbeit wahrgenommen haben. Die meisten von ihnen geben an, dies regelmäßig in einer Gruppe zu tun.

Innerhalb der Evangelischen Jugend herrschen allerdings erhebliche Divergenzen darüber, was „erreichen" bedeuten soll: Genügt die pure Teilnahme, also das Nutzen eines Angebotes und sei es das Trinken einer fair gehandelten Cola am Tresen des Jugendhauses, oder heißt „erreichen", dass sich junge Menschen auf die Botschaft des Evangeliums eingelassen haben bis hin zur Bekehrung und Übernahme des christlichen Glaubens?

Unserem Verständnis nach heißt „erreichen", dass junge Menschen sich in die vielfältigen Räume evangelischer Kinder- und Jugendarbeit begeben haben, Gestaltungsmöglichkeiten gefunden und dort die Atmosphären gespürt haben. Sie sind mit hineingenommen worden in den ganz unterschiedlich ausgeformten *stream* des Evangeliums: Sie haben Hilfe und Begleitung in ihrem Leben erfahren; sie sind Menschen begegnet, die authentisch Glauben und das Evangelium repräsentieren und davon reden; sie haben die Wirkungen des Evangeliums erfahren und sind mit seiner Botschaft konfrontiert worden; sie haben etwas über den christlichen Glauben gelernt und haben sich möglicherweise ihm zugewandt. Sie sind in jedem Fall Gottes Wirklichkeit begegnet und haben dies vielleicht bewusst gespürt.

„Erreichen" hat im Bereich evangelischer Kinder- und Jugendarbeit viele Formen. Wichtig ist, dass junge Menschen nicht nur das *label* „Evangelische Jugend" erkennen, sondern dort auch etwas Förderliches für ihr Leben erfahren und Gott positiv erleben. Vielleicht lassen sie sich vom Evangelium faszinieren.

Orientierungen

Evangelische Arbeit mit Kindern und Jugendlichen orientiert sich in ihren Formaten an den Sozialräumen, in denen sie lebt, und an den Milieus, die sie erreicht und die sie erreichen kann, und an ihren vorhandenen Ressourcen.

Viele Formen evangelischer Kinder- und Jugendarbeit sind auf erkennbare und abgrenzbare lokale Sozialräume konzentriert: Die parochial strukturierte Organisationsform von Kirche bringt es mit sich, dass die primären potenziellen Bezugsgruppen evangelischer Kinder- und Jugendarbeit in der Wohnbevölkerung zu finden sind, die sich in einem entsprechenden Gebiet „um den Kirchturm herum" findet. Dies gilt besonders für ländliche Gebiete und kleinere Städte, ist aber auch für ausgewiesene Wohnbezirke von Großstädten noch gültig.

Für evangelische Kinder- und Jugendarbeit gilt darum, wahrzunehmen und zu wissen, welche Milieus, welche Kinder- und Jugendkulturen und welche jugendlichen Interessenlagen sich hier finden, wie jugendliche Treffs verortet sind und was Kinder und Jugendliche an Angeboten brauchen. Von hoher Bedeutung ist die Kenntnis von Problemlagen von Kindern und Jugendlichen im betreffenden Sozialraum. Ebenso ist es wichtig, zur Kenntnis zu nehmen, welche potenziellen Partner auf kommunaler Ebene beispielsweise in den Organisationsstrukturen der „civil society" und unter anderen Jugendverbänden zu finden sind oder wo Angebotskonkurrenzen bestehen.

Angebote müssen sich nach den eigenen Ressourcen richten und auf bestimmte Zielgruppen konzentrieren. Allerdings genügt es nicht (und würde auch nicht dem Auftrag der Verkündigung des Evangeliums entsprechen!), würde sich eine parochial strukturierte Kinder- und Jugendarbeit allein auf die jungen Menschen konzentrieren, die – sei es durch religiöse Sozialisation in der Familie, sei es durch Kontakte über die Konfirmand(inn)enarbeit oder durch bestimmte Milieuanbindungen – sich schon im „Dunstkreis" und Blickfeld von Kirche befinden. Evangelistische genauso wie soziale und politisch motivierte Ansätze müssen über dieses begrenzte Spektrum des schon „Eigenen" und Vorfindlichen hinausgehen und sich weiteren Kindern und Jugendlichen zuwenden. Viele gelingende Arbeitsformen geben Beispiele dafür, dass Kirche bei solchen Formen der Grenzüberschreitung attraktiv und für junge Menschen und ihre Lebensfragen sehr bedeutsam werden kann.

Viele Angebote evangelischer Kinder- und Jugendarbeit verstehen eine sozialräumliche Orientierung nicht mehr geografisch und lokal begrenzt, sondern verstehen Sozialräume auch als Milieus, Lebenslagen und Lebensstile. Sie tragen damit den Orientierungen von Jugendlichen selbst Rechnung, die – unter anderem aus Gründen hoher Mobilität, medialer Vermittlung und Freundeskreise – sich längst nicht mehr unbedingt auf lokale Anbindungen begrenzen, sondern sich eher an Milieupassungen und für sie stimmigen Bezugsgruppen orientieren und in ihnen adäquate Zugehörigkeiten suchen – sei es in der milieugerechten und attraktiven Disko drei Orte weiter oder in der „coolen" Jugendgruppe im weit entfernten Stadtteil.

Wichtig für Kirche und die Verkündigung des Evangeliums ist es allemal, über eigene Milieu- und Lebensstilgrenzen hinaus zu denken und sich Jugendlichen zuzuwenden, die nicht in ihren Binnenzirkeln anzutreffen sind, aber das Evangelium und die daraus resultierende Lebenshilfe nötig brauchen.

Wichtig ist aber genauso zu berücksichtigen, dass auch die vorhandenen jungen Menschen ein „Recht" auf ein Angebot der Evangelischen Jugend haben und dass junge Menschen noch immer eine Gruppe im nahen Umkreis präferieren, die in 10–15 Min. erreichbar ist, so die Ergebnisse der aej-Studie.

Grenzen der Erreichbarkeit?
Auch wenn das Evangelium unbegrenzt ist – möglicherweise gibt es faktische Grenzen, um junge Menschen zu erreichen. Neben begrenzten Ressourcen,

Kulturgrenzen und Kommunikationsproblemen können dies vor allem Begrenzungen durch Milieubindungen sein:

Für die katholische Jugendarbeit haben in jüngster Zeit der Bund der Deutschen Katholischen Jugend (BDKJ) und das Kirchliche Hilfswerk MISEREOR in Zusammenarbeit mit *Sinus Sociovision* eine viel beachtete Studie vorgelegt (Bund der Deutschen Katholischen Jugend 2008). Ein Hauptergebnis war, dass es „zwischen der katholischen Jugendarbeit ... und den großen jugendlichen Lebenswelten ... einen großen Graben gibt" (S. 25).

Zugrunde liegen langjährige Forschungen des Instituts Sinus Sociovision, die auf der Basis lebensweltlicher Analysen unserer Gesellschaft spezifische Sinus-Milieus entwickelt haben, die Menschen, die sich in ihrer Lebensauffassung und Lebensweise ähneln, gruppiert haben.

Die vorliegende Studie überträgt diese Milieus auf junge Menschen, beschreibt ihre Milieuzugehörigkeiten und -tendenzen mit den damit verbundenen lebensweltlichen Basismotiven. Milieubeschreibungen und die prozentuale Verteilung bei Jugendlichen stehen in den folgenden Grafiken.

Die Verteilung aller Jugendlichen in Deutschland auf die betreffenden Milieus ist von Sinus in anderem Zusammenhang quantitativ erhoben worden.

Die auf katholische Jugendverbände bezogene vorliegende Studie versteht sich als „qualitative Pilotstudie" (S. 11) und hat 132 junge Menschen im Alter von 9 – 27 Jahren, die katholisch getauft sind, erfasst.

Der Studie zufolge liegt der „Rekrutierungsschwerpunkt katholischer Jugendverbände" auf den Segmenten der „Traditionellen Jugendlichen", den „Bürgerlichen Jugendlichen" und den „Postmateriellen Jugendlichen". Diese Milieus sind durchweg in höheren Bildungsschichten angesiedelt und von hohen, oft traditionellen Wertvorstellungen geprägt. Die anderen Milieus werden nur singulär oder gar nicht erreicht. Gerade diese vermutlich zukunftsträchtigen Milieus erleben ihre eigene Jugendarbeit möglicherweise nicht als attraktive Szene, als Avantgarde und als für ihre Kulturwelten anschlussfähig; sie erwarten dort nicht so sehr für sich selbst spannende Leute.

Die Ergebnisse der Studie werfen auch für die evangelische Kinder- und Jugendarbeit Fragen auf:

→ Zwar erreicht die evangelische Kinder- und Jugendarbeit gerade in der Breite ihrer Angebotsformen alle der gekennzeichneten Milieus. Auch in der evangelischen Kinder- und Jugendarbeit wird allerdings mit Schwerpunkten zu rechnen sein. Auch hier ist zu vermuten, dass das Image und die praktische Ausgestaltung von Kirche genauso wie die ihrer Jugendarbeit den unterschiedlichen Milieuzugängen Grenzen setzen.

→ Eine brennende Frage bleibt, wie gerade diejenigen jungen Menschen erreicht und integriert werden können, die gerne das Althergebrachte und

Gewöhnte verlassen, um neue Ideen zu entwickeln und vorgegebene Muster zu durchbrechen.

Dazu kommen auch die jungen Menschen, die ihre Ideale durchsetzen wollen, die sich von vorgegebenen Institutionen nicht einschüchtern lassen wollen und sich gegen Widerstände wenden – die also einer *Veränderungslogik* folgen.

Milieutendenz / -zugehörigkeit	Lebensweltliches Basismotiv
Traditionelle	Ein moralisch gutes und beruflich erfolgreiches Leben führen: Verantwortung übernehmen; eine Familie gründen, solide werden; Anerkennung und soziale Einbettung; sicher und überlegen sein durch Klarheit und Entschiedenheit; sich nützlich und angenehm zeigen
Bürgerliche	Zwischen Augenblicks-Genuss und Zukunfts-Geltung: Einerseits teilhaben an Lifestyle-Trends, die Freiheit und die wunderbare Medien- und Warenwelt genießen (in materieller und sozialer Geborgenheit). Andererseits sich langsam darüber klar werden, was man will und was nicht; die eigene Zukunft planen, sein Leben aus- und einrichten: ankommen – aber noch nicht „gesetzt" sein; modisch und modern sein – aber normal bleiben: Eine gewisse „Flughöhe" erreichen wollen, dafür auch etwas tun, um bei Ankunft „in der sicheren Umlaufbahn zu kreisen"
Konsum-Materialisten	Anschluss und Akzeptanz suchen; Verbündete finden: Verarbeitung und Kompensation von Ausgrenzung durch frühere Schulfreunde; sich selbst versorgen und organisieren; sich auf die eigenen Eltern häufig nicht verlassen können in Bezug auf emotionale Zuwendung und finanzielle Mittel. Herauskommen aus dem elterlichen Umfeld; es einmal besser haben: Modemarken (auch Fakes) als signifikante Symbole für Modernität, Prestige und Teilhabe
Postmaterielle	Aufbrechen – von *fremden* vorgesetzten Positionen/Regeln/Werten; auch *selbst* aufbrechen zu neuen Denkformen; Etwas Neues entdecken, anders und authentisch sein; eine starke und richtige Position finden; auch missionarische Kommunikation, die Welt (anders) sehen zu sollen und der realen Welt einen idealen Weltentwurfs gegenüberstellen (allerdings: Es gibt nicht (mehr) die eine verbindende politische oder ökologische Leitidee wie in den 80er Jahren)
Hedonisten	Sich – soweit möglich – nicht dressieren lassen; sich Refugien für unprogrammiertes Leben bewahren; Pendeln zwischen Sphären der Selbst- und Fremdbestimmung (durch Lehrer, Vorgesetzte u.a.)
Moderne Performer	Frühes Erreichen erster Etappenziele als Erster (early adopter); sich diverse Optionen offenhalten (sich nichts verschließen). Offen und ehrgeizig, pragmatisch und flexibel sein; sich vielfältig andocken, wo es nützt. Sich selbst modellieren und optimieren, „so dass es passt": pragmatische Marktperspektive
Experimentalisten	Paradoxie und Synästhesie: Exotisch-exzentrische Selbsterfahrungen machen; fremde Welten erkunden – innen und außen: Dazu sich in einen Tunnel begeben, Widersprüchen suchen/provozieren und „Logiken" aufheben; eigene neue Wege gehen durch kreatives, mediales und synästhetisches Spielen mit Formen und Bedeutungen: neue (eigene) Perspektiven auf sich und die Welt finden, auch erfinden

Quelle: Wie ticken Jugendliche? – Sinus-Milieustudie U27 im Auftrag von BDKJ und MISEREOR

Evangelische Kinder- und Jugendarbeit versucht, diese jugendlichen Tendenzen aufzunehmen, ohne ihr Eigenes zu verlieren. Dazu bedarf es allerdings auch einer hohen Veränderungsbereitschaft von Kirche und Evangelischer Jugend und der Bereitschaft, sich auf jugendliche Milieus jenseits einer traditionellen *Reproduktionslogik* einzulassen.

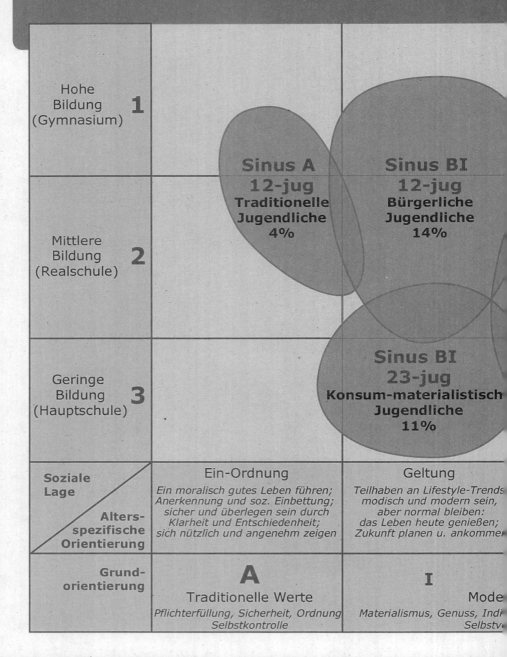

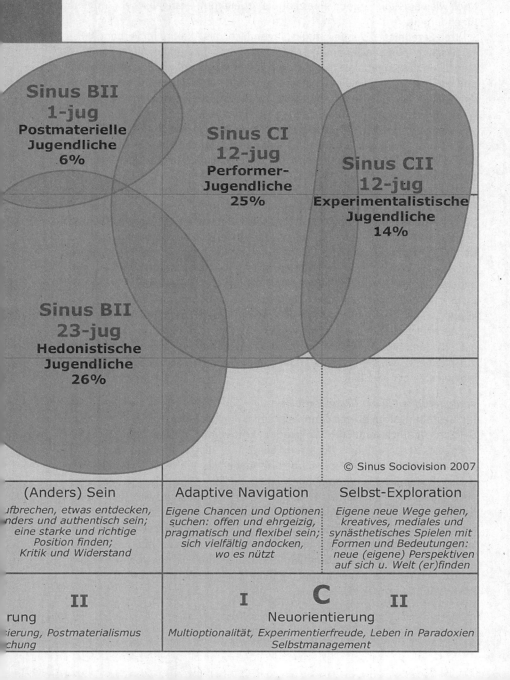

3.6. Vielfalt in Formen und Methoden

Die Gruppe

Nach wie vor ist die Gruppe eine zentrale Arbeitsform evangelischer Kinder- und Jugendarbeit.

Den Ergebnissen der aej-Studie „Jugendliche als Akteure im Verband" (Fauser/Fischer/Münchmeier 2006, S. 99 ff. und S. 142 ff.) zufolge nutzen junge Menschen das Angebot der klassischen konventionellen Jugendgruppe gerne und wenn, dann auch meist regelmäßig und mit hoher Kontinuität: Allein 62 % der Nutzerinnen und Nutzer evangelischer Jugendarbeit besuchen einmal die Woche ihre Gruppe und weitere 17 % bestimmt alle 14 Tage; manche (weitere 7 %) behaupten sogar, sich jeden Tag mit ihrer Gruppe zu treffen – aus der praktischen Erfahrung heraus handelt es sich dabei möglicherweise um ihre Clique bzw. die zentralen Bezugspersonen, mit denen sie über das Gruppenangebot hinaus einen wesentlichen Teil ihrer Freizeit verbringen.

Die Gruppe ist genau darum attraktiv, weil sie Kontinuität aufweist und einen festen und überschaubaren Teilnehmer(innen)kern mit Zusammenhalt garantiert. Damit wird den Bedürfnissen Jugendlicher nach Verlässlichkeit und festen Strukturen Rechnung getragen, aber vor allem ihrem Bedürfnis nach einer Gemeinschaft mit Leuten, die zu ihnen passen: Eine Gemeinschaft – so sagen sie selbst –, in der sie sich wohlfühlen, ernst genommen werden und sich auf andere verlassen können. Das Mitreden-Können und die Selbstentfaltung und besonders eine Gesellungsform, wo Menschen sind, denen sie sich anvertrauen können, zählen zu ihren zentralen positiven Kriterien. Das inhaltliche Angebot gilt als nachgeordnet, ist aber nicht marginal: Selbstverständlich sind auf Dauer auch die inhaltlichen Angebote und Aktivitäten für die Attraktion einer Gruppe entscheidend. Nur wenn das Angebot stimmt und ihre Bedarfslagen erfüllt, bleiben sie über eine längere Zeit.

Veränderungen in der Gruppenarbeit

Die Gestaltungsformen von Gruppenarbeit haben sich tendenziell in den letzten Dekaden deutlich verändert (Weingart in: Krebs/vom Schemm 2006, S. 73 f. Weingarts Beschreibungen folgen wir hier).

Traditionell war die Gruppenarbeit bis in die 70er Jahre des letzten Jahrhunderts vornehmlich als *Programmgruppe* organisiert: Mitarbeitende bereiteten ein oft, aber nicht immer kreatives, vor allem inhaltlich abgezwecktes Programm für die Gruppenstunde vor, das die Teilnehmenden mit zu vollziehen hatten. In kirchlichen Kontexten gehörten dazu die klassische „Bibelarbeit" – durchaus auch in Vortragsform –, Themenabende und „bunte Abende" mit Spielen und ähnlichem. Diese eher konsumorientierten Angebote konnten später – bedingt auch durch Veränderungen in Jugendkultur und jugendlichem Verhalten – zu Passivität und Langeweile führen.

Verschiedene gesellschaftliche Veränderungen, so auch die Entdeckung der Wichtigkeit von Beziehungen und der Gruppendynamik sowie die Integration von humanwissenschaftlichen Erkenntnissen in die Kinder- und Jugendarbeit, führten zum Modell der *Beziehungsgruppe*. Hier wurde die Ausgestaltung von dichten und persönlichen Beziehungen der Gruppenmitglieder untereinander akzentuiert und Wert auf Selbstentdeckung, Persönlichkeitsbildung und soziales Verhalten in der Gruppe gelegt.

Zukunftsträchtig ist Weingart zufolge die Ausgestaltung der Gruppenarbeit als *Handlungsgruppe*. Handlungsgruppen sind von bestimmten Tätigkeiten und Aktivitäten her definierte Gruppenangebote. Die Palette ist vielfältig: Aktiv-Workshops und die gemeinsame kreative Gestaltung der Gruppenstunde, TEN SING-Musical-Gruppen und Sport, diakonische Projekte und Outdoor-Abenteuer – wie auch immer die Inhalte aussehen, sie tragen dem Handlungs- und Kreativitätsbedürfnis vieler Jugendlicher Rechnung:

→ In der Regel sind junge Menschen an Eigentätigkeit und Handeln interessiert.
→ Im Handeln erfahren und erproben sie sich selbst, gewinnen Selbstwert, soziale Anerkennung und Selbsteinschätzungen.
→ Durch Eigenaktivitäten steigern sie Handlungskompetenzen und Kreativitätspotenziale und entwickeln ihre Persönlichkeit.
→ Handlungsorientierte Gruppen erleichtern einerseits neuen Gruppenmitgliedern die Integration (gemeinsames Tun befördert Gruppeneinstiege und Gruppenidentitäten) und fördern andererseits die fitten, leistungsfähigen Gruppenmitglieder (die bei Unterforderungen oft die Gruppe verlassen).
→ Handlungsorientierte Gruppen schaffen Freiräume für Subjektivität und Eigenentfaltung sowie für Mitbestimmung und Partizipation.
→ Handlungsorientierte Gruppen sind oft erlebnis- und erfahrungsbezogen und tragen damit jugendlichen Bedürfnissen Rechnung.

Das Modell der handlungsorientierten Gruppe integriert die Ansätze der beziehungs- und programmorientierten Gruppenarbeit. Insofern behält dieser Ansatz „das Gute" der bisherigen Muster: Allerdings gestalten sich dichte Beziehungen und Gruppenidentitäten gerade oft als willkommenes Nebenprodukt gemeinsamen Handelns – und Angebote werden tendenziell eher gemeinsam und damit bedarfsgerecht gestaltet.

Unterschiedliche Formen
Gruppenarbeit vollzieht sich in recht unterschiedlichen Formen. Grundmuster ist auch im Rahmen handlungsorientierter Akzentuierung nach wie vor die *kontinuierliche Gruppe*: als Jugendgruppe, Teeni-Kreis oder inzwischen oft auch im Rahmen der Arbeit mit Konfirmand(inn)en.

Projektgruppen bilden eine sehr erfolgreiche Eigenform von handlungsorientierter Arbeit. Mit ihren zeitlich begrenzten Arbeitsformen (Kanubau für die Sommerfahrt in Schweden, diakonische Projekte, Vorbereitung des Weihnachtsgottesdienstes, ein Jugendchorprojekt, eine Aktion zum Fairen Handel etc.) entsprechen sie jugendlichen Bedürfnissen nach zeitlicher und inhaltlicher Überschaubarkeit und bieten das hohe Gut eines sichtbaren und in angemessener Zeit erreichbaren Erfolges jugendlicher Zeit- und Energieinvestitionen.

In vielen Formen evangelischer Kinder- und Jugendarbeit existieren persönlich verbindliche Kleingruppen mit oft hoher Intimitätsdichte und Beziehungsintensität. Dazu gehören z. B. *Hauskreise und Gebetsgruppen* neben der normalen Gruppenarbeit oder spezifische *Arbeitsgruppen*, die sich einer besonderen Aufgabe verschrieben haben.

Junge Menschen erleben die ersehnte Gemeinschaft und Gruppenidentität nicht nur in auf längere Dauer gestellten Gruppen, sondern auch in *punktuellen Ad-hoc-Konstellationen*:

Besonders intensiv geschieht dies im Rahmen von Ferienfreizeitmaßnahmen (s. u.) oder auch in Wohngruppen und sogenannten Familiengruppen auf Großevents wie Landesjugendtagen, Kirchentagen, EVA[4] oder dem Christival.

Auch in den vielen Angeboten *Offener Kinder- und Jugendarbeit* erleben junge Menschen Gemeinschaft. Zwar sind die Gesellungsformen dort viel offener, weniger inhaltlich bestimmt und von weniger Verbindlichkeit geprägt; gleichwohl und besonders, wenn im Laufe der Zeit Cliquen und Gruppen mit festerer Struktur entstehen, kann dies für junge Menschen „ihre Gruppe" mit sehr positiven Besetzungen bedeuten.

Ferienfreizeiten

Ferienfreizeiten sind eine bisweilen unterschätzte Form der evangelischen Arbeit mit Kindern und Jugendlichen. Sie sind mit guten inhaltlichen Konzepten weit davon entfernt, einfach nur ein kostengünstigeres oder netteres Tourismusangebot zu sein.

Im Rahmen einer ein- bis dreiwöchigen Ferienfreizeit verdichten sich die Möglichkeiten, die die Arbeit in regelmäßigen, aber naturgemäß zeitbegrenzten Gruppen bietet.

Wesentlicher Faktor ist die *Zeit*: Herausgenommen aus ihren normalen Alltagsverpflichtungen und Terminzwängen, haben junge Menschen Zeit, um „zu sich selbst zu kommen" und sich mit ihren eigenen Lebensthemen zu beschäftigen. Sie haben Zeit nachzudenken und sie sind in einer Atmosphäre, die es ihnen erleichtert, auch viel mehr von sich selbst zu zeigen und etwas davon zu äußern.

---

4   EVA – Das evangelische Jugendfestival an der Frauenkirche in Dresden fand erstmals 2008 statt.

Die Erfahrungen vieler Ferienfreizeiten zeigen, wie dicht und intensiv die „Lebensgespräche" werden können (beliebt sind vor allem das Lagerfeuer und Nachtgespräche).

Gerade für religiöse und geistliche Lebensthemen bieten sich hier viele Gelegenheitsfenster. Allerdings setzt dies voraus, dass nicht nur authentische und kompetente Ansprechpartner(innen) zur Verfügung stehen, sondern auch, dass die Freizeit inhaltliche Anreize und Herausforderungen bietet: Neben Andachten und (kreativen, handlungsorientierten) Bibelarbeiten sind dies vor allem die unmittelbar lebensbezogenen geistlichen Impulse („Gottes Spuren im Alltag") und – von jungen Leuten gerne wahrgenommen – „Stille Zeiten" wie regelmäßige Taizé-Gottesdienste oder sogar die überlieferten „Stundengebete" in jugendgemäßem Outfit.

Ein weiterer wesentlicher Faktor ist auf Freizeiten, dass sich soziale Erfahrungen verdichten und Problemkonfigurationen unmittelbar und über einen längeren Zeitraum hin bearbeitet werden können. *Freizeiten sind eine intensive Form des Erlebens* und *Auseinandersetzens in der Gruppe*.

Ferienfreizeiten bieten darum einen exzellenten Raum für geistliche und soziale Erfahrungen, für den Erwerb lebenspraktischer Kompetenzen und Persönlichkeitsbildung.

Sie sind damit ein eminent missionarisches Arbeitsfeld, das positive Erfahrungen mit Kirche vermitteln kann und auf lebenspraktische Spuren des Glaubens setzt.

Und sie sind ein Ort unmittelbar erfahrbarer Lebensfreude, von Kreativität, Selbstgestaltung und Spaß.

Events und Großveranstaltungen

Großveranstaltungen sind eine eher zunehmend wichtige Veranstaltungsform evangelischer Kinder- und Jugendarbeit. Landesjugendtage, Landesjugendcamps und Jungscharlager, Bundestreffen, Festivals wie das Christival und EVA, Kirchentage und regionale Festivals ziehen jedes Jahr einige Hunderttausend junger, vornehmlich evangelische, Menschen an.

Festivals und Events sind für jugendliches Lebensgefühl und für ihre Biografien hoch bedeutsam:

→ Als *Fest* sind sie im Fluss des Gewohnten ein positiv besetzter Höhepunkt, ein *high light*, das den Alltag und seine Normalität unterbricht und transzendiert. Junge Menschen freuen sich auf solch ein Fest, bereiten es in Gruppen und Pre-Events vor und erinnern sich noch lange daran.

→ Sie sind verdichtete *Kristallisationspunkte* sozialer und religiöser Erfahrung und Orte vielfältiger *Bildung*.

→ Sie sind für junge Menschen Orte des sinnlichen Erlebens der *Dominanz der eigenen Jugendkultur*; hier haben ihre eigenen ästhetischen, emotionalen und kognitiven Weltzugänge Priorität.

→ Als *Vergemeinschaftung* in großem Stil produzieren sie die Erfahrung von Zugehörigkeit zu Gleichen und zu einer Großgruppe. Die Erfahrung, unter vielen zu sein und mit vielen ein vergleichbares Lebenskonzept zu teilen, stabilisiert Lebenskonzepte und eigene Glaubensidentität.

Kirchliche, christliche Events und Festivals sind damit eine *jugenddominierte Sonderwelt auf Zeit*, in der Ausdrucksformen jugendspezifischer Milieus und Ästhetiken dominieren, jugendliche Lebenswelten bestimmend sind und die Dominanz der „Erwachsenen-Kultur" und ihrer Ästhetik auf Zeit durchbrochen ist – und ein unverzichtbarer Lernort für jugendgemäßen Glauben.

Offene Kinder- und Jugendarbeit

Offene Kinder- und Jugendarbeit hat unterschiedliche Ausrichtungen und Ziele. Sie kann als eine Form der sozialen Arbeit für Jugendliche in besonders prekären Lebenslagen konzipiert sein, als offene Freizeit- und Bildungsangebote für unterschiedliche Milieus und Bildungsgrade (Jugendzentren und Jugendclubs) oder auch als explizit religiös-missionarisches Angebot (z. B. Jugendkirchen, missionarische Coffee-Shops).

Ihre Merkmale sind ihre große Niederschwelligkeit und damit verbunden eben eine große Offenheit und in den meisten Fällen ihre stringente Sozialraumorientierung.

Die Angebote richten sich in allen Formaten darauf, Jugendliche zu erreichen, die von konventionellen kirchlichen Angeboten nicht angesprochen werden. Lebenshilfe, vor allem aber nicht nur in prekären Lebenslagen, Unterstützung in niederschwelligen Formen und sinnvolle Freizeitgestaltung sind neben milieubezogenen und sozialraumorientierten, eher informell strukturierten Bildungsangeboten durchgängige Angebotsformen. Missionarisch orientierte Formen evangelischer Kinder- und Jugendarbeit legen in diesem Rahmen Wert auf explizite niederschwellige und zielgruppenadaptierte Formen der Verkündigung des Evangeliums.

Gottesdienst und Jugendgottesdienste
Gottesdienste gelten als das Zentrum des Gemeindelebens. Sie sind – der Theorie nach – nicht nur das Zentrum des gemeinschaftlichen Selbst-Erlebens von Gemeinde, sondern auch der zentrale Ort, an dem Gemeinde den Zuspruch und Anspruch des Evangeliums erfährt und darauf reagiert. Der Gottesdienst ist der Ort, in dem Menschen sich Gott nahen und seine Nähe erleben. Er ist Ort für Glaubenserfahrung und Spiritualität, für Glaubens-Bildung und Glaubens-Reflexion. Er ist der Ort und die Zeit, in der Menschen mit ihren Fragen und Lebensthemen, mit ihrem Glück und ihrer Angst in die Gegenwart Gottes treten und Antworten hören, Heilung erfahren oder Widersprüche aushalten lernen. Gottesdienst ist der Ort, in dem Menschen ihren Gott feiern und ihn anbeten. Und vor allem der Ort, an dem sie ihre Lebensrealität mit Gottes Wirklichkeit in Berührung bringen – und Segen für ihr Leben erfahren.

Jugendliche erfahren dies alles häufig nicht! Sie erleben Gottesdienste als lebensfremd und abständig. Liturgische Vollzüge und Inhalte, Lieder und Gebete sind ihnen fremd und haben mit ihrer Kultur und ihren Lebensfragen wenig zu tun. Sie kommen – wenn sie denn die Unterschrift im Rahmen des Konfirmand(inn)enunterrichtes nicht mehr brauchen – auch nur noch selten wieder.

Das Gottesdiensterleben prägt auf jeden Fall die Kirchenbindung und die religiösen, geistlichen Erfahrungen entscheidend mit.

Evangelische Kinder- und Jugendarbeit reagiert auf die Kritik von jungen Menschen in zweifacher Hinsicht:

Junge Menschen versuchen, auf die *Gestaltung des Gemeindegottesdienstes* Einfluss zu nehmen. Dabei geht es nicht primär darum, alles, was ihnen fremd erscheinen mag, zu eliminieren. Im gottesdienstlichen Erleben geht es tatsächlich um den Zugang „zu einer anderen Welt" auch mit ihrer Fremdheit. Im Gegenteil: Junge Menschen haben durchaus einen Sensus für das „Heilige" und das für sie Fremdartige und Sehnsucht nach dem „ganz anderen". Sie müssen es nur in ihren Sprach- und Zeichenwelten erleben können und unter Adaption ihrer Kulturen. Es kommt ihnen darauf an, dass ihre Lebensthemen vorkommen und ihre Fragen dort auch Antworten finden – und dass die Gottesdienste ihnen persönliche Erfahrungen der Gegenwart Gottes ermöglichen. Wenn sie Gott als für ihr jeweiliges Leben als relevant erleben und die Erfahrung der Gegenwart des Heiligen machen, war es ein guter Gottesdienst.

Leider ist die Einflussnahme junger Menschen auf die Gestaltung der sonntäglichen Gottesdienste faktisch sehr begrenzt. Interessanterweise schätzt aber auch der große Teil der „Erwachsenengemeinde" solche Elementarisierungen, lebensthematische Fokussierungen und gegenwartskulturelle Adaptionen – das zeigen die Reaktionen auf methodisch gute Gottesdienste mit Kindern und auf jugendgemäße Gottesdienste.

Auf jeden Fall bewährt hat sich die Beteiligung von jungen Menschen am normalen Hauptgottesdienst: Formen sind beispielsweise die Beteiligung an der Liturgie oder die Einbeziehung von jungen Menschen in einen Gottesdienstvorbereitungskreis. Beides erhöht die Identifikation junger Menschen mit Gottesdienst und Kirche.

Eine wichtige Form gottesdienstlichen Erlebens für junge Menschen sind spezielle *Jugendgottesdienste*, die inhaltlich, methodisch und ästhetisch auf die Zielgruppe „Junge Menschen" abgestimmt sind.

Jugendgottesdienste existieren in vier Grundformen:
→ Die Gemeinde bzw. ihre Hauptamtlichen gestalten meist unter Beteiligung von einzelnen Jugendlichen einen jugendgemäß gestylten Gottesdienst für Jugendliche – oft im Rahmen des Hauptgottesdienstes und nach seinem traditionellen Ablaufschema (Angebot der Gemeinde für Jugendliche).

→ Jugendliche bzw. eine Jugendgruppe gestalten selbst den Gottesdienst und nehmen die – oft sehr interessierte – Gemeinde mit hinein (Angebot von Jugendlichen für die Gemeinde).
→ Jugendliche gestalten und feiern, oft unter Begleitung und Hilfestellung von Erwachsenen bzw. Hauptberuflichen, ihren eigenen Gottesdienst für sich: in Jugendveranstaltungen und Jugendkirchen, als Nachtgottesdienste oder an besonderen auratischen Orten (Angebot von Jugendlichen für Jugendliche).
→ Eine Sonderform sind die von professionellen, jugendkulturell orientierten Akteuren gestalteten Performance- oder Event-Gottesdienste, die sich ausschließlich an Jugendliche richten, aber nicht auf die Beteiligung Jugendlicher setzen, sondern auf Professionalität und jugendgemäß christliches Entertainment.

Jugendgottesdienste haben ihre Stärke in der jugendkulturellen und lebensthematischen Adaption, vor allem aber in der Beteiligung von Jugendlichen selbst, die dem Gottesdienst damit einen auch für die jugendlichen Rezipienten authentischen Charakter geben und ihr eigenes Erfahrungsfeld von christlichem Glauben konstruieren. Jugendgottesdienste haben darum eminentes missionarisches Potenzial, weil sie auch glaubensferne und kirchendistanzierte Jugendliche ansprechen und in einen ihrem Leben entsprechenden Kontakt mit dem Evangelium bringen.

Jugendkirchen

In den letzten Jahren haben Jugendkirchen als eine gegenwartskulturelle Form evangelischer Jugendarbeit Konjunktur. An vielen Orten sind Jugendkirchen mit ganz unterschiedlichen, situationsspezifischen Ausprägungen entstanden. Im Bereich evangelischer Landeskirchen und Freikirchen sind uns ca. 60 Projekte bekannt; ähnliche Zahlen gelten für die katholische Jugendarbeit.

Jugendkirchen sind kein Label mit gesicherten und allgemeinverbindlichen Standards. Sie spiegeln in der Vielfalt ihrer Formen und Konzeptionen die situationsspezifische Vielfalt und damit eine Stärke evangelischer Jugendarbeit wider (vgl. dazu und zum Folgenden: Freitag/Scharnberg 2006 und Freitag/Hamachers-Zuba/Hobelsberger 2008 sowie Hobelsberger 2008).

Gleichwohl gibt es Grundstrukturen. Ein wesentliches Kennzeichen ist ihr Ansatz, zwischen Jugendkulturen und dem Evangelium bzw. der Kirche eine Brücke zu schlagen. Sie öffnen Kirche für Jugendliche und ihre Lebensthemen und geben Jugendlichen Raum und Beheimatung. Sie setzen auf die Partizipation und Mitgestaltung von Jugendlichen und bieten ihnen Räume zur eigenständigen Erfahrung Gottes und zur Aneignung von Glauben. Sie haben missionarisches Potenzial, weil sie kirchenferne Jugendliche erreichen und kirchennahen Jugendlichen Raum zur Entfaltung und Gestaltung ihres Glaubens geben.

Sie sind ein gelungenes Modell, um Kirche attraktiv und lebensrelevant für junge Menschen darzustellen.

Derzeit haben sich folgende Typen und Grundmodelle von Jugendkirchen herauskristallisiert:

- → Jugendkirchen als *räumliches Angebot*: Ein sakraler Raum – in der Regel eine Kirche – wird Jugendlichen zur Verfügung gestellt. Der Fokus liegt auf der Aneignung des sakralen Raumes mit seiner spirituellen Sprache, aber auch auf den vielfältigen inhaltlichen, geistlichen und jugendkulturellen Angeboten, die in diesen Kirchenräumen stattfinden und die wesentlich von Jugendlichen mitgestaltet und geprägt werden. Jugendliche machen diese Kirche zu „ihrer Kirche".

- → Als *„Jugendgemeinden"* konzipierte Jugendkirchen sind aus Jugendgottesdiensten heraus entstanden. Ihr Fokus liegt darauf, mit jungen Menschen Gemeinde zu bilden und als Gemeinde zu leben. Zentrum sind Gottesdienste und sich darum gruppierende Veranstaltungen wie Hauskreise, Gebetskreise, diakonische Arbeitskreise und anderes mehr. Es geht darum, das Angebot des Evangeliums zu vermitteln sowie Erfahrungen des Glaubens und eine „geistliche Heimat" zu ermöglichen. Wichtig sind darum die geistlich geprägte Sozialgestalt, die Glaubenspraxis und die Beziehungskultur dieser Jugendgemeinde. Sie ist vornehmlich personales Angebot (Winter 2004).

- → Einen dezidiert missionarischen Ansatz haben diejenigen Jugendkirchen, die als evangelistische *Gemeindegründungsprojekte (Church planting)* konzipiert sind. Ziel ist es, in einem oft als säkularisiert gewerteten Umfeld mit jungen Menschen (oft jungen Erwachsenen) neue Gemeinden aufzubauen. Sie adaptieren zielgerecht die Kultur ihres jeweiligen Sozialraumes und ihrer Zielgruppenmilieus. Beispiele sind Ableitungen der US-amerikanischen „Willow Creek Church" genauso wie die „Jesus Freaks". Viele gelungene Modelle existieren in den östlichen Bundesländern mit ihrem höheren Säkularisierungsgrad.

  Viele dieser jungen Gemeinden haben Affinitäten zur „Charismatischen Bewegung" bzw. zur „Lobpreis- und Anbetungsszene", viele sind auch als „Tochtergemeinden" Arbeitsformen klassischer Freikirchen.

- → Die genannten Formen erfordern hohe Ressourcen finanzieller und personeller Art und sind meist nur in Großstädten, Ballungsräumen und bestenfalls mittleren Städten mit entsprechender kirchlicher Infrastruktur durchführbar. Für ländlich strukturierte Gebiete bzw. für, jedenfalls aus kirchlicher Sicht, strukturschwache Regionen oder ressourcenärmere Situationen sind Modelle einer *Temporären Jugendkirche* oder die *Mobile Jugendkirche* entwickelt worden.

Die temporäre Jugendkirche bzw. eine Jugendkirche auf Zeit macht zu bestimmten Anlässen (z. B. zur Fußball-WM oder zu lokalen Festen) oder zu bestimmten Jahreszeiten (z. B. drei Wochen im Frühsommer) jugendkirchliche Angebote. Sie kann auch als Erprobungsphase für eine spätere kontinuierliche Jugendkirche dienen.

Die Mobile Jugendkirche (seit zwei Jahren z. B. erfolgreich vom Jugendwerk der nordelbischen Landeskirche durchgeführt) führt mit dafür geschulten Teams aus Hauptberuflichen und Ehrenamtlichen mit Jugendgruppen in Kirchengemeinden vor Ort ein- bis zweiwöchige „Jugendkirchenwochen" als Woche des gemeinsamen Lebens durch: mit Events und Veranstaltungen, Gottesdiensten und der Praxis der täglichen gemeinsamen Lebensgestaltung im Gemeindezentrum – inklusive Schularbeiten und Übernachtung. Kirche wird so zum Lebensort auf Zeit für junge Menschen.

Arbeit mit Konfirmandinnen und Konfirmanden
Mehr als 90% der Getauften eines Jahrganges und auch viele noch nicht Getaufte gehen zum Konfimand(inn)enunterricht. Fast alle evangelischen Jugendlichen nehmen damit an einem längerfristigen kirchlichen Angebot teil und werden davon geprägt.

Die Arbeit mit „Konfis", wie sie liebevoll genannt werden, gilt traditionell nicht als Arbeitszweig der Evangelischen Jugend, sondern als Arbeitsbereich der Gemeinde bzw. deren Hauptberuflichen. Der Konfirmand(inn)enunterricht (KU) ist institutionelles kirchliches Handeln an Jugendlichen mit dem Ziel religiöser Elementarbildung aus kirchlicher Perspektive und der Integration von jungen Menschen in kirchliches Leben und die christliche Gemeinde. Insofern ist er natürlich kirchliche Jugendarbeit als kirchliches Handeln an jungen Menschen – aber eben mit spezifischen Interessen, Gehalten und Arbeitsformen: Sein Subjekt ist bei aller Orientierung an Jugendlichen die Kirche, das Interesse ist Kirchenbindung und Integration in ihre Glaubensgrundlagen, Vollzüge und Rituale und seine Form hat notwendig katechetische Züge. Er ist eben Einführung in den christlichen Glauben auch in Form des Unterrichtes mit durchaus schulischen Zügen.

Damit unterscheidet er sich grundlegend von selbst organisierter evangelischer Kinder- und Jugendarbeit, die eher subjektorientiert ihre Schwerpunkte auf die Begleitung Jugendlicher auf dem Weg zu eigenständiger Aneignung und Praxis des Glaubens legt.

Die Grenzen haben sich allerdings seit Langem verwischt: Methodisch sind im KU inzwischen Formen gebräuchlich, die in der evangelischen Kinder- und Jugendarbeit seit Langem Praxis sind. Guter KU ist seit längst auch erfahrungsbezogen und nicht einseitig auf das Pauken von Lernstoffen orientiert, er ist subjektbezogen, sofern er die Lebenswelten der jungen Menschen einbezieht, er berücksichtigt gruppendynamische und -pädagogische Erkenntnisse und nimmt durch Veränderung der Zeitgestaltung (Kompaktwochenenden, Konfi-Camps) Rücksicht auf die Ressourcen der jungen Leute. Möglicherweise haben der KU und seine Akteur(inn)e(n) von der Jugendarbeit gelernt.

Vielfach arbeiten inzwischen auch Ehrenamtliche und Hauptberufliche der Jugendarbeit im KU mit oder gestalten ihn eigenständig. Umgekehrt kann der KU als eine Form der Jugendarbeit zumindest als Einstieg in Teeni- und Jugendgruppen gelten. Viele Jugendliche werten den KU bereits als Jugendarbeit (vgl. die aej-Studie „Jugend im Verband").

Die Güte des KU prägt nicht nur das künftige Verhältnis junger Menschen zur Kirche, sondern auch zur Jugendarbeit: Der KU ist für viele junge Menschen die einzige, zumindest eine langfristig prägende Berührung mit kirchlichen Angeboten für Jugendliche und oft auch mit christlichem Glauben. Die Erfahrungen im KU beeinflussen darum ihr Bild von Kirche und Glauben – und oft auch die Einstellungen zur evangelischen Jugendarbeit.

Wichtig ist in der derzeitigen Situation, die jeweiligen Profile von Jugendarbeit und KU zu unterscheiden, aber beide Arbeitsformen sinnvoll zu vernetzen, also Kooperation, aber nicht Vermischung zu intendieren:

Der KU darf nicht in die evangelische Kinder- und Jugendarbeit aufgelöst werden; er hat als kirchlich-institutionelle Arbeit mit Jugendlichen seine eigenen Interessen und Arbeitsformen. Beide Formen haben ihre eigenständige Berechtigung.

Es ist allerdings notwendig, beide Formen von kirchlicher Bemühung um junge Menschen aufeinander zu beziehen. Die Verknüpfung steigert die Effektivität beider Formen von Jugendarbeit. Dazu gehört in erster Linie ein (religions-)pädagogisches Gesamtkonzept in Kirchengemeinden, das beide Arbeitsformen integriert. Praktisch kann dies durchaus bedeuten, dass Mitarbeitende der Jugendarbeit und Jugendliche selbst sich an der Gestaltung des KU beteiligen. Vor allem aber muss dafür gesorgt werden, dass für die „Konfis" der Übergang in Gruppen der evangelischen Jugendarbeit attraktiv ist: z. B. durch gemeinsame Veranstaltungen und Freizeiten, durch Besuche der Teeni-Gruppe im KU – und vor allem durch einen guten KU.

Jugendkulturarbeit

Jugendkulturarbeit ist ein inhaltliches Querschnittsthema in den verschiedenen Arbeitsformen evangelischer Kinder- und Jugendarbeit. Mit ihren Angeboten in den Bereichen von Sport, Musik, Spielpädagogik, Theater und Medienpädagogik bietet sie attraktive Angebote, die den kulturellen Bedürfnissen von jungen Menschen Rechnung tragen. Im Rahmen von Jugendkulturarbeit vollziehen sich informelle und non-formale Bildungsprozesse, die Möglichkeiten für persönliche, soziale und musische Bildungsprozesse eröffnen.

Junge Menschen können ihre Kreativität, ihre Fähigkeiten und ihren Körper erfahren und entfalten. Junge Menschen erfahren Lebenslust und Selbstwert. Durch intuitiv-sinnliche Erfahrungen von existenziellen Lebensfragen und Glaubensinhalten wird Jugendkulturarbeit zu einer besonderen Form der Vermittlung und Aneignung des Glaubens. „Evangelische Jugendkulturarbeit, die die ästhetischen Garnierungen in Lebensstilentwürfen von Kindern und Jugendlichen als Anknüpfungspunkt für dialogisches Lernen nutzt, ist ein zentrales Arbeitsfeld evangelischer Kinder- und Jugendarbeit" (Feist 2008).

Internationale Jugendbegegnungen
Anders als in der römisch-katholischen Kirche oder in der Orthodoxie, denen ihre eigene weltumspannende Existenz sehr präsent ist, gelten den evangelischen Gemeinden die internationalen Kontakte der Kinder- und Jugendarbeit oft als eine ungewöhnliche Anstrengung, die man sich zusätzlich leisten kann – oder aber als einen Luxus sich auch sparen kann.

In der Wahrnehmung der Jugendlichen ist hingegen die Internationalisierung ihrer Bildungs- und Ausbildungsbiografien normaler als irgendeiner Generation vor ihnen. Internationale und interkulturelle Erfahrungen durch die evangelische Kinder- und Jugendarbeit führen zum Erwerb unverzichtbarer Kompetenzen, von denen nicht nur die jungen Menschen individuell profitieren, sondern die auch denjenigen Kirchen und Gemeinden zugutekommen, die internationale Begegnungen fördern und sich für diese Erfahrungen öffnen. Dementsprechend nutzt die Evangelische Jugend in Deutschland ihre Kontakte zu kirchlichen und zivilgesellschaftlichen Partnern auf allen Kontinenten, um neue qualifizierte Programme mit Trägern in mehr als 60 Ländern zu entwickeln. Jahr für Jahr nehmen über 5.000 Jugendliche allein an den von der aej direkt bezuschussten internationalen Begegnungen teil und erleben die spannende Normalität der interkulturellen Beziehungen in einer enger zusammenrückenden Welt aus erster Hand.

Auch die Kirchen profitieren in ihren eigenen Strukturen von diesen Erfahrungen: Die Jugenddelegierten, die von der Evangelischen Jugend auf ihre Aufgaben z. B. in internationalen ökumenischen Konferenzen und Leitungsgremien vorbereitet werden, bringen sich intensiv ein und kehren überdurchschnittlich engagiert in Aktivitäten ihrer entsendenden Kirchen zurück.

3.7. Ökumene

Eigene Identität als evangelische Christ(inn)en erkennen, erfahren, bewahren
Kinder und Jugendliche wachsen in Deutschland in einer kulturellen Umgebung auf, in der die Identität stiftenden Prozesse und Aktivitäten der evangelischen Gemeinden und Jugendverbände nur noch einen Teil der entsprechenden

Angebotsvielfalt darstellen. Sowohl zwischen profanen und religiösen Wertekonstruktionen als auch zwischen christlichen und anderen spirituellen Deutungsschemata herrscht ein mehr oder minder offen deklarierter Wettbewerb. Die teilweise widersprüchlichen Reaktionen evangelischer Institutionen und Leitungspersönlichkeiten auf spektakuläre Strategien anderer christlicher Konfessionen wie etwa die Serie der römisch-katholischen Weltjugendtage verdeutlichen die Auswirkungen dieser Herausforderung bis in den interkonfessionellen Bereich hinein. Die ökumenische Kinder- und Jugendarbeit der evangelischen Kirchen in Deutschland und ihrer Jugendorganisationen steht deshalb unablässig und stärker als in früheren Jahren vor der Aufgabe, jungen Menschen Bewusstsein und Zutrauen zu ihrer eigenen Identität als evangelische Christ(inn)en zu vermitteln, ohne die weder ein Frucht bringender ökumenischer noch ein erfolgreicher interreligiöser Dialog gelingen kann. In Anlehnung an das Projekt der Arbeitsgemeinschaft Christlicher Kirchen in Deutschland ist sicherzustellen, dass vor der an Angehörige anderer Religionsgemeinschaften gerichteten Anfrage „Sag mir, wer du bist" die grundlegende Antwort auf die Frage „Sag mir, wer ich bin" geklärt ist. Dabei haben die Kirchen der Reformation sowohl aus ihrer eigenen Bildungstradition als auch vom Kern ihres Menschenbildes her nach wie vor eine höchst wertvolle Botschaft zu überbringen, damit sich die ihr anvertrauten Kinder und Jugendlichen zu selbstbewussten, demütigen und gerechtfertigten Christ(inn)en entwickeln können, die sich im zwischenkirchlichen Verhältnis nicht mehr an den Defizitzuweisungen anderer kirchlicher Gemeinschaften messen müssen.

Gemeinsame ökumenische Aktivitäten in der Praxis
Die praktische Zusammenarbeit zwischen den Kirchen unterschiedlicher Konfessionen und kultureller Traditionen im Bereich der Kinder- und Jugendarbeit liegt in Deutschland erkennbar hinter ihren Möglichkeiten zurück. Auf allen Ebenen von der Ortsgemeinde bis zur bundesweiten und übernationalen Kooperation ist die Ausnutzung des durch die besondere Lage der konfessionellen Vielfalt bedingten Spielraumes eher eine Ausnahmeerscheinung als eine Regelsituation. In einem Zustand des gepflegten Nebeneinanders zeigt sich die Kinder- und Jugendarbeit im Einklang mit den Erwachsenengemeinden stärker von der Koexistenz als von der Konvivenz geprägt. Nach der Überwindung oder dem geräuschlosen Arrangement vieler interkonfessioneller Spannungen, die noch im 20. Jahrhundert den Alltag der ökumenischen Beziehungen kennzeichneten, ist die ursprüngliche Konfrontation häufig der Indifferenz gewichen und hat damit auch den Zugang zu den weiterbestehenden Möglichkeiten des ökumenischen Lernens im eigenen Lande in der Praxis stark vermindert. Zukünftig wird es deshalb darauf ankommen, den Anteil gemeinsamer Aktivitäten wo immer möglich auszuweiten und sich auf der Grundlage einer gemeinsamen Alltagspraxis im

vertrauten Miteinander den noch bestehenden und auch den teilweise wieder
schärfer zutage tretenden Unterschieden zu stellen.

**Von anderen Kirchen lernen, unter profan schlechteren Bedingungen
Kirche Jesu Christi zu sein**
Einen besonderen Beitrag zu den Reformbestrebungen der evangelischen
Kirchen kann die ökumenische Arbeit der Evangelischen Jugend leisten. Sowohl
in der Begegnungsarbeit mit evangelischen und anderen Partnerkirchen in den
unterschiedlichsten Ländern auf fünf Kontinenten als auch in den Beziehungen
zu verschiedenen Freikirchen und Gemeinden christlicher Minderheitengruppen
innerhalb Deutschlands lernen junge Menschen aus unseren Kirchen und
Verbänden teils radikal andere Bedingungen und Formen kirchlicher Existenz
kennen. Diese weiten den Horizont für die Umsetzung des kirchlichen Auftrags
und können die Vorstellungskraft bezüglich möglicher struktureller Veränderungen in der eigenen kirchlichen Arbeit stärken. In Zeiten der periodischen Verknappung materieller Ressourcen, die häufig auch wachsende Bereitschaft der
Einbindung ehrenamtlich tätiger Kirchenglieder in die Erledigung verantwortlicher Aufgaben seitens der verbliebenen ordinierten und anderen hauptberuflichen Mitarbeitenden mit sich bringen, können die Erfahrungen mit den Erfolgen
anderer Kirchen ermutigend wirken, die teils seit Jahrzehnten oder Jahrhunder-
ten ganz andere Modelle der Finanzierung, der Leitung und des Personalstatuts
kennen und praktizieren, als sie in den Mehrheitskonfessionen in Deutschland
bislang noch üblich sind. In dieser Hinsicht können auch die langjährigen Partnerschaften mit Kirchen in der Diasporasituation z. B. in den Ländern Mittel-
und Osteuropas eine neue Bedeutung erlangen, wenn sich das Verhältnis von
Gebenden und Empfangenden auf diesem Gebiet umkehrt und die junge Generation aus Deutschland erfährt, was essenziell für das Kirchesein ist und was
verzichtbar.

Internationalisierung der Bildungsbiografien zur Ökumenisierung nutzen
Eine wesentliche positive Voraussetzung für die Bereitschaft zur internationalen
Vernetzung bringen junge Menschen in unseren Gemeinden und Verbänden
stärker mit als alle Generationen zuvor: die Selbstverständlichkeit, mit der die
eigenen Lebensvollzüge und -bedingungen als mit dem Geschehen in anderen
Ländern vernetzt erkannt und gedacht werden, war nie größer als in den Zeiten
der nahezu alles erfassenden Globalisierung. Immer wichtiger wird in diesem
Zusammenhang der Bildungs- und Ausbildungsanteil, der junge Menschen mit
anderen Ländern und anderen Kulturen in Berührung bringt. Längst ist dieser
internationale Kontakt über elitäre Bildungsformen der Stipendienprogramme
einzelner Universitäten und Stiftungen hinausgewachsen und hat auch in größerem Umfang die Ausbildungsgänge des dualen Systems erfasst. Der Aufenthalt

im Ausland zum Erwerb beruflicher und kultureller Kompetenzen ist auf dem besten Weg zur Normalität zu werden. Jugendliche bringen in weit größerem Umfang Sprachkenntnisse und interkulturelle Vorerfahrungen mit, die sie als produktives Potenzial in die grenzüberschreitenden ökumenischen Projekte einbringen können. Mit größerer Selbstverständlichkeit erscheinen ihnen die internationale Kooperation und die verbindliche Gemeinschaft der christlichen Kirchen als eine folgerichtige Entwicklung – eine globalisierte Weltgesellschaft mit einer globalisierten Ökonomie bedarf einer globalisierten Christenheit, wenn auch der Wert der Beheimatung in der Kirche vor Ort eine spürbare Renaissance erfährt (die Forschung spricht hier von der „Glokalisierung"). Es muss ein Anliegen der Kirchen und ihrer Jugendverbände sein, darüber hinaus den besonderen Wert der verlässlichen und kontinuierlichen Beziehungen zu den Partnern in anderen Ländern zu verdeutlichen, der ihre internationalen Aktivitäten von den kommerziellen und semikommerziellen Angeboten für Auslandserfahrungen anderer Veranstalter etwa im Bereich der Kinder- und Jugendreisen abhebt.

Ausbildung/Curriculumentwicklung
Die von Expert(inn)en seit Jahrzehnten eingeforderte Aufnahme internationaler und ökumenischer Ausbildungsanteile in die Curricula nicht nur der Theologie Studierenden, sondern auch der anderen Ausbildungsgänge, deren Absolventen sich in der praktischen Arbeit mit Kindern und Jugendlichen in der Evangelischen Jugend finden, ist durch die bildungspolitischen Entwicklungen insbesondere im Rahmen der Europäischen Union zunehmend unumgänglich. Die Diskrepanz zwischen dieser Erkenntnis und dem Stand der mühsam zu erreichenden Veränderungen in der Praxis muss überwunden werden. Europa ist längst nicht mehr ein Thema allein für Spezialist(inn)en. Den Ausbildungseinrichtungen des formalen Bildungssystems, bei denen die evangelischen Kirchen entweder selbst Trägerinnen oder aber über ihre Mitgliedschaft in Kuratorien und Ähnlichem in die Verantwortung gestellt sind, kommt in dieser Frage eine besondere Bedeutung zu. Die Evangelische Jugend in Deutschland verstärkt deshalb auch in der engeren Zusammenarbeit mit der Evangelischen StudentInnengemeinde ihr Engagement für Modellprojekte der Kooperation z. B. der Evangelischen Fachhochschulen innerhalb und außerhalb Europas.

Klerikalisierung des evangelischen ökumenischen Engagements darf nicht Klerikalisierung der ökumenischen Aktivitäten der Evangelischen Jugend nach sich ziehen – Ökumene für alle, Bossey für alle
Eine innerkirchliche Herausforderung eigener Art stellt die zu beobachtende Tendenz dar, für die sich als Qualitätsstandard weltweit durchsetzende Beteiligung junger Menschen an Delegationen und kirchlichen Leitungsgremien auf übernationaler Ebene verstärkt oder gar ausschließlich junge Theologinnen (wegen

der Quotenmechanik seltener junge Theologen) auszuwählen. Damit wird im Jugendbereich eine bedauerliche strukturelle Fehlentwicklung nachvollzogen, die bereits auf den Mandaten der „Erwachsenenkirchen" in offenem Gegensatz zum evangelischen Verständnis vom gemeinsamen Dienst der Leitung in der Tradition der reformatorischen Ekklesiologie zu einer Vertretung der deutschen evangelischen Kirchen in internationalen ökumenischen Leitungsgremien allein durch Theolog(inn)en geführt hat. Hier besteht ein klarer Handlungsbedarf für die Evangelische Jugend, den sie mit eigenen Programmen und Trainingsmaßnahmen zum „ökumenischen Empowerment" in Zusammenarbeit mit den verbliebenen Jugendabteilungen des Ökumenischen Rates der Kirchen und der konfessionellen Weltbünde bedient. Junge Menschen, die ihre Kirchen als Delegierte vertreten, werden in diesen Kursen organisatorisch, politisch und geistlich zugerüstet, um eine vollgültige Mitwirkung und Teilhabe an der Verantwortung in der ökumenischen Verbundenheit der sie entsendenden Kirchen zu gewährleisten. Mit diesem Programm für die Heranführung junger „Laien" an wichtige kirchliche Leitungskompetenzen setzt die Evangelische Jugend in Deutschland in ihrem eigenen Bereich um, was auf mehreren internationalen kirchlichen Konferenzen und Versammlungen beispielsweise unter dem Stichwort „Bossey für alle!" mehrfach diskutiert, gefordert und beschlossen wurde.

Zusammenarbeit mit den Missionswerken – Unterbindung von Parallelstrukturen

Die geordnete und partnerschaftliche Zusammenarbeit der unterschiedlichen Werke und Arbeitsbereiche im Bereich der Evangelischen Kirche in Deutschland ist nicht erst unter den Bedingungen verminderter Ressourcen maßgeblich für die Effizienz und die Glaubwürdigkeit kirchlichen Handelns gegenüber ihren unterschiedlichen Adressaten und Förderern. Auf ihrem Handlungsfeld steht die Evangelische Jugend in Deutschland vor der Herausforderung, dem wachsenden Interesse größerer und kleinerer evangelischer Hilfs- und Missionswerke an der Aktivierung junger Menschen für unterschiedliche Zwecke und Aktivitäten geschwisterlich, kreativ und produktiv zu begegnen, obwohl sich die Voraussetzungen der jeweiligen Werke hinsichtlich ihrer Verfügungsgewalt über Finanzmittel, ihrer Kommunikationskultur und der Einbindung ihrer Vorhaben in jugendpolitische Gesamtkonzepte gelegentlich grundlegend unterscheiden. Enger als in der Vergangenheit müssen daher die Zielsetzung und die Durchführung von Jugendprojekten miteinander im gegenseitigen Respekt vor den aus dem gleichen kirchlichen Auftrag erwachsenden Aufgaben und Zuständigkeiten der beteiligten und betroffenen Werke und Verbände beraten und verantwortet werden. Die Entstehung oder der Aufbau eigener evangelischer Parallelstrukturen für die Kinder- und Jugendarbeit in bestimmten Handlungsfeldern anderer Werke ist deshalb grundsätzlich zu unterbinden.

Migrantenjugendselbsthilfeorganisationen nach dem Verständnis der Evangelischen Jugend in Deutschland

Die Verbindung zwischen den ökumenischen und kirchenpolitischen Aktivitäten der Evangelischen Jugend zu den Aufgaben der nationalen und europäischen Jugendpolitik wird exemplarisch deutlich in der Frage der Heranführung christlicher Migrantenjugendselbsthilfeorganisationen (MJSO) an die Angebote und Strukturen der Evangelischen Jugend in Deutschland. Die aej profitiert hier von ihrer in Jahrzehnten der vertrauensvollen internationalen und interkulturellen Zusammenarbeit erworbenen Expertise, die ihr den Zugang zu in Deutschland lebenden Migrant(inn)en anderer ethnischer und konfessioneller Zugehörigkeit erleichtert. Die Herangehensweise der Evangelischen Jugend in Deutschland zeichnet sich durch den grundlegenden Respekt vor den kulturellen Besonderheiten dieser Gruppen aus, die sie nicht einfach vereinnahmt oder in neu zu gründende Anschlussverbände hineinorganisiert, ohne die Vereinbarkeit mit der eigenen Identität oder die satzungsgemäßen Eigenheiten zu berücksichtigen.

Stattdessen entwickelt sie gemeinsam mit den betroffenen Gruppen je eigene individuelle Strategien, in denen die Migrant(inn)en Subjekte des Handelns bleiben und in ihrer Qualität als Expert(inn)en ihrer eigenen Situation gestärkt werden. Während den evangelischen Gruppierungen etwa aus dem Umfeld der Immigration aus der GUS (Gemeinschaft unabhängiger Staaten – Russland, Ukraine, Usbekistan, Weißrussland u. a.) und den NUS (Neue unabhängige Staaten – auf dem Gebiet der ehemaligen Sowjetunion) der Weg in die Mitgliedschaft in der aej geebnet werden kann, beschränkt sich die Evangelische Jugend in Deutschland in ihren Beziehungen zur Jugendarbeit der byzantinisch-orthodoxen Kirchen in Deutschland und ebenso wie zu den Kopten und zu den Alt-Katholiken auf ihre Rolle als verlässliche Helferin und Unterstützerin z. B. in administrativen Fragen der öffentlichen Förderung aus Mitteln des Bundes. Damit erleichtert sie den betreffenden Gruppierungen den Weg in die Selbstständigkeit und die eigenständige Integration in die Gesellschaft im Einwanderungsland Deutschland im Sinne echter Selbstorganisation.

Interreligiöser Dialog im Bewusstsein der gemeinsamen Wurzeln und der hellen und dunklen Seiten der gemeinsamen Geschichte
Die im Rahmen der öffentlichen Förderung der internationalen Jugendarbeit mit den Projektverantwortlichen geführten Zielvereinbarungsgespräche der aej zeigen deutlich, dass die Thematik des interreligiösen Dialogs bei den Mitgliedern der Evangelischen Jugend in Deutschland angekommen ist. Verstärkt auf Landesebene und gelegentlich zunächst im Fachkräfteaustausch sind die Programme vor allem mit der Thematik „Islam und Christentum" zu finden. Von Württemberg bis Sachsen wird das Bedürfnis sichtbar, sich ein eigenes und möglichst authentisches Bild von der dritten abrahamitischen Religion zu machen, die nicht zuletzt durch die Präsenz der dritten und vierten Generation nach der westdeutschen Arbeitsimmigration auch in Deutschland eine vernehmlichere Rolle spielen wird. Die Geschäftsstelle der aej berät und unterstützt die genannten Projekte und vermittelt im Bedarfsfall geeignete Ansprechpartner(innen) im In- und Ausland. Neben den langjährig vertrauten kollegialen Kontakten zur Muslimischen Jugend in Deutschland vertieft die aej die Beziehungen zur Alevitischen Jugend in Deutschland, die als Vertreterin einer reformorientierten Minderheitenkonfession im weltweiten Islam in gewissen Punkten Ähnlichkeiten zur Evangelischen Jugend aufweist.

4. Jugendliche Lebensfragen und die Verkündigung in der evangelischen Kinder- und Jugendarbeit

Wenn Jugendliche an Angeboten der evangelischen Jugendarbeit teilnehmen, dann erhoffen sie sich etwas. Wenn sie „zur Kirche gehen", kirchliche Angebote wahrnehmen, sich kirchlichen Gruppierungen anschließen und sich damit in den Bereich organisierter christlicher Religionsausübung begeben, dann sind damit Erwartungen an Kirche verknüpft. Wenn sie sich der christlichen Religion, dem Glauben an Jesus Christus, zuwenden und damit in den Machtbereich und in „Räume" von Religion gehen, dann sind damit Lebensinteressen verbunden: Wünsche, Hoffnungen, möglicherweise tiefe Sehnsüchte. Sonst würden sie nicht kommen und nicht bleiben.

Jugendliche erwarten von Kirche, Glauben, evangelischer Kinder- und Jugendarbeit etwas Positives für sich und für ihr Leben.

Weder von Jugendlichen noch von anderen Menschen ist zu erwarten, dass sie sich ohne für sie lebensrelevante Motive und Motivbündel und ohne die damit verbundene Hoffnung auf Erfüllung ihrer Erwartungen dem christlichen Glauben zuwenden bzw. sich Gesellungsgebilden der (evangelischen) Kirche anschließen.

Wer sich dem christlichen Glauben zuwendet und in Gruppierungen evangelischer Jugendarbeit geht, tut dies im Regelfall freiwillig und subjektiv aus gutem Grund.

Zwang und Druck bilden für einen dauerhaften und gesunden Glauben und für eine gesunde Persönlichkeitsentwicklung keine Grundlage. Verwerfungen wie der im Moment viel diskutierte „geistliche Missbrauch" (vgl. Tempelmann 2007) mit seinen die Persönlichkeit schädigenden, pathogenen und Glauben zerstörenden Folgen liefern beredte Zeugnisse solcher Fehlentwicklungen. Aber auch weniger dramatische Zwangsformen existieren beispielsweise durch familiären Druck oder soziale Kontrollmechanismen.

Langfristige Teilnahme an Angeboten evangelischer Kinder- und Jugendarbeit, eine positive Identifikation mit Glauben und Kirche und eine gesunde Persönlichkeitsentwicklung werden dadurch allerdings nicht erreicht, sondern konterkariert.

Von solchen Zwangsformen sauber zu unterscheiden sind „Motivationshilfen": beispielsweise durch die Familie, oder aufgrund des Wunsches, zu einer Gruppe/Clique dazuzugehören. Das ist in Ordnung, sofern pathogene Druck- und Zwangssituationen vermieden werden – auch wenn die Grenzen gewiss nicht immer trennscharf sind.

Normalerweise haben und entwickeln Jugendliche eigene Motive, um an kirchlichem Leben und an evangelischer Kinder- und Jugendarbeit teilzunehmen.

Sie haben ihre eigenständigen Erwartungen und Hoffnungen, wenn sie sich in den „Raum" von Religion begeben.

4.1. Jugendliche suchen „Leben"

Jugendliche sind auf der Suche nach einem aus ihrer Sicht sinnvollen, erfüllten und gelingenden Leben.

Wenn Jugendliche sich in kirchliche und religiöse „Räume" begeben, sind ihre Motivationen eher selten explizit religiös. Selbstverständlich kommen auch explizit religionsspezifische Motive vor. („Mehr über den Glauben und das Leben als Christ erfahren", „Gott nahe sein und mit anderen zusammen beten" beispielsweise). Im Regelfall (vgl. die Studie der aej „Jugend als Akteure im Verband" 2006) bündeln sich in ihrer geäußerten Motivation soziale Motive und Motive, die mit ihrer Lebenspraxis zu tun haben. Explizit als religiös versprachlichte und codierte Motive können meist auch als soziale Motive decodiert werden (der Wunsch z. B. danach, „zusammen zu beten", kann auch Ausdruck für das soziale Bedürfnis nach intensiver, intimer Gemeinschaft sein) bzw. sie können auf zugrunde liegende Lebensbedürfnisse hin entschlüsselt werden.

Umgekehrt allerdings kann hinter vielen geäußerten Lebensbedürfnissen die verschlüsselte Frage nach Gott stehen bzw. können diese Bedürfnisse und Bedarfslagen mit der Frage nach Gott verknüpft werden: Wenn Jugendliche mit ihren Lebensfragen und Lebenssehnsüchten in den „Raum von Religion und Kirche gehen", kann dies bedeuten, dass sie – unausgesprochen und möglicherweise nicht unbedingt bewusst – ihre Lebensfragen mit der Frage nach Gott verbinden.

Wir haben es dann mit einer eigentümlichen Verschränkung von Lebenssehnsüchten einerseits und religiösen Erwartungen bzw. der Gottesfrage andererseits zu tun. Dies entspricht in differenzierter Form durchaus dem Schema „Lebensfrage – religiöse Antwort" und ist verbunden mit der Unterstellung der Antworthaltigkeit von Religion und von christlichem Glauben und mit der Hoffnung, dass diese Antworten im Bereich von Kirche und christlicher evangelischer Kinder- und Jugendarbeit auch angemessen gegeben werden.

Spezifisch religiöse Sehnsüchte und Bedürfnisse sind seitens der Jugendlichen oft tiefe „Hintergrundmotivationen", die nicht explizit geäußert werden und möglicherweise als solche auch nicht wahrgenommen werden.

Wir gehen also davon aus, dass zunächst – vordergründig und genauso in einem ganz existenziellen Sinn – alle geäußerten und verschwiegenen Motive einem zentralen Bedürfnis zuzuordnen sind: *Jugendliche suchen „Leben"*. Sie haben Sehnsucht nach gelingendem Leben, nach erfülltem Leben, nach sinnvollem Leben, nach prallem und prickelndem Leben – eben nach dem „wahren Leben".

Diese Lebenssehnsucht ist ein Muster, das unabhängig von Jugendkulturen, Milieus und Szenen, von biografischen Entwicklungen und Schichtenzugehörigkeiten existiert.

Wir gehen weiter davon aus, dass im Rahmen dieser Lebensbedürfnisse soziale und anthropologische Motive mit religiösen Motivlagen verschränkt sind.

Die Erkenntnis, dass Jugendliche nach Leben suchen, ist für evangelische Arbeit mit Kindern und Jugendlichen darum von so eminent hoher Bedeutung, weil sie mit einem verbreiteten Irrtum aufräumt: Untergründig ist häufig die Einstellung leitend, dass „Religion an sich" attraktiv sei und religiöse Angebote „an sich" zur Teilnahme motivieren könnten. Dies dürfte kaum der Fall sein:

„Religion an sich" gibt es nicht. Religion ist hineinverwoben ins Leben und bildet keinen vom Leben abstrahierten Sonderraum. Wenn dies so wäre, würde es sich um eine lebensferne und relevanzlose Religion handeln.[5]

Dieser Ansatz entspricht dem Kern und Ziel der biblischen Botschaft, die den lebendigen Gott als „Gott des Lebens", als Leben spendend und Leben rettend bezeugt und in Gottes Sohn Jesus Christus das „Leben" selbst gegenwärtig und den Weg zum „wahren Leben" und zur „Fülle des Lebens" sieht und verkündet. Die Jahreslosung 2008 bündelt diesen Sachverhalt trefflich in der durch das Johannesevangelium konturierten Selbstaussage Jesu Christi: „Ich lebe, und ihr sollt auch leben" (Johannes 14,19).

Evangelische Kinder- und Jugendarbeit ist in einem umfassenden Sinne „Lebenshilfe": Sie ist punktuelle Begleitung auf jugendlichen Lebenswegen, Einführung in Lebensmodelle gelingenden Lebens, Hilfe beim Umgang mit Gebrochenheiten und der Fragmenthaftigkeit des Lebens, Herausforderung zum wahren Leben, Orientierungshilfe zu wahrem Leben ...

Entscheidend ist, ob Kirche und ihre Arbeit mit Kindern und Jugendlichen genügend Potenziale hat und entfaltet, um hinreichend „Lebensperspektiven und Lebensmittel" zur Verfügung zu stellen – ob sich jugendliche Lebenssehnsüchte im Raum von Kirche entfalten können und zumindest partielle Erfüllung finden.

Wir entfalten im Folgenden (heuristisch schematisiert) ein Panorama derjenigen Lebenssehnsüchte und Lebensfragen von Kindern und Jugendlichen, mit denen wir zu rechnen haben und mit denen sie möglicherweise den „Raum" von Religion betreten und zur Evangelischen Jugend kommen. Ihre

---

5 Selbstverständlich entwickelt Religion als lebenspraktische dann auch ihr eigenes kulturelles und trennscharfes Subsystem – aber eben mit Anschlusslogiken zu anderen Systemen bzw. zum jeweiligen individuellen Gesamtsystem des Lebens: der eigenen Biografie von Jugendlichen.

Lebensfragen sind insofern implizite und explizite religiöse Fragen, weil sie von Religion dazu Antworten erhoffen. Religion ist für Jugendliche insofern potenziell antworthaltig.

Wir entfalten jeweils an einem markanten, symbolischen biblischen Satz bzw. einer theologischen Erkenntnis das Antwortpotenzial des christlichen Glaubens, wie es in der Praxis der evangelischen Kinder- und Jugendarbeit in vielen Bereichen (mehr oder weniger fragmentarisch) realisiert wird.

Wir unternehmen damit den Versuch, Religion und Glauben konsequent mit dem Leben Jugendlicher und ihren Lebenswelten und Lebenserfahrungen – ihrer Biografie – zu verknüpfen.

4.2. Mein Leben – meine Biografie (personaler Aspekt)
Identität: Das eigene „Lebensgeheimnis" entdecken

„Ich habe Dich geschaffen – und siehe es ist sehr gut"

Zu den biografischen Hauptaufgaben des Jugendalters gehört die Ausbildung der eigenen Identität und Persönlichkeit.

Zur Identitätsbildung gehören folgende Prozesse und Merkmale:

→ Zur Herausbildung von Identität gehört es, zumindest vorläufig zu wissen, „wer ich bin", und sich selbst als ein „ganzes" Subjekt zu erleben und damit einen inneren Zusammenhang zu fühlen und sich nicht mehr in der Zerrissenheit nachpubertärer Phasen zu erleben – also eine innere Balance hergestellt zu haben.

→ Dazu gehört es, den psychischen Ablöseprozess von den inneren Bindungen der Kindheit, insbesondere von den Eltern, vollzogen zu haben und alte Identifikationen, die von Eltern und anderen Identifikationspersonen der Umwelt (u. a. auch Gruppenleitende der evangelischen Kinder- und Jugendarbeit) übernommen worden sind, infrage zu stellen, gelockert und aufgelöst zu haben und dafür neue Identifikationen aufgebaut zu haben. Die Beziehung zu früheren Autoritätspersonen ist zugunsten von eigenständig wahrgenommener Verantwortung geklärt.

→ Zur Identitätsbildung gehören demnach die Fähigkeit zu selbstständiger Orientierung („ich weiß, was für mich richtig ist"), zur eigenen Lebensplanung („ich weiß, was ich will") und zu sinnvollem und reflektiertem Handeln im Referenzrahmen der eigenen Biografie („ich weiß, was ich tue").

→ Nicht zuletzt gehört zur Identität Sinnstiftung: „Ich weiß, wozu ich bin."

In dieser Phase der Identitätsbildung sind Jugendliche verstärkt auf der Suche nach ihrem „Lebensgeheimnis". Ihr Lebensgeheimnis ist – zumindest auf ihrer subjektiven Erfahrungsebene – nicht in psychologisierende oder wissenschaftlich kategorisierende Begriffe aufzuheben; Jugendliche fühlen sich subjektiv nicht unbedingt im Prozess der Konstruktion ihrer Identität, sondern auf einem Weg im „Abenteuerland ihres Lebens", um dort die Geheimnisse und *das* Geheimnis ihres Lebens zu entdecken und zu erforschen. Dieses Geheimnis ist etwas Kostbares und etwas Fragiles, leicht Verletzliches und Zartes. Es will geschützt und sehr respektvoll behandelt sein.

Religion kann in der Phase der Identitätsbildung eine wichtige Rolle spielen: Sie kann durch ihre einerseits visionäre, andererseits stabilisierende Kraft und durch ihre orientierende Funktion Sinnhorizonte bieten, innerhalb derer sich Identitätsbildung vollziehen kann.

Antworten auf diese Lebensfrage bietet einerseits eine praktische und personal zugespitzte Schöpfungstheologie: Gott hat jeden Menschen, also auch „dich", gewollt und geschaffen. Die persönliche (Glaubens-)Erfahrung, mit Gott in einer personalen „Ich-Du-Relation" zu leben (vgl. 1. Mose 1, 26 und 27 verstanden als: „auf Gott hin geschaffen") und von Gott als ein wie auch immer geartetes, unverwechselbares Individuum angesprochen und ernst genommen zu werden und von ihm Wert zugesprochen zu bekommen, kann eine gesunde Identitätsbildung zumindest fördern.

Wo Jugendliche die Erfahrung machen und das Bewusstsein gewinnen, dass Gott ihr Lebensgeheimnis respektiert und ernst nimmt, sie auf der Entdeckungsreise zu ihrem Lebensgeheimnis und damit zu ihrer Identität begleitet und schützt, können sie möglicherweise mit einem höheren Maß an Freiheit und Zuversicht ihre Identität „finden" und entwickeln.

Wo Jugendliche sich als von Gott identifiziert erleben, kann ihre Identität Stabilität gewinnen.

Fraglos kann Religion – missbräuchlich gelebt und gelehrt – auch die Ausbildung von Identität behindern: Wird z. B. das eigene „Ich" durch Gott ersetzt (wie es unsägliche „Vier geistliche Gesetze" bis heute zumindest suggerieren), wird Religion bzw. Gott zum Surrogat eigener Identitätsbildung und werden Ich-Defizite produziert.

Jugendliche suchen und brauchen darum soziale Gelegenheiten und Settings, in denen sie Identitäten und Identitätsfragmente „erproben" können, peer groups und Lebensmodelle, die ihnen hilfreich sind beim Ertasten von Identität – und, wenn es gut geht, einen Schutzraum, der ihre fragilen Identitätsexperimente sichert.

Evangelische Kinder- und Jugendarbeit ist darum ein Raum, in dem Kinder und Jugendliche Identität finden, entwickeln und experimentell erproben dürfen.

Selbstwert, Individuierung und Abgrenzung: „Jemand Besonderes sein"

„Ich habe Dich bei Deinem Namen gerufen, Du bist mein"

Zu den wesentlichen Grundbedürfnissen von Menschen gehört die polare Spannung: Einerseits „jemand Besonderes" und autonom zu sein und andererseits „dazuzugehören".

Jugendliche wollen auf der einen Seite dieser Polarität „jemand Besonderes sein" – ein unverwechselbarer Mensch. Sie wollen sich von anderen abgrenzen und nicht verwechselt werden. Sie wollen nicht beliebig sein, sondern einzigartig.

Das Bewusstsein solcher Einzigartigkeit ist in einem hohen Maße davon abhängig, ob jemand in den Augen seiner Umwelt als einzigartig und als etwas Besonderes gilt. Jugendliche setzen sich darum „in Szene" und inszenieren sich selbst: durch ihre Kleidung, ihren Stil, ihr Verhalten. Sie wollen „auffällig" sein. Vieles an dem für Pädagog(inn)en oft so schwierigem jugendlichen Verhalten ist darum nicht irgendwelcher „Bösartigkeit" o. Ä. geschuldet, sondern resultiert aus dem Bedürfnis, herauszuragen und eben auffällig zu sein – um wahrgenommen zu werden und als jemand „Besonderes" anerkannt zu sein.

Evangelische Jugend bietet Raum für solche „Selbstinszenierungen" von Jugendlichen. Sie bietet Plattformen zur Selbstdarstellung und – wenn es gut läuft – für jede(n) nach seinen/ihren Möglichkeiten und Persönlichkeiten die pädagogischen Settings, um mit seinen/ihren „Gaben" herauszuragen und seine/ihre Besonderheit darzustellen – und gebührend gewürdigt zu bekommen.

Das theologische Symbol ist die Verheißung Gottes: „Ich habe Dich bei Deinem Namen gerufen und Du bist mein" (übertragen: „Du bist in meinen Augen jemand Besonderes, Einzigartiges und Unverwechselbares mit einem eigenen Namen und du kannst das in der gemeinsamen Lebensgeschichte zwischen dir und mir entfalten").

Evangelische Kinder- und Jugendarbeit ist darum geistlich und pädagogisch ein Raum, in dem Jugendliche eine unverwechselbare Persönlichkeit und „etwas Besonderes" sein dürfen und das experimentell ausleben dürfen.

Lebens-Raum: Entfaltung und Anerkennung

„Ich habe Deine Füße auf weiten Raum gestellt und ich berge Dich in meiner Hand"

Junge Menschen brauchen „Raum", um sich und ihre Persönlichkeit zu entfalten.

Wenn sie den Raum von Religion und Glauben betreten, dürfen sie erwarten, dass sie hier eine Lebenskonstellation vorfinden, die ihnen Entfaltungsspielräume gibt.

Wenn junge Menschen „sich entfalten", gehen sie damit ein Risiko und ein hohes persönliches Wagnis ein: Sie zeigen etwas von sich selbst und geben etwas preis, was bisher ihr Geheimnis war und was die anderen noch nicht erlebt haben und wissen konnten; sie entdecken Neues an sich selber; sie probieren etwas Neues aus und experimentieren mit ihrem Leben.

Junge Menschen brauchen darum geschützte Räume, die dieses Wagnis fördern.

Zu solchen geschützten Räumen gehört es, dass Jugendliche die Erfahrung machen: Hier darf ich „leben". Hier darf ich etwas von mir zeigen, ohne dass dies gleich entwertet wird. Hier darf ich experimentieren, ohne dass es gleich sanktioniert wird. Hier darf ich „ungeschützt" meine Meinungen und Lebensansichten äußern – gerade weil ich in einem „geschützten Raum" bin.

Zu diesem geschützten Raum gehört darum eine bestimmte „Fehlerfreundlichkeit". Gemeint ist damit zunächst der menschenfreundliche Umgang mit Fehlern. Es gehört aber auch die Erkenntnis dazu, dass Fehler für die Entfaltung von Persönlichkeiten produktiv sind: An Fehlern, Dissonanzen und Differenzen wird viel mehr gelernt als an Harmonien.

Zu diesem geschützten Raum gehören auch die Anerkennung von Grenzen, Orientierungsleistungen und die Aushandlung von Regeln. Der „weite Raum" ist kein grenzenloser und kein beliebiger Raum. Nur an Grenzen werden Fehler erkannt und nur an Grenzen und Orientierungen werden Differenzerfahrungen überhaupt gemacht.

Die Aushandlung einer pädagogisch sinnvollen Balance zwischen Freiheit und Entfaltungsräumen ohne Zwängen einerseits und Begrenzungen und Regeln andererseits erfordert hohe Kompetenz.

Jugendliche und Kinder können viel. Dies muss nur gewürdigt werden. Nur wer sich anerkannt sieht und sich gewürdigt erlebt, findet den Mut, sich zu zeigen und sich zu „entfalten". Anerkennung verstärkt positive Entwicklungen und Entfaltungen.

Zum Setting evangelischer Kinder- und Jugendarbeit gehört darum Subjektorientierung – hier im Sinne von sorgfältiger Wahrnehmung und Ernstnehmen der jugendlichen Subjekte und ein behutsamer und schonsamer Umgang mit ihren Entfaltungen.

Evangelische Kinder- und Jugendarbeit nimmt darum die Verheißungen Gottes ernst: Gott will freien, weiten Raum und Schutzraum in seinen Begrenzungen.

Wo das gelingt (und es gelingt oft), bietet sie Raum der Entfaltung für junge Menschen.

Lebensplanung

„Ich weise Dir (D)einen Weg und ich will Dir Zukunft und Hoffnung geben"

Jugendliche sind in vielen Phasen ihres Lebens mit Lebensplanungen befasst. Besonders in den Altersstufen, in denen sich projektives, also die Zukunft als planbar begreifendes Denken entwickelt[6], nehmen Zukunft und persönliche Lebensplanung großen Raum ein. Unser Bildungs- und Qualifizierungssystem nötigt darüber hinaus frühe Entscheidungen ab – unabhängig davon, ob sich diese Entscheidungen in der tatsächlichen späteren Biografie als zukunftsfähig erweisen.

Jugendliche sind gezwungen, ihr Leben zu planen, und sie brauchen persönliche Zukunftsperspektiven.

Dabei brauchen sie objektiv und sehnen sie sich subjektiv vielfach nach helfender Begleitung.

Oft sehnen sie sich auch danach, dass jemand da sei, der ihnen sagt, wo es erfolgreich „langgeht".

Jugendliche haben ein begreiflich großes Bedürfnis nach Hilfe, Orientierung und Begleitung bei ihrer Lebensplanung.

Im Bereich Evangelischer Jugend können junge Menschen ihre Lebenspläne und ihre Lebensperspektiven bearbeiten. Sie haben den Raum, ihre Träume und Fantasien zur Sprache bringen zu dürfen und mitteilen zu dürfen. Sie erleben Vorbilder bei Leitenden und bei anderen jungen Menschen, die Hilfe sein können. Sie erfahren Begleitung, Herausforderung für neue Ideen und bekommen Korrekturangebote. Sie haben den Raum, Lebensplanungen zu reflektieren und zu korrigieren.

Gelungen sind diese Angebote dann, wenn Jugendliche lernen, Verantwortung für ihr Leben selbst zu übernehmen, und wenn sie lernen, über oft nur fantasierte, selbst gesteckte oder aufgezwungene Grenzen zu gehen und kreativ Neues zu wagen – und andererseits tatsächliche Grenzen auch zu akzeptieren und mit ihren lebensgeschichtlichen Begrenzungen konstruktiv umzugehen.

Religiös und evangelisch sind diese Hilfsangebote dann, wenn sie ein Doppeltes vermitteln: Gott mutet uns einerseits die Verantwortung für die Planung und Gestaltung unseres eigenen Lebens zu – aber Gott kann mir andererseits helfen, Wege zu finden.

Auf jeden Fall hat Gott verheißen, Zukunft und Hoffnung zu geben. Nicht die schicksalhafte Vorherbestimmung, aber die fürsorgliche Begleitung und Wegweisung Gottes ist hier das religiöse Thema, das antworthaltig ist.

---

6   Ca. ab dem sechzehnten Lebensjahr. Vorher hat z. B. der Satz: „Nicht für die Schule, sondern für das Leben lernen wir" wenig lebensgeschichtlichen Erfahrungssinn.

Evangelische Jugend bietet darum einen Raum, um Lebens-Hoffnung zu gewinnen und existenzielle Kompetenzen zur persönlichen Lebensplanung zu erwerben.

Das Sterben: „Leben angesichts des Todes"

„Ich lebe und ihr sollt auch leben"

Junge Menschen beschäftigen sich mit dem Tod. Sie erleben als Kinder und Jugendliche den Tod in ihrem Umfeld – beim Sterben von Haustieren und Verwandten, bei Unfällen und tödlichen Krankheiten von Freunden und Freundinnen. Ereignisse wie Amokläufe in Schulen prägen tief und wühlen auf.

Der Tod anderer Menschen macht Angst und wirft Fragen nach dem Leben auf.

Der Tod kann für Jugendliche auch faszinierend sein: Fragwürdige und verwerfliche Internetportale, die sich mit dem Suizid beschäftigen und Anleitungen für Jugendliche liefern, gelten als gut besucht und haben in Nachahmungseffekten ihre Folgen. Der Suizid ist besonders in Krisensituationen und Lebensumbrüchen für viele Jugendliche ein scheinbarer „Ausweg" und die letzte gangbare Möglichkeit. Nicht umsonst ist der Suizid die zweithäufigste Todesursache bei Jugendlichen in Deutschland; geschätzt wird zudem, dass bei Jugendlichen auf einen vollzogenen Suizid 40 (!) Selbsttötungsversuche kommen.

Fast alle Jugendlichen spielen in Krisensituationen mit suizidalen Fantasien. Das muss nicht gefährdend sein. In tiefen Krisensituationen allerdings wählen Jugendliche bisweilen kurzschlüssig oder lang geplant diesen Weg.

Junge Menschen beschäftigen sich mit dem Tod. Und es wird für sie zu einer brennenden Frage, ob mit dem Tod „alles aus ist" oder ob es danach weitergeht (vgl. Nipkow 1987).

Der Tod und die Überwindung des Todes sind ein zentrales, möglicherweise das zentrale Thema von Religionen. Christlicher Glaube basiert auf der Auferstehung Jesu Christi als Urerfahrung. Christlicher Glaube verkündigt die Überwindung des Todes.

Evangelische Jugend bietet darum Räume zur Bearbeitung der Todesthematik und der damit verbundenen Ängste. Christlich und Hoffnung vermittelnd ist diese Bearbeitung allerdings nur dann und dort, wo die Auferstehungshoffnung nicht symbolisch relativiert oder existenziell verflüchtigt wird, sondern zum lebendigen Inhalt des Glaubens und der Glaubensvermittlung wird und in ihrem Gehalt plausibel gemacht werden kann. Hier scheint es allerdings Defizite zu geben.

Wie sehr die Sehnsucht Jugendlicher nach „Leben" auch ihren Ausdruck in der Sehnsucht nach Überwindung des Todes durch ein „Weiterleben nach dem Tod" findet, zeigen die Jugendstudien: Je nach Forschungsdesign und Fragestel-

lung sind es derzeit die Hälfte bis zu Zweidrittel aller Jugendlichen, die an ein Weiterleben nach dem Tod glauben – auch jenseits aller kirchlichen Bindungen und christlich-dogmatischer Prägungen. Deutlich geringer ist allerdings die christliche Auferstehungshoffnung im Bewusstsein bzw. akzeptiert. Vielfach sind es Reinkarnationsmodelle oder gnostisierende Vorstellungen oder auch völlig diffuse Bilder von einem irgendwie gearteten Weiterexistieren.

Angesichts der gesellschaftlichen Verdrängung des Todes ist es Aufgabe der *evangelischen Kinder- und Jugendarbeit*, mit Kindern und Jugendlichen den Tod und das Sterben als Dimensionen des Lebens zu integrieren und zu bearbeiten. Dies geschieht seelsorgerlich in Gesprächen und durch die Begleitung bei der Trauerarbeit, aber auch thematisch durch geeignete Methoden in Gruppen. Wesentlich ist es, Kindern und Jugendlichen die christliche Auferstehungshoffnung als reales Geschehen, plausibel und lebensrelevant zu vermitteln.

4.3. Gemeinsames Leben (sozialer Aspekt)

Kinder und Jugendliche sehnen sich nach „Gemeinschaft". Sozialpsychologisch korrespondiert in einem polaren Spannungsverhältnis das Bedürfnis nach Individuierung und danach, „jemand Besonderes" und autonom zu sein (siehe oben), dem nur scheinbar gegenteiligen Bedürfnis „dazuzugehören" (vgl. Freitag 1998). Zugehörigkeit, Liebe und Angenommensein zählen zu den wesentlichen Grundbedürfnissen, in die Menschen Lebenskraft und Zeit investieren.

Für Jugendliche ist es besonders wichtig dazuzugehören: nämlich Bezugsgruppen zu haben, in denen sie anerkannt sind und in denen sie zumindest auf Zeit ihre Rolle gefunden haben und ausleben dürfen. Bezugsgruppen, in denen sie nicht Außenseiterpositionen einnehmen, sondern in denen sie „gleich sind" – eben dazugehören. Bezugsgruppen also, in denen sie akzeptiert werden und die Erfahrung machen: „Ich bin hier gewollt" – „Ich bin wichtig für andere". Im Kern ist das die Frage danach, ob jemand geliebt ist.

Die Studie der aej „Jugendliche als Akteure im Verband" hat den zentralen Stellenwert der Gemeinschaft für Jugendliche bestätigt: Der Wunsch nach Gemeinschaft und nach Zusammenhalt in der Gruppe ist ein zentrales Teilnahmemotiv für Nutzer(innen) von Angeboten der evangelischen Kinder- und Jugendarbeit.

Wenn sich junge Menschen im Rahmen der evangelischen Kinder- und Jugendarbeit in den Raum von Religion begeben, erwarten sie Gemeinschaft.

Integration: Dazugehören und Angenommensein

„Du gehörst dazu":
Das Evangelium von der Rechtfertigung und die biblischen Bilder von Gemeinde

Jugendliche wollen dazugehören.

Die Erfahrung, Außenseiter zu sein und aus einer Gemeinschaft ausgeschlossen zu sein, kann zu den schlimmsten Lebenserfahrungen in einer jugendlichen Biografie gehören. „Out" zu sein, bedeutet eine erhebliche narzisstische Verletzung.

Es ist darum für junge Menschen ungemein wichtig, immer dabei zu sein und sich nicht ausgegrenzt zu fühlen. An den Dynamiken und Gesellungskonstellationen in Gruppen lässt sich dies leicht beobachten.

Wer dazugehört, wertet sich als angenommen und anerkannt – und gewollt. Es ist für junge Menschen darum wichtig, trendy zu sein.

Die Zugehörigkeit zu bestimmten Cliquen und Szenen erfordert eine hinreichende Anpassung an die Stile, Kulturen, Sprachcodizes und Normen dieser Gruppierungen.

Darum erfordert sie auch bestimmte Leistungen. Vor allem zählt zu den „Aufnahmebedingungen" und Voraussetzungen zum Angenommenwerden, dass Jugendliche Anpassungsleistungen vollziehen: Sie müssen eine genügend große Schnittmenge an „Gleichheit" mit der Wunschgruppe mitbringen und müssen ein genügend hohes Maß an (Rollen-)Erwartungen und Zuschreibungen erfüllen; sie müssen sich in die gemeinsamen Wertestrukturen und „Ideologien" einer Gruppierung in hinreichendem Maße eingliedern. Dies macht es meist für junge Menschen aus anderen Kulturkreisen so schwer, Gruppenzugänge zu finden und anerkannt zu werden.

Auch junge Leute mit anderen Lebenshintergründen und Wertemustern bzw. Religionen haben es darum schwer, dauerhafte Zugänge zu Gruppen evangelischer Prägung zu finden, wenn diese eine ausgeprägte evangelische Identität besitzen.

Wer nicht dazugehören darf, erlebt sich als ausgegrenzt und nicht anerkannt, also entwertet. Reaktionsbildungen in Form von der Bildung eigener Subkulturen und Bezugsgruppen mit hinreichenden „ideologischen" Schnittmengen und der damit verbundenen Gruppenzugehörigkeit und Anerkennung sind eine insgesamt sozialverträgliche Folge.

Es gibt allerdings auch problematischere Konstellationen als logische Folge von Zugehörigkeitsverweigerungen: Grenzüberschreitendes und gewalttätiges Verhalten von Jugendlichen beispielsweise lässt sich oft genug unschwer auf Ausgrenzungen und Stigmatisierungen mit der damit verbundenen fehlenden Anerkennung zurückführen. Wem signalisiert wird: „Du gehörst nicht dazu (weil du nicht zu uns passt)" und wer keine soziale Anerkennung erfährt, der/die versucht folgerichtig, sich die nötige Anerkennung zu holen und im wahrsten Sinne des Wortes in die Gesellschaft der Dazugehörenden „einzudringen" – wenn auch mit untauglichen Mitteln und oft Gewaltanwendung – und sich so die nötige Aufmerksamkeit und Respekt zu verschaffen und die Anerkennung zumindest in seiner unmittelbaren Bezugsgruppe.

Im Kleinformat lassen sich solche Verhaltenssequenzen in jeder Gruppe beobachten: Wer sich nicht zugehörig fühlt, reagiert mit Trotz und Verweigerung, oft aber auch mit gruppenschädigendem, aber auf jeden Fall Aufmerksamkeit erregendem Verhalten.

Wer in der *Evangelischen Jugend* den Raum von Religion betritt, darf die Erwartung hegen, dass es hier anders zugeht. Eine inhaltliche Stärke evangelischer Kinder- und Jugendarbeit ist das Evangelium als ihre Basis. Ihrem Selbstverständnis nach setzt Evangelische Jugend die Rechtfertigung durch Gott als Zentrum des Evangeliums in ihre soziale Praxis um: „Du darfst dazugehören – auch ohne eine besondere Leistung oder spezifische Zugangsvoraussetzungen. Bei Gott und von Gott erlebst du Anerkennung, einfach weil du du bist." Gewiss werden in der evangelischen Kinder- und Jugendarbeit die Regeln und Mechanismen „normalen" Sozialverhaltens und von Gruppendynamiken nicht außer Kraft gesetzt. Das Evangelium und die Verheißungen Gottes bilden allerdings ein Korrektiv und eine Handlungsanweisung, die es zumindest möglich macht, dass das bedingungslose Angenommensein durch Gott – wenn auch meist nur fragmenthaft – in die Praxis von Kinder- und Jugendarbeit umgesetzt wird.

Evangelische Kinder- und Jugendarbeit besitzt insgesamt jedenfalls eine hohe Offenheit. Die Anerkennung von jungen Menschen unabhängig von Rasse, Geschlecht, sozialer Schichtung, Bildung und Leistungen zählt zu ihren

Standards. Ihre biblisch vorgegebenen Leitbilder einer gabenorientierten Gemeinde, in der jedes Glied seine Funktion hat und seine Anerkennung bekommen darf, wird oft realisiert.

Gemeinschaft: Geborgenheit und Stabilisierung – „ich bin nicht allein"

„Ihr sollt euch untereinander lieben":
Gott stiftet Gemeinschaft und gibt Geborgenheit

Jugendliche brauchen und wollen Gemeinschaft. Gemeinschaft ist das primäre Motiv für Jugendliche, sich einer Gruppe der Evangelischen Jugend anzuschließen. Gemeinschaft spielt eine zentrale Rolle für das Leben eines Jugendverbandes und damit auch der Evangelischen Jugend.

Hinter dem Begriff „Gemeinschaft" verbergen sich Sehnsüchte: Junge Menschen fühlen sich dann in einer Gruppe wohl, wenn dort Menschen sind, denen sie sich anvertrauen können, auf die sie sich verlassen können und die sie ernst nehmen. Sie wollen eingebunden sein und Geborgenheit erleben, aber auch mitreden und mitgestalten können. Gemeinschaft bedeutet Solidarität und Zusammenhalt und Raum zu von anderen akzeptierter Individualität. Sie ist ein Ort der Geborgenheit gleichermaßen wie ein Ort der Selbstentfaltung und der Möglichkeit zur eigenständigen Persönlichkeitsentwicklung.

Gemeinschaft heißt: Sich mit anderen zusammen wohlfühlen.

Evangelische Kinder- und Jugendarbeit bietet diese Räume der Gemeinschaft. Gruppen und das damit verbundene Gemeinschaftserleben sind von jeher ein zentrales Moment ihrer Konzeption und Praxis. In ihrer Realität wird hoher Wert auf gemeinschaftliches Erleben und die darin eingebundene Entfaltung eigener Persönlichkeit gelegt. Maßstab ist die biblisch vorgegebene Liebe untereinander. Eine Hilfe ist der Gemeinschaft stiftende Glaube über personale, soziale und kulturelle Grenzen hinweg: Im Raum Evangelischer Jugend werden gesellschaftlich normierte Grenzen aufgehoben und „in Christus" wird eine grenzüberschreitende Gemeinschaft praktiziert. Sie können durch den Zusammenhalt in ihren Gruppen die Erfahrung machen, dass Gott Gemeinschaft stiftet und Geborgenheit gibt.

Für andere da sein und etwas tun: Gerechtigkeit

Der Gott der Gerechtigkeit und die Nächstenliebe

Gemeinsames Leben hat für junge Menschen über die unmittelbaren Erfahrungen ihrer Gruppe oder Clique auch weitere Horizonte: Sie wissen zumeist, dass sie in überindividuellen und globalen Kontexten leben und aufeinander angewiesen sind. Aufgabe evangelischer Arbeit mit Kindern und Jugendlichen ist es, die Solidarität und das Gemeinschaftsgefühl über unmittelbare Erfahrungskontexte und Gruppenerlebnisse hinaus auszuweiten auf globale Bezüge.

Jugendliche haben ein ausgeprägtes Gespür für Gerechtigkeit und entwickeln Sehnsucht nach Gerechtigkeit. Wenn sie den Raum von Religion betreten, erwarten sie oft, dass hier ein Sozialverhalten herrscht, das – in theologischer Sprache – von den Maßstäben des Reiches Gottes und biblischen Leitbildern geprägt ist. Auch von religiös nicht sozialisierten Jugendlichen wird, wenn sie aus irgendeinem Grund Angebote evangelischer Kinder- und Jugendarbeit nutzen, mit Kirche oder mit christlich geprägten Jugendlichen in Berührung kommen, häufig die Erwartung geäußert, dass es hier anders zugehe, als sie es aus einer auch von Egoismen und phasenweise vom „Raubtierkapitalismus" geprägten Umgebungskultur gewöhnt sind. Sie erwarten ein Verhalten, das von Werten wie Nächstenliebe, Freundlichkeit, Solidarität und Gerechtigkeit geprägt ist.

Unserer Deutung nach liegen dieser mit Recht auf Religion projizierten Erwartung allerdings auch tief verwurzelte Bedürfnisse zugrunde: ein tiefes Empfinden für die Notwendigkeit nach Ausbalancierung und Ausgleich im eigenen Leben und nach Formen der Barmherzigkeit dort, wo dieser Ausgleich selbst nicht (mehr) geleistet werden kann. Jugendliche sind zutiefst verletzt, wenn ihnen ein Unrecht und Ungerechtigkeit zugefügt wird bzw. wenn sie es so erleben. Sie erleben einen starken Zwang, für Ausgleich zu sorgen: Etwas „heimzuzahlen", wenn noch „eine Rechnung offen ist"; so entsteht das Bedürfnis nach Rache. Umgekehrt können Jugendliche es wie alle Menschen als intensive Verpflichtung erleben, für einen Ausgleich zu sorgen, wenn sie anderen etwas schuldig geblieben sind und wenn „jemand noch etwas gut hat"; dies ist Ausdruck von Gewissensbildung. Ziel ist auf jeden Fall eine lebenspraktisch erfahrene ausgeglichene Bilanz, die sich auf die innere Balance auswirkt, das Leben ausbalanciert und für erlebte äußere und innere Harmonie sorgt.

Im Lauf der persönlichen Entwicklung wird zumeist diese Sehnsucht nach Gerechtigkeit und Balance von einer eigenbezogenen Bilanzierung ausgeweitet und übertragen zunächst auf den persönlichen Nahbereich (Familie, Clique, Schule) bis hin auf gesellschaftliche und weltweite Gerechtigkeitszusammenhänge.

Im Bereich von Religion und damit *evangelischer Kinder- und Jugendarbeit* können Kinder und Jugendliche lebenspraktisch Gerechtigkeit und Nächstenliebe erfahren und in Selbstbildungsprozessen, in informellen und geplanten non-formalen Bildungsprozessen lernen und selbst praktizieren:

Sie lernen in Gruppen und an Modellen gerechtes und lebensfreundliches Sozialverhalten und können es einüben. Sie erfahren im gegenseitigen „gnädigen" Umgang miteinander lebenspraktisch etwas von der Gnade Gottes und von Menschenfreundlichkeit und Nächstenliebe. Sie lernen in Bildungsprozessen die Fähigkeit zur Rollenübernahme – zur Fähigkeit nämlich, sich in die Lage und die Perspektive anderer Menschen im Nahbereich und in globalen Zusammenhängen hineinzuversetzen und damit die Fähigkeit zum „Mit-Leiden" und zum Perspektivwechsel mit handlungspraktischen Konsequenzen zu entwickeln.

Politische, interkulturelle und entwicklungsbezogene Bildung sieht es als ihre Aufgabe, die persönliche Sehnsucht nach Gerechtigkeit und die personenbezogene innere Ausbalancierung auf weltweite Gerechtigkeitsmaßstäbe hin auszudehnen. Gleichzeitig gilt es, die entsprechenden biblisch gewonnenen Gerechtigkeitsmaßstäbe plausibel zu machen und zu entwickeln und so die Sehnsucht nach Gerechtigkeit zu aktivieren und in Gerechtigkeitshandeln umzumünzen.

Kinder und Jugendliche praktizieren „Gewissensbildung" und lernen, mit schlechtem Gewissen lebensverträglich umzugehen, weil Vergebung in einem weiten Sinne in der Beziehung zu Gott und untereinander[7] eine erlebbare Rolle spielt.

Auch in diesem Zusammenhang sind die Ergebnisse der aej-Studie gut deutbar: Der Studie nach korrelieren die selbstbezogenen, „egoistischen" Motive (der Wunsch etwas für sich zu bekommen und etwas für die eigene Entwicklung zu tun) Jugendlicher zur Teilnahme an Angeboten Evangelischer Jugend mit „altruistischen", auf das Engagement für andere bezogene Motive (der Wunsch, etwas Sinnvolles für andere zu tun und Verantwortung zu übernehmen). Beides korreliert mit dem Wunsch, sich mit Religiösem zu beschäftigen. Religion und soziale Verantwortungsbereitschaften sind demnach für die Jugendlichen selbst zusammengehörig (vgl. Fauser/Fischer/ Münchmeier 2006).

4.4. Lebensbewältigung und Lebenskunst
(Über-)Leben im Alltag und in Lebenskrisen: Kraft und Beistand

„Ich will Dich segnen"

Kinder und Jugendliche müssen – wie alle Menschen – ihren Alltag bewältigen: Schule, Familie und ihre (Liebes-)Beziehungen, ihre Freizeit und ihre Konsumwelten – eben ihr ganz normales Leben. Junge Menschen erleben in ihren Alltagswelten vielfältige Leistungsanforderungen und Konflikte und – aus ihrer Sicht – oft schier unbewältigbare Hürden.

Alltag bedeutet für Jugendliche aber auch das Überleben in den kleinen Anforderungen des Alltags von der Straßenbahn bis zu Verantwortungsübernahmen in Familie oder in ehrenamtlichen Funktionen.

Alltag umfasst die persönlichen „Alltäglichkeiten", in denen jeder lebt, der seine Schönheiten und Probleme mit sich bringt, und beansprucht den weitaus größten Anteil der Zeit von jungen Menschen. Im Alltag investieren sie ihre

---

7 Vgl. die 5. Bitte des Vaterunsers.

Energien und dort spielen sich ihre Konflikte ab – und dort brauchen sie Unterstützung und Hilfe.

Zu den alltäglichen Sorgen kommen Lebenskrisen. Dazu gehören die biografisch bedingten Entwicklungskrisen genauso wie unerwartete Brüche in ihrem Leben: Versagen in der Schule („Sitzenbleiben"), der Tod von Freund(inn)en und Verwandten, Liebeskummer, Probleme in der Herkunftsfamilie, das Scheitern von Lebensplänen – in all ihren Lebensfeldern können krisenhafte Situationen auftreten, die von Jugendlichen häufig genug als lebensbedrohlich empfunden werden und durch die sie „aus der Bahn" geworfen werden können.

Wenn junge Menschen sich in den Raum von Religion begeben und wenn sie sich Gott zuwenden, dann erwarten sie Hilfe in ihren oft als existenziell bedrohlich empfundenen[8] Alltagssorgen und Lebenskrisen.

Wer sich in intensiveren und für Intimität offenen Situationen mit jungen Menschen unterhält und gar mit ihnen betet, weiß wie viele Alltagssorgen und Existenznöte sie mit sich schleppen und mit wie viel Leidenschaft und Betroffenheit sie darüber reden. Sie erwarten von Gott Hilfe in ihrem Alltag, Begleitung und Schutz vor den Unbillen ihrer Lebenswelten. Gott soll der liebevolle Helfer sein; sie möchten Gott persönlich spüren und in ihrem Alltag als Handelnden, der alles zum Guten wendet, erfahren.

Folgerichtig konzentrieren sich die wesentlichen Erwartungen von Jugendlichen an einen Gottesdienst bzw. Jugendgottesdienst auf das Gebet als „Ausschütten der eigenen Lebensprobleme vor Gott" und auf den Segen, der völlig zu Recht als Kraft und Beistand Gottes für die Alltagsbewältigung außerhalb des Gottesdienstes verstanden wird.

Wenn junge Menschen sich im religiösen Raum Evangelischer Jugend bewegen, können sie Lebenserfahrungen mit dem Gott machen, der ihnen „zuhört, wenn sie über ihre Alltagsprobleme reden", und der ihnen bei der Bewältigung ihrer Alltagsproblemkonstellationen hilft: In der Gruppenarbeit gibt es Formen und Methoden, mit deren Hilfe junge Menschen gegenseitig und an Gott adressiert ihre Sorgen und Nöte des Alltags aussprechen lernen und Gottes Gegenwart und Hilfe auf ihren Alltag beziehen. Persönliche Gespräche (Seelsorge) vor allem untereinander, aber auch mit Mitarbeitenden, sogar gelegentlich mit Pfarrer(inne)n, ermöglichen intensive menschliche und geistliche Begleitung, Beratung und Hilfe bei der Bewältigung der Alltagssorgen. In Jugendgottesdiensten erfahren sie den Raum dafür, ihre Sorgen und Alltagsnöte zu äußern und vor Gott zu bringen – und den Segen Gottes. Auch „normale" Gemeindegottesdienste könnten dazu der Raum sein, wenn sie jugendgemäß und vor allem alltagsorientiert sind. Besonders im Kontext charismatisch orientierter

---

8   Und das zu Recht! Alltagssorgen sind niemals als marginal zu diskreditieren.

Gemeinden und Jugendarbeit wird großer Wert auf „Kraftwirkungen des Glaubens" für den Alltag gelegt; diese Form gelebten Glaubens übt unter anderem darum eine hohe Anziehungskraft auf viele junge Menschen aus. Für viele Jugendliche ist eine wie auch immer geartete persönliche Glaubenspraxis als kontinuierlicher „Kontakt mit Gott" eine alltagsbegleitende „Kraftquelle" und Stabilisierung.

Auch das Problem, dass Gott nicht immer hilft, wird in diesen Kontexten bearbeitet.

Lebensorientierung und Lebenssinn

„Ich weise Dir den Weg zum Leben"

Lebensgeschichtlich stehen Jugendliche vor besonderen Orientierungsaufgaben.

Gerade im Jugendalter sind Menschen auf der Suche nach Werten und nach Sinn: Sie fragen danach, was ihr Leben lebenswert macht und was in ihrem Leben wertvoll sein kann. Sie fragen nach ethischen Orientierungsmustern und nach Maßstäben, wie sie handeln und ihr Leben gestalten sollen. Sie fragen nach einem ihr ganzes Leben übergreifenden Sinnzusammenhang, nach dem Anfang und Grund ihres Lebens und nach seinem Ende und Ziel.

In einer Kultur der Vieloptionalität und der Pluralität von Lebensentwürfen sehnen sich junge Menschen nach Orientierung. Im bunten und vielfältigen Geflecht von ethischen Ansätzen und Werteorientierungen und angesichts der Vielfalt von religiösen und nichtreligiösen Sinnangeboten brauchen sie Kriterien und Maßstäbe, um ihr Leben zu gestalten und einen Sinn für ihr Leben zu konstruieren.

Religion ist immer auch verbindliche Lebensdeutung. Religionen beanspruchen, Sinnkategorien und Wertmaßstäbe vorzugeben. Christlicher Glaube kann damit wesentliche Hilfen zur Sinnfindung und zur Werteorientierung leisten.

Evangelische Arbeit mit Kindern und Jugendlichen bearbeitet darum mit jungen Menschen Sinn- und Lebensfragen. In ihrem Kontext finden Kinder und Jugendliche den Raum für eigene Suche nach Sinn auf den Spuren biblischer Botschaft. Wesentlich ist dabei, jungen Menschen unter Zuhilfenahme biblisch-christlicher Vorgaben und Deutungen zu ermöglichen, eigene Sinnkonstruktionen und Selbstdeutungen zu entwickeln. Wichtig ist dabei, dass junge Menschen die Kompetenz entwickeln, mit Pluralität und Widersprüchen umzugehen.

Junge Menschen setzen sich in der evangelischen Kinder- und Jugendarbeit mit biblischen und christlich-traditionellen Wertmaßstäben auseinander. Sie lernen dabei die Lebenshilfe, die in den Weisungen Gottes liegen kann, sie lernen aber auch die Differenzierung zwischen Gesetz und Freiheit und die Kulturbedingtheiten ethischer Maßstäbe. Sie erfahren Orientierung aus Glauben und entwickeln Urteilsfähigkeit.

Leben angesichts von Schuld und Versagen

„Ich bin Dir gnädig und vergebe Dir und heile Dein Leben"

Junge Menschen machen in ihrem Leben die Erfahrung, schuldig zu werden: Sie bleiben sich selbst oder anderen etwas schuldig. Sie werden schuldig, indem sie andere verletzen, Grenzen überschreiten oder Normen und Regeln übertreten.

Junge Menschen haben durchaus ein hohes Gespür für Gerechtigkeit und für das, was aus ihrer Perspektive heraus „das Richtige" ist. Sie wissen sehr genau, wenn andere in ihrer Schuld stehen, aber auch, wenn sie in der Schuld anderer stehen. Je nach Sozialisationserfahrungen und der damit verbundenen „Gewissensbildung" und je nach ihrem verinnerlichten Normenkonzept können sie mehr oder weniger hoch ausgeprägte Schuldgefühle entwickeln oder im anderen Extrem Schuld verleugnen oder verdrängen.

Junge Menschen machen oft genug die Erfahrung des Scheiterns und versagt zu haben. Sie geben dann sich oder anderen die Schuld.

Im Raum von Religion erleben junge Menschen nicht nur Regelkonzepte und Normen, sondern vor allem Lebenshilfe im Umgang mit Versagen und Schuld. Gnade und Vergebung gehören zu den Zentralerfahrungen des christlichen Glaubens. Selbstverständlich gehört zu der Verkündigung des Evangeliums und der Rechtfertigung der „Sünder" auch die Konfrontation mit eigener Schuld und der Verweis auf den Zusammenhang von Schuld und Sünde in einem theologischen Sinn: Nämlich als Störung und Gebrochenheit des Verhältnisses zu Gott. Auf diesen Zusammenhang verweisen insbesondere die oft als „missionarisch" etikettierten Formen evangelischer Kinder- und Jugendarbeit.

Vorrangig ist in allen Formen evangelischer Jugendarbeit allerdings die Vermittlung und Übersetzung dessen, was Gnade heißt. Dies entspricht evangelischer theologischer Tradition.

Evangelische Kinder- und Jugendarbeit versucht, in vielen Formen und Methoden die Gnade Gottes als Befreiung und Lebensermöglichung durchzubuchstabieren und auf die Lebenserfahrungen von Kindern und Jugendlichen herunterzubrechen. Vorrangig ist es, auf kognitiver und emotionaler Ebene das Wissen zu vermitteln, dass Gott lebensfreundlich und menschenfreundlich mit Versagen, Fehlern und Schuld umgeht. Das Erleben, dass auch die dunklen Seiten eines jugendlichen Lebens vor Gott Raum haben und geäußert werden dürfen und somit ins Leben integriert werden können, ohne verdrängt werden zu müssen, kann eine ungemeine Befreiungserfahrung bedeuten. Intensivste Erfahrungen sind es für junge Menschen, wenn sie in ganz praktischen Lebenskontexten gegenseitige Vergebung praktizieren, Schuld bekennen und sie bei Gott „abladen" können. Vielfältige symbolische Aktionsformen können diese Erfahrung vermitteln.

Gerade missionarisch orientierte Formen evangelischer Jugendarbeit, aber nicht nur, wissen davon zu berichten, dass junge Menschen aus dieser Erfahrung von Vergebung und der „Gnade" Gottes eine Lebenswende („Bekehrung") praktizieren und ihr Lebensparadigma ändern. Ziel darf selbstverständlich nicht eine allein moralisierend-ethische Zuspitzung sein, sondern eine erneuerte Beziehung zu Gott mit ihren lebenspraktischen Konsequenzen.

4.5. Lebenserfahrung des Heiligen – Spiritualität

Junge Menschen sehnen sich danach, Grenzen zu überschreiten. Sie wollen nicht „beim Alten" bleiben, sondern neue Lebensräume in Besitz nehmen. Sie wollen Erfahrungen jenseits ihrer Alltagserfahrungen und jenseits des für sie Althergebrachten machen.

Sie sehnen sich in einer Kultur der Verzweckung, der Rationalisierung und Technisierung nach Lebenserfahrungen jenseits solcher Fixierungen. Sie wollen ihrem eigenen Lebensgeheimnis und dem Geheimnis der Wirklichkeit auf die Spur kommen. Sie sehnen sich untergründig und oft unausgesprochen und unreflektiert nach Gottes Welt.

Religion und christlicher Glaube bieten ihnen Räume und Erfahrungsfelder für alternatives Leben und für Transzendenzerfahrungen. Wichtig ist, dass diese Transzendenzerfahrungen auf die Spuren des dreieinigen Gottes führen.

Gegenwärtig verdichten sich solche Sehnsüchte und Erfahrungen im Begriff der Spiritualität.

Religion und Glaube bieten Orte, in denen der *„alte" Gott* und *junge Menschen* sich begegnen können – je nach ihrer Art: Gott als der „heilige Gott" und Menschen als „menschliche Menschen".

Und genau dies ist Spiritualität.

Christliche Spiritualität – dem Lebensgeheimnis auf der Spur

Abstrakt ist christliche Spiritualität bündig und scheinbar einfach zu beschreiben:

Spiritualität ist gelebter Glaube, der äußere Gestalt gewinnt (vgl. Zimmerling 2003) in den Dimensionen des Erlebens bzw. der Erfahrung einerseits und in Ausdrucksformen andererseits.

Spiritualität bedeutet, sich für das Geheimnis des Lebens zu öffnen und auf seiner Spur Erfahrungen zu machen.

Christliche Spiritualität erfährt dies Geheimnis in drei Dimensionen, die zusammengehören:

Im „Geheimnis des dreieinigen Gottes"

Spiritualität ist die – tiefe oder weniger tiefe – Erfahrung der Nähe Gottes. Sie ist „Eintreten in das Geheimnis Gottes", in seine heilige und liebevolle Sphäre, mit all den Entdeckungen, die hier zu machen sind. Sie ist Gotteserfahrung, Christuserfahrung, Erfahrung des Geistes Gottes. Ich entdecke etwas von Gottes Leben und lasse es in meinem Leben zu und dort wirken, lasse also „Gott zu mir kommen" – bis hin zu mystischen Verschmelzungserfahrungen.

Im Geheimnis meiner eigenen Person
Spiritualität ist gleichzeitig die Erfahrung großer Nähe zu sich selbst. Ich „entdecke" mich selbst, meine innersten Gefühle, Ängste und Sehnsüchte, spüre sie und lasse sie zu. Ich „komme zu mir" und „bin dicht bei mir". Ich bin meinem eigenen Lebensgeheimnis auf der Spur – allerdings in der Gegenwart Gottes. Mein Lebensgeheimnis und Gottes Geheimnis verschränken sich und können für seltene Glücksmomente sogar verschmelzen.

Im Geheimnis der anderen, die mit mir sind
Spiritualität ist oft – aber nicht immer – an gemeinsame Erfahrung gebunden. Sie realisiert sich im gemeinsamen Erleben der Nähe Gottes und auch durch das behutsame Annähern an die Lebensgeheimnisse von anderen, die mit mir zusammen und unterwegs sind – und in seltenen Glücksmomenten auch durch die Erfahrung der Verschmelzung mit anderen.

Menschen sind mit ihrem eigenen Lebensgeheimnis in der Gegenwart des Geheimnisses des lebendigen dreieinigen Gottes. Sie öffnen sich mit ihren Sinnen für Gottes Geheimnis, das Geheimnis des Lebens, spüren ihm nach und setzen sich ihm aus. Sie geben in der Gegenwart Gottes etwas von ihrem eigenen Geheimnis preis, zeigen es und spüren ihm nach. Wo Gottes Geheimnis und das Lebensgeheimnis von Menschen sich verbinden, „ineinanderfließen", dort und dann ereignet sich das, was wir Spiritualität nennen – christliche Spiritualität wohlgemerkt.

Spiritualität – Formen und Akzente
Spiritualität kann verschiedene Ausdrucksformen und Realisationsmöglichkeiten gewinnen.
Wir möchten einigen zentralen Orten und Formen von Spiritualität in der evangelischen Jugendarbeit nachspüren und sie beschreiben:
- Raumbezogene Spiritualität – Im Haus Gottes Raum haben
- Liturgisch-meditative Spiritualität – Die Gegenwelt des Heiligen
- Lebensweltbezogene Spiritualität – Spirituelle Deutung von Lebenserfahrungen
- Lobpreis und worship – Die Herrlichkeit Gottes und die Expressivität des Herzens
- Charismatische Spiritualität – Krafterfahrungen
- Pietistische Akzente von Spiritualität

Raumbezogene Spiritualität – Im Haus Gottes Raum haben

Spiritualität hat mit den Räumen zu tun, in denen sie erlebt wird. Jugendliche brauchen für ihr Erleben der Gegenwart Gottes – von Spiritualtät – Räume und sogenannte „auratische Orte". Wälder, Wiesen beim Sonnenaufgang, Friedhöfe und vieles mehr können zu solchen Orten werden. Vor allem aber sind es „heilige Orte", also Orte, die in irgendeiner Form die Präsenz Gottes signalisieren und in seinen Bereich gehören. Dazu zählen Kirchen.

Da das „Raumkonzept" eine Grundgestalt gegenwärtiger Jugendkirchen ist, möchten wir uns gelebter Spiritualität zunächst auch über eine Begegnung mit diesem Kirchenraum nähern und von einem „spirituellen" Zugang zu solch einem heiligen Ort erzählen:

- ### Raumbezogene Spiritualität – Im Haus Gottes Raum haben
  Junge Menschen gehen in eine Kirche.

  Sie gehen damit über eine Grenze. Sie verlassen ihr Alltagsleben; denn eine Kirche ist keine Kneipe, keine Schule, keine Disco, kein Jugendtreff oder was auch immer. Eine Kirche ist das Haus Gottes.

  In manchen Gotteshäusern – durchaus auch in Jugendkirchen – zieht man sich am Eingang die Schuhe aus. Nicht nur aus hygienischen Gründen, vermute ich, sondern vor allem auch als symbolischen Akt: Ich schüttele damit tatsächlich „den Staub des Alltags von meinen Füßen" und verlasse das, was mich ansonsten „durch die Gegend trägt". Ein wenig schutzloser bin ich auch – heftig zutreten kann ich ohne Schuhe jedenfalls nicht mehr. In katholischen Kirchen komme ich am Weihwasserbecken vorbei. Auch wenn ich nur meine Finger mit Wasser benetze, ist es für mich doch ein Zeichen dafür, dass ich mich reinige von dem, was mich draußen verunreinigt hat und was nicht in die Gegenwart Gottes gehört. Wenn ich jetzt „ein Kreuz schlage" (auch Evangelische dürfen sich „bekreuzigen"), dann sage ich damit: Ich betrete jetzt eine andere Welt, eine andere Sphäre, in der andere Regeln gelten. Ich begebe mich „unter das Kreuz Jesus Christi", in seinen „Machtbereich".

  Hier ist in der Tat eine andere Wirklichkeit. Hier riecht es möglicherweise ganz anders – nach Weihrauch oder altem Holz. Hier sind andere Geräusche zu hören oder sogar Stille und Ruhe – meinen MP3-Player habe ich schon lange ausgemacht. Hier fließt ein anderes Licht, das mild durch die bunten Scheiben fällt, vielleicht flackern sogar echte Kerzen. Bilder links und rechts raunen mir Geschichten aus alten Zeiten zu, die ich möglicherweise gar nicht verstehe – noch nicht. Die Atmosphäre ist ganz anders, leer kommt es mir auf einmal vor oder energiegeladen oder beides. Es ist ein auratischer Ort.

  Es könnte sogar sein, dass man oder frau hier auch ganz anders miteinander umgeht – friedlicher, gnädiger, liebevoller. Im Grunde erwarte ich das.

Eine andere Welt – das Haus Gottes. Vorne der Altar, das große Kreuz, die Kanzel, eine aufgeschlagene Bibel vielleicht, das Taufbecken ... Und was jetzt auch immer geschieht: Sie sagen mir, dass das alles in der Gegenwart Gottes geschieht, ob ich sie spüre oder nicht, und dass Gott auch für mich Gegenwart werden könnte – vielleicht. Ich empfinde Scheu und Ehrfurcht, Neugier, sogar Glück – das kommt vor, Sehnsucht nach einer Gotteserfahrung, bin fasziniert oder befremdet und möglicherweise sogar ein bisschen ängstlich. Wahrscheinlich von allem etwas.

Ich spüre jedenfalls, dass es hier um etwas anderes geht als sonst und als draußen.

Es geht geheimnisvoll zu. Gottes Geheimnis ist zu spüren.

Natürlich könnte die Jugendkirche auch ganz anders aussehen. Kann sein, dass sie viel moderner möbliert und gestaltet ist, dass kultige Farben blitzen und zeittypische Töne klingen; dass Musik zu hören ist, die ich auch „draußen" genieße (aber: klingt sie hier nicht doch anders?).

Wie auch immer: Zu einer „Kirche" wird dies Gebäude auf jeden Fall erst dann, wenn es als „Haus Gottes" erkennbar und zumindest potenziell erlebbar ist und wenn es eine eigene, Gottes Atmosphäre atmet – wenn es also Türen öffnet zum Geheimnis Gottes und anregt und ermutigt, diese Spuren zu verfolgen.

„Zur Kirche gehen", das heißt: Menschen begeben sich in die „Zonen des Heiligen", in den heilsamen, aber durchaus nicht ungefährlichen Machtbereich Gottes. Sie gehen über die Grenze ins „Abenteuerland des Heiligen".

Asyl – sich entfalten

Die andere Seite: Wer zur Kirche geht, kann alles Mögliche real und symbolisch draußen lassen – nur sich selber nicht. Und das ist gut so.

Mein eigenes „Lebensgeheimnis", meine Lebenserfahrungen und sozialen Prägungen, meine Lebensgeschichte und meine Sehnsüchte, Träume und Ängste, Glück und Schmerz, Schuld und Versagen, Leistungen und Erfolge, mein Lachen und meine Tränen, alles das, was ich bin und was mich ausmacht, meine unverwechselbare Besonderheit – ich bringe es mit. Das kann ich nicht am Eingang abgeben. Ich soll es auch gar nicht abgeben; denn es gehört hierher. Es hat hier seinen Platz. Es bekommt hier einen Raum – wenn es gut geht, sogar viel mehr Raum als anderswo.

Jeder (junge) Mensch hat sein unverwechselbares Lebensgeheimnis.

Hier darf ich mich damit ausbreiten. Ich darf es zeigen und darf mich damit entfalten. Denn hier genieße ich „Asyl" für mein Lebensgeheimnis: einen befriedeten Schutzraum, in dem niemand zudringlich ist oder alles besser weiß – auch Gott nicht.

Einen „Raum", in dem ich etwas zeigen kann von mir, wo ich mich ausdrücken kann in Gesten, Gefühlen, Worten, durch meinen Körper und seine Bewegungen: tanzen genauso wie kniend verharren, lachen und weinen, singen und beten – und ich weiß, ich kann mit Verständnis und behutsamem Umgang mit mir rechnen.

Einen „Raum", in dem ich über mich schweigen oder von mir reden kann – ehrlich, offen, ungeschminkt. Sogar meine „dunklen Seiten" haben Raum: Das, was ich sonst gerne verschweige und verberge – dunkle Flecken auf meiner Lebensweste, Ängste, Versagen, Verwicklungen und Gebrochenheiten, Schuld sogar – hier kann ich darüber reden und es aussprechen. Und ich weiß, jemand hört mir zu, aber keiner macht mich nieder, keiner spöttelt, keiner verzieht angewidert das Gesicht. Ich werde ernst genommen und „angenommen".

Vielleicht nimmt mir sogar jemand Angst und Schuld und gibt mir stattdessen Hoffnung und Mut. Ich darf ungeschützt von mir reden und „mich bekennen", mich zu mir bekennen, („Beichte" nannte man das übrigens früher), weil ich unter einem besonderen Schutz stehe, hier im „Haus Gottes".

Ein Raum, in dem ich fragen kann und Fragen haben darf und nicht alles wissen muss oder so tun muss als ob.

Ein Raum, in dem ich mich nicht aufstylen und selbst inszenieren muss – aber durchaus auch darf, wenn mir danach ist.

Meine Träume haben hier Platz, ohne dass sie belächelt werden und abgewertet.

Auch meine Lust und meine Vorlieben haben hier Platz: mein Stil, meine Musik, meine Art zu leben – meine „Kultur" also. Ich frage mich allerdings, ob und wo das Grenzen hat: Wie viel von meiner Lebenswelt und Lebenskultur verträgt das „Haus Gottes", ohne dass es seinen „Stil" und seine Atmosphäre verliert?

Jedenfalls: Ich bringe mich, mein Lebensgeheimnis mit, spüre ihm nach und kann es äußern: Spiritualität.

Die anderen

Andere sind da.

Andere, mit denen ich hier einen Moment meines Lebens teile und die ich vielleicht auch teilhaben lasse an meinen Gedanken und Gefühlen. Andere, mit denen ich hier gemeinsame Erfahrungen mache und denen ich mich annähere – allerdings ohne ihnen „zu nahe zu treten".

Vielleicht bin ich ihnen gerade darum irgendwann innerlich sehr nahe und drücke das äußerlich aus: eine Umarmung oder sich an den Händen fassen beispielsweise. Oder ich höre ihnen zu und lasse mich auf sie ein – stelle mich

> *innerlich neben sie und unter ihre Betroffenheiten. Ich gehe mit ihnen ein Stück Weg und erlebe – wenn es gut geht – intensive Gemeinschaft und vielleicht sogar gemeinsam die Nähe Gottes.*
> *Ich nähere mich dem Lebensgeheimnis von anderen Menschen und zeige etwas von meinem eigenen Geheimnis – und spüre mit ihnen gemeinsam dem Geheimnis des Lebens nach.*
> *Auch das gehört zur Spiritualität.*

Aneignungen und Veränderungen
Im Rahmen solcher Grundgestalt raumgebundener Spiritualität bewegen sich Modifikationen:

Junge Menschen eignen sich den Raum an und verändern ihn.

Da wird beispielsweise mitten im Kirchenraum eine Wasserquelle umgeben von Sand installiert. Oder es werden links und rechts in einer altehrwürdigen Kirche Gerüste und Lichtanlagen aufgebaut, die funktional auf die Bedarfslagen eines Jugendgottesdienstes zugeschnitten sind.

Für kirchliche Puristen mögen dies bisweilen unerträgliche Tabubrüche sein. Für die beteiligten jungen Menschen möglicherweise sogar auch Tabubrüche – dann aber reizvolle. Der Reiz und das „Prickelnde" (abgesehen davon, dass Tabubrüche immer prickelnd sind ...) dieser Modifikationen ist die Adaption, die Verbindung von vorgegebener Raumstruktur – der vorgegebenen Aura des Heiligen – und lebensweltlichen Ausdrucksformen, Accessoirs und Elementen gelebten Lebens und Kultur der Jugendlichen. Sie symbolisieren anschaulich die Verknüpfung von Lebenswelt und Lebensgeheimnis Jugendlicher und dem vorgegebenen Geheimnis Gottes. Und genau damit signalisieren sie: Gottes Raum gibt auch Jugendlichen Raum – Gottes „ureigener" Raum ist auch ihr „eigener" Raum.

Aufgabe bei solchen Aneignungsprozessen ist es allerdings, die Grenzen des „Heiligen" und seine Spürbarkeit gemeinsam zu erforschen, zu entdecken und zu wahren.

- **Liturgisch-meditative Spiritualität _ Die Gegenwelt des Heiligen**

Eine wirkungsmächtige Spielart geistlichen Erlebens ist die liturgisch-meditativ geprägte Spiritualität. Sie beruht auf der Verflochtenheit liturgischer Traditionen, überlieferter Erfahrung und gegenwärtigem Lebensgefühl. Aktuell lebt sie vornehmlich durch die oft neu entdeckte Spiritualität ökumenischer (vor allem Taizé) und evangelischer Kommunitäten sowie „geistlicher Lebenszentren".

Gerade *weil* liturgisch-meditative Spiritualität nicht unmittelbar jugendliche Alltagserfahrung und die jugendkulturellen *streams* in kirchlichen, religiösen Kontexten dupliziert und reproduziert, sondern eine Gegenwelt zur Alltagserfahrung und ihren Verhaltens- und Kommunikationsmodi liefert, *weil* sie Fremdes und Geheimnisvolles insinuiert, *weil* sie Wert auf Intensität und Stille, auf Wiederholung und Tiefe legt, auf alltagsfremde Rituale und das schweigende Schauen und Erleben des Geheimnisses Gottes, auf mystische Erfahrung – gerade darum übt sie ihre eigentümliche Faszination als *Erfahrung einer anderen Welt und als Moratorium in der Alltäglichkeit* aus.

Zu fragen ist, ob bei allem Hecheln nach jugendkultureller Adaption und nach Räumen für jugendliche Selbst-Gestaltungsformen nicht in Kirchen und evangelischer Kinder- und Jugendarbeit dieser Gestalt und Gestaltung des Fremden, Widerständigen und nicht unmittelbar Eingängigen, einer spirituellen Gegenwelt, mehr Raum gegeben werden müsste – gerade darum, weil dies einer tiefen und oft nicht unmittelbar zugänglichen Bedarfslage Jugendlicher entspricht.

- **Lebensweltbezogene Spiritualität – Spirituelle Deutung von Lebenserfahrungen**

(Junge) Menschen bringen „sich" mit in die Kirche: ihre Alltäglichkeit, ihre Kulturwelten, ihre Existenzerfahrungen. Angebote lebensweltbezogener Spiritualität nehmen solche Lebensmuster auf, zentrieren sie auf ein Thema bzw. einen Zugang und geben mitgebrachten Erfahrungswelten Raum „im Angesicht Gottes". Sie werden deutungsoffen für Glaubensinterpretationen und durchlässig für Gotteserfahrungen.

In einer Jugendkirche wird z. B. ein Kletterturm aufgebaut. Jugendliche machen die Erfahrung des Risikos, der Angst, des Gefühls, nicht mehr weiterzukommen – und die Erfahrung des Gehalten-Seins und spüren sinnlich, wie es ist, etwas zu schaffen. Sie erleben sich selbst und entdecken etwas von ihren Geheimnissen. Der Kirchenraum, mitgebrachte religiöse Paradigmen oder Deutungsangebote von anderen öffnen für einen erweiterten Erfahrungshorizont: „Zwischendurch hatte ich das Gefühl, es geht nicht mehr, aber mit Gottvertrauen geht's immer weiter", sagt Andrea. Deutungen ermöglichen den Übertrag sinnlicher Erfahrung in religiöse Alltagserfahrungen: „So wie du hier durch das Seil gehalten bist, hält Gott dich in den Ängsten und Risiken deines Lebens."

Oder eine Techno-Party wird in der Kirche gefeiert. Begegnungen, Gespräche, Symbole können, wenn's gut geht, das Geschehen öffnen für die Erfahrung zumindest eines „Zipfels der Gegenwart Gottes" und den Geist Gottes einfließen lassen – für Jugendliche durchaus hintergründig spürbar, auch wenn sie sich nicht gleich „bekehren".

Immerhin: Unverzichtbar ist, dass das Wort „Gott", die Dimension Gottes ins Spiel gebracht wird: durch Atmosphären und Symbole, aber letztlich immer auch durch Gespräche und (Predigt-)Impulse, um den Erfahrungen auch einen „Namen" und eine Verortung zu geben.

Methodische Formen solch lebensweltbezogener Spiritualität gibt es in Fülle und der Kreativität sind keine Grenzen gesetzt – außer einer: die Grenzen und notwendigen Schutzzonen des Heiligen bei allem attraktiven und charmanten Einzug von „profanen" Lebenswelten in den Bereich Gottes zu bestimmen und auch zu wahren. Der Preis wäre sonst der Verlust der Gegenwart des Heiligen und damit der Verlust von Spiritualität.

- **Lobpreis und worship –
Die Herrlichkeit Gottes und die Expressivität des Herzens**

Das Lob und die Anbetung Gottes stehen im Zentrum einer Kultur von Spiritualität, die seit ungefähr zwei Dekaden eminente und zunehmende Breitenwirkung entfaltet. In vielen Gemeinden der klassischen evangelischen Freikirchen und der autonomen Freikirchen und Bewegungen, aber auch in landeskirchlichen Segmenten der Gemeindeerneuerungsbewegung beispielsweise gehört eine „Lobpreis- und Anbetungszeit" inzwischen zum normalen Setting eines Gottesdienstes. Für deren Jugendarbeit und etliche Jugendkirchen gilt dies – meist mit dem Anglizismus „worship" bezeichnet – allemal.[9]

Zentrales Anliegen dieser Gebetskultur und Form von Spiritualität sind das Lob und die Anbetung des dreieinigen Gottes, denn „wo Gott, der Vater, die Ehre bekommt, werden Menschen gesegnet; wo Jesus Christus im Zentrum steht, findet der Mensch zu seiner Bestimmung; wo wir uns dem Heiligen Geist öffnen, entzündet er uns neu mit seiner Liebe".[10]

Das Lob und die Anbetung Gottes sind an sich nichts Neues und reichen als Gebetstradition in die Frühzeit christlicher und jüdischer Gebetsformen zurück; in biblischen Texten finden sie sich reichhaltig – neben anderen Formen des Gebetes. Kennzeichnend und eigentümlich ist die Zentrierung auf die Herrlichkeit, Macht und Wirklichkeit des spürbar anwesenden Gottes. Menschen treten in den Machtbereich und das Kraftfeld Gottes und seines Heiligen Geistes und erleben sich überwältigt von dieser Macht und der „Fülle seiner Gnade". Sie öffnen ihr Inneres, erleben die Gegenwart Gottes als Glücksmoment und spüren die Erfüllung, Kräftigung und Motivation durch den Geist Gottes. Sie drücken ihre Gefühle, ihr „Herz" sinnlich, mit Worten in freien Gebeten und in körper-

---

9 Die eminente, oft vom mainstream kirchlicher Jugendarbeit nicht zur Kenntnis genommene Wirkungsmächtigkeit dieser Kultur von Spiritualität zeigt z. B. die überkonfessionell, aber evangelisch verortete Großveranstaltung „Calling all Nations" im Juli 2006 in Berlin im Olympiastadion: Ca. 60.000 Besucher(innen) werden zu exorbitanten Eintrittspreisen von 50,– bis 60,– € pro Sitzplatz zu einem zehnstündigen Gottesdienst erwartet, der laut Programm im Wesentlichen aus einer Abfolge von „worship and prayer" und missionarischen bzw. zur Mission motivierenden Predigtimpulsen besteht. Viele von geistlichen Bewegungen und Freikirchen initiierte und von Tausenden von Jugendlichen besuchte Jugendtreffen zeigen ein ähnliches Bild.

10 Aus dem Programm von „Calling All Nations".

lichen Aktionen (erhobene Hände, Tänze, Berührungen) und insbesondere in ihrer Musik und im gemeinsamen Singen aus – bis hin zu Formen ekstatischer Erfahrung.

Im Zentrum stehen der dreieinige Gott und die Erfahrung seiner Wirklichkeit und nicht der Mensch und seine Lebensproblematik – jedenfalls für diese Zeit des Gebetes.

Diese – gewiss idealtypische und verkürzt gezeichnete – Form von Spiritualität gehört zum reichen Schatz christlicher spiritueller Traditionen und Erfahrungen. In vielen Bereichen christlichen Lebens und christlicher Jugendarbeit ist sie oft genug und leider vernachlässigt worden.

Kritische Einwände monieren mit Recht den weitgehenden Verlust von Stille, Schweigen, Kontemplation und Meditation. Andere kritisieren das „Wegschauen" von den Lebenswelten Jugendlicher zugunsten einer Gotteszentrierung und den Verzicht auf politische und diakonische Aktivitäten. Auch eine inhaltliche und theologisch gravierende Reduktion wird beklagt.[11]

In den uns bekannten Jugendarbeitsformen allerdings, die die beschriebene Spiritualitätsform der Anbetung integriert haben, bildet sie zwar einen mehr oder weniger deutlichen Akzent; andere Formen werden aber ebenso integriert. Und auch sozialdiakonische und missionarische Aktionsformen werden als selbstverständliche und notwendige Konsequenz des Gebetes und ihrer Spiritualität gewertet und praktiziert.

Redundanzen und Wiederholungen bis hin zu Formen von Trance sind von jeher jugendtypische und jugendkulturell verankerte Formen des Überschreitens der Grenze von der Alltagswelt in „andere Welten" und sind damit durchaus angemessene Formen des Zuganges zu „göttlichen Welten" und der Transzendenzerfahrung und somit eine achtbare und durchaus angemessene „Technik" spiritueller Erfahrung. Musik und Singen ist schon immer und in allen Kulturen eine wesentliche Ausdrucksform gemeinschaftlicher Praxis von Spiritualität gewesen. Als der vielleicht zentrale Erfahrungsmodus und Ausdrucksmodus jugendlichen Lebensgefühls ist Musik ein unverzichtbares Bindeglied zwischen Jugendkulturen und dem „Geheimnis Gottes" – und darum unverzichtbar für jugendliche Akzentuierungen von Spiritualität.

- **Charismatische Spiritualität – Krafterfahrungen**

Eng verwandt und zum Teil überlappend damit sind Formen charismatisch orientierter Spiritualität. Sie hat ihre Wurzeln in den sogenannten Pfingstgemeinden und in der charismatischen Bewegung, die in Segmenten beider Volkskirchen und der Freikirchen lebendig ist.

---

[11] Auch führende Evangelikale bezeichnen dies als „seven-eleven-Spiritualität": Sieben Worte werden elf Mal in den Lobpreisliedern wiederholt ...

Die biblische Fundierung gründet in der Gemeindekonzeption und der Charismenlehre[12] vornehmlich des Apostels Paulus, weiterhin des gesamten neuen Testamentes. Theologisch wird der Hauptakzent auf die dritte Person der Dreieinigkeit, den Heiligen Geist, seine „Gnadengaben" und bisweilen auch auf eine zusätzliche „Geistestaufe" als Notwendigkeit für wirkliches Christ-Sein gelegt. Darin äußert sich eine signifikante Sehnsucht nach sichtbaren und spürbaren Transzendenzerfahrungen und lebenspraktischen Krafterfahrungen und Wirkungen der Macht Gottes.

In Jugendkirchen der pfingstlich orientierten Gemeinden selbstredend, aber durchaus auch in autonomen Jugendkirchen oder solchen freikirchlicher Provenienz existieren Elemente charismatisch geprägter Spiritualität – zumeist in Verbindung mit anderen Spiritualitätsformen.

Charismatische Spiritualität betont das „Eintreten in das Kraftfeld Gottes" und die Teilhabe an seiner Macht durch den Empfang der „Gnadengaben" (Charismen). Sie entdeckt die Kraft Gottes, die auch in einer durchrationalisierten Welt Wunder tut und rechnet damit, dass der Geist Gottes von einem Menschen Besitz ergreift und ihn mit seiner Wirklichkeit füllt mit der Folge extensiver Transzendenzerfahrungen (z. B. Glossolalie/Zungenrede und andere Formen der Geisterfahrung).

Für Jugendliche sind solche bis hin zur Körperlichkeit spürbaren Transzendenzerfahrungen in einer scheinbar durchrationalisierten und geheimnislosen Welt und die Partizipation an der Macht Gottes angesichts ihrer biografischen Versagensängste und gesellschaftlichen Ohnmachtserfahrungen eine durchaus attraktive Form von Spiritualität.

- **Pietistische Akzente von Spiritualität**

Pietistische Strömungen im Protestantismus werden oft zu Unrecht diskreditiert. Im Ansatz bezeichnet Pietismus schlicht die persönliche und individuelle[13] Aneignung und Praxis des Glaubens, die das gesamte Leben durchzieht und prägt: in einer persönlichen Gottesbeziehung und Christuserfahrung, in individueller Heilsaneignung, in einer persönlichen Glaubenspraxis (praxis pietatis), die auch gesellschaftsbezogenes und diakonisches Tun beinhaltet.

Pietistische Spiritualität durchzieht das gesamte (Alltags-)Leben mit einem geistlichen Netz: in täglicher Bibellese und Zeiten des persönlichen, aber auch gemeinschaftlichen freien Gebetes, in der ethischen Heiligung des Lebens, im praktischen Tun des Glaubens und – im Idealfall – im ständigen Bewusstsein und der alltagspraktischen Erfahrung der Nähe und Wirksamkeit Gottes.

---

12 Lehre von den Geistesgaben.

13 Die Betonung individueller Erfahrung des Glaubens führt leider oft zu einer Individualisierung und Privatisierung. Das ist allerdings weder notwendig noch sachlogisch.

Die „Kleine Spiritualität"

Jedem dieser Konzepte eignet etwas Radikales und Totalisierendes, das leicht das Bild eines elitären Christentums der hundertprozentigen Christenmenschen heraufbeschwört. Gewiss gibt es auch dies. Und möglicherweise macht es in bestimmten kirchlichen Situationen und biografischen Stationen, für bestimmte Menschen vielleicht auch, seinen Sinn.

Evangelische Kinder- und Jugendarbeit entwickelt mit Jugendlichen Angebote von Spiritualität aus dem reichen Fundus der Traditionen und Möglichkeiten. Diese Angebote fordern aber nicht eine radikale und lebensumfassende, von der Alltagswelt absondernde Spiritualitätspraxis, sondern bieten punktuelle und okkasionelle Praxis von Spiritualität: Die „kleine Spiritualität", die nicht überfordert und zum nebulösen Ideal sich verflüchtigt oder zum zwanghaften Korsett wird und uneinholbare Erwartungshaltungen mit entsprechenden Frustrationserfahrungen erzeugt, sondern ganz schlicht, aber real hie und da einen Zugang zur Erfahrung Gottes ermöglicht und Gott zur wichtigen und richtigen Zeit Raum gibt – sie ist wohl lebensgemäßer.

Warum Spiritualität unverzichtbar ist

Religion – also auch christlicher Glaube – braucht Erfahrung
Erfahrungen gehören zum Leben. Leben ist Erfahrung und wird erfahren. Ohne Erfahrungen bleibt Leben abstrakt und abständig, kommt nicht bei mir an und bleibt gestaltlos.

In einer Kultur der Erfahrungen aus zweiter oder dritter Hand, der medial vermittelten Erfahrungen, wächst ganz plausibel der Hunger nach authentischer Erfahrung.

Völlig problematisch allerdings wird es dann, wenn den unmittelbaren oder auch den vermittelten Lebens-Erfahrungen Jugendlicher ein erfahrungsloser, abstrakter Glaube gegenübersteht. Ein nur gedachter, bestenfalls theologisch-dogmatisch durchdeklinierter Gott ist nicht genügend bedeutungsvoll für die Lebenserfahrungen Jugendlicher (und anderer Menschen). Glaube wird irrelevant und degeneriert zu einer bloßen Deutungskategorie von Leben, wenn er sich nicht auf gelebtes Leben, auf Denken und Gefühle, auf Lebenspraxis und auf das eigene Lebensgeheimnis und das „Innerste" der eigenen Person – Seele, sagte man bisweilen – beziehen lässt, daran anknüpft, sich dort abspielt. Den Lebenserfahrungen Jugendlicher müssen Glaubenserfahrungen entsprechen, soll Glauben im Leben etwas austragen.

Spiritualität als Erfahrung gelebten Glaubens, als Gotteserfahrung und Selbsterfahrung in einem, ist damit schlechterdings für Religion und Glauben unverzichtbar.

Religion – also auch christlicher Glaube – braucht Expressivität

Zum Leben gehört es, sich auszudrücken. Wo Menschen dem, was sie bewegt und was sie erfahren haben, Ausdruck geben, werden Gefühle, Erfahrungen lebendig; sie gewinnen Gestalt und Plastizität, werden bedeutsam und wichtig – nicht nur für andere durch Kommunikation, sondern auch für mich selber. Erfahrungen und Gefühle, die ich ausdrücke, werden für mich und andere eindrücklicher.

Sich auszudrücken kann heilsame Funktionen haben: purgative, reinigende Effekte, wenn „ich mein Herz ausschütte", wenn „ich etwas loswerden muss", „mich ausspreche" oder beichte; es kann Ventilfunktion haben, wenn „das Herz sonst vor Freude zerspringt" oder jemand „zu platzen droht, wenn er/sie etwas nicht loswird"; Menschen können „vom Geist Gottes" innerlich getrieben sein zu tanzen (David), als Prophet zu reden (Amos), das Evangelium zu verkündigen und „in Zungen zu reden" (Paulus).

Viele Formen gelebter Spiritualität sind expressiv: Im Gotteslob und Dank, in Klage und Schreien, in Singen und Gebeten drücken Menschen sich vor Gott aus. Auch Phänomene, die heute vornehmlich pfingstlich-charismatischer Spiritualität zugeordnet werden, wie z. B. Glossolalie oder „Singen im Geist", tragen solch expressiven Charakter.

In einer Kultur, die von permanenter Reizüberflutung und einer Überflutung an Eindrücken gekennzeichnet ist, brauchen Menschen Orte und Zeiten, um sich auszudrücken.

Religion – also auch christlicher Glaube – braucht Intensität und Tiefe

Die Qualität eines Lebens hängt ab auch von seiner Tiefe und Intensität. Je intensiver eine Erfahrung ist, desto wirkungsvoller ist sie und desto mehr prägt und erfüllt sie Leben.

Spirituelle Praxen, geistliche Übungen wie Meditation, Versenkung, Schweigen, das „Herzensgebet", überhaupt Formen des Gebetes, liturgische Gesänge – sie verleihen dem Leben, dem Glauben und der Gottesbeziehung Tiefendimensionen und heilsame Qualität – auch und gerade in einer Kultur, deren Schnelllebigkeit und Oberflächlichkeit Tief-Gänge, „Zu-Sich-Kommen" und Intensität erschwert.

Religion – also auch christlicher Glaube – braucht Krafterfahrungen

Religionstheoretikern zufolge ist ein Kernelement von Religion und ein wesentliches Motiv für Religionsausübung die Hoffnung auf „salvation", Rettung – und zwar im jenseitigen Sinne genauso wie im diesseitigen: Die Sehnsucht danach, dass eine transzendente Macht – Gott also – Rettung und Heil bringt, Hilfe leistet, mit heilsamer Macht eingreift und etwas ändert. Und zwar dort, wo ich hilflos und ohnmächtig bin und aus eigener Kraft nichts mehr machen kann. Bittgebete, für viele Menschen die gebräuchlichste Form des Gebetes, sind ein beredter Ausdruck dessen. Der Gott, der rettet, befreit und hilft – der Gottessohn, der Wunder tut, Hungrige mit Brot versorgt und Durstige mit Wein, Kranke an Leib und Seele heilt und Sünden vergibt – die Gemeinde, die in ihren Reihen Menschen mit lebensfördernden Potenzialen und Kräften (Charismen/Gnadengaben) hat – all das spiegelt den Kern des israelitischen und christlichen Glaubens und seiner Erfahrungen.

Ich halte die Beobachtung und die Behauptung (Grethlein 2004) für plausibel, dass die wichtigsten Elemente in einem (Jugend-)Gottesdienst für junge Leute gerade die Bittgebete und der Segen sind: die Bitte um Hilfe Gottes und der Segen als Verheißung einer lebensbegleitenden Kraftwirkung aus einer ganz anderen Welt – als Kraftfeld Gottes, das im Alltagsleben Wirkung zeigt.

In einer Kultur, in der angesichts unüberschaubar gewordener Komplexität und kaum rational und menschenfreundlich steuerbarer – meist als negativ erfahrener – Kräfte die Ohnmachtsgefühle Jugendlicher potenziert werden, die aus individuell-biografischen Situationen von Hilflosigkeit sowieso entstehen, mag solche Sehnsucht nach göttlicher Hilfe und rettender Kraft noch wichtiger werden. Unter den Armen, Unterdrückten und Hoffnungslosen in dieser Welt war das schon immer so.

Vielfältig ist in christlicher Spiritualität die Annäherung an die Kraft Gottes, Sehnsucht danach und die Erfahrung seiner Wirklichkeit und Wirksamkeit: im Segnen und Gesegnet-Werden, in Segensgottesdiensten, im Umgang mit Charismen und Wundertaten Gottes, in einer „Hermeneutik des Alltagslebens", die Gottes Wirken in täglichen Lebensvollzügen und biografischen Mustern und Momenten entdeckt und damit rechnet, im Nachspüren von Gottes Spuren in Begegnungen und Geschehnissen profaner Wirklichkeiten ...

Religion – also auch christlicher Glaube – braucht Erfahrungen des Geheimnisses des Lebens

Jeder Mensch hat und ist ein Lebensgeheimnis. Gott ist Geheimnis.

In einer Kultur, die geheimnislos zu werden droht, weil jegliches Geheimnis entschlüsselbar wird und jegliche Intimität medial breitgetreten und zu Markte getragen, vermarktet wird, sind Schutzzonen und Zeiten, aber auch Erfahrungsmöglichkeiten von Lebensgeheimnissen umso wichtiger.

Noch einmal – im Kern ist christliche Spiritualität genau dies: Menschen gelangen mit ihrem Lebensgeheimnis in die Gegenwart des Geheimnisses Gottes. Gottes Geheimnis und menschliches Geheimnis verbinden sich und fließen ineinander. Menschen „kommen zu sich" und sind sich selbst nahe – und sie „kommen so zu Gott" und erleben seine heilsame Nähe. Geheimnisse werden „offenbar" und spürbar, aber nicht entschlüsselt.

Menschen drücken ihr Geheimnis aus und erhalten einen Eindruck des Gottesgeheimnisses. Menschen betreten die Zonen des Heiligen und werden geheiligt.

Die Formen sind vielfältig. Jeder und jedem ist es unbenommen, eine eigene spirituelle Praxis zu entwickeln und den „transzendenten Grund des Seins" zu nennen und zu beschreiben, wie es ihm oder ihr beliebt. Das macht den Charme und die Attraktivität des „Container-Begriffes" Spiritualität aus.

Christliche Spiritualität ist dies dann allerdings nicht unbedingt.

Christliche Spiritualität führt in die Gegenwart des dreieinigen Gottes. Christliche Jugendarbeit hat sich darauf zu konzentrieren und nicht beliebig zu diffundieren.

Christliche Jugendarbeit hat Räume, eben auch Erfahrungsräume für die Begegnung mit dem Gott Israels und der Christenheit zu öffnen, auf dem Weg in diese Räume hilfreich zu begleiten und darin einzuführen – und sie darf das auch sagen.

Ein (interreligiöser) Dialog, Erfahrungsaustausch und Lernen voneinander sind davon unbenommen. Es könnte immerhin sein, dass das Geheimnis Gottes auch größer ist als die kirchliche Vernunft.

Gelebte Spiritualität dürfte jedenfalls zukünftig überlebenswichtig für kirchliche Kinder- und Jugendarbeit und Kirche sein.

Der Weg

Gott ist Geheimnis. Gott ist nicht auf die Schnelle entschlüsselbar und auch nicht mal eben so im Vorbeigehen zugänglich. Sich Gottes Geheimnis zu nähern, das bedeutet durchaus Anstrengung und Arbeit.

Eine biblische Geschichte erklärt dies eindrücklich (Markus 9, 2–9 parr): Es ist ein langer Weg, den die drei Jünger zurücklegen müssen, um Gottes Nähe zu erleben und die Verklärung Jesu zu „schauen". Sie müssen sich von den anderen, ihren Kollegen, ihrer peer group trennen; sie müssen ihr normales Leben verlassen; sie müssen den langen, steinigen Weg den Berg hinaufgehen, fern von allen normalen Lebensvollzügen und ihren Alltagsbeschäftigungen als Jünger. Das kostet Zeit, Mühe und eine Umorientierung der (inneren) Blickrichtung – und dann erst „öffnet sich für sie der Himmel" und sie erleben Gottes Nähe.

Kirchen dürfen darum durchaus eine „etwas andere Welt" sein; sicher für jede(n) offen, aber eben nicht ohne Schwellen. Kirche und Glauben sind nicht das auf (angeblich) jugendliche Konsumgewohnheiten zurechtgestutzte, ermäßigte Sonderangebot für spirituelles fast food, sondern sie sind heilige Orte der Gegenwart Gottes, in denen Jugendliche mit ihrer Kultur und Lebensgeschichte – eben ihrem Lebensgeheimnis – Ort, Raum und Zeit haben.

Dazu gehört unabdingbar, dass junge Menschen sich diese Räume selbst „aufschließen" (nicht ohne Hilfe), eigene Wege suchen und finden (nicht ohne Hilfe) und selbst entdecken, was es zu entdecken gibt (auch das nicht ohne Hilfe).

Das kostet Zeit. Und das bedeutet durchaus Mühe und Arbeit, die jungen Menschen auch in bester Erleichterungsabsicht und Niederschwelligkeitspädagogik nicht erspart werden darf.

Dazu braucht es Wegbegleiter(innen), die sich mit auf diesen durchaus auch beschwerlichen Weg machen und Wege mitgehen, die aber auch genügend eigene Erfahrung und Kompetenz haben, um junge Menschen in die „Zonen des Heiligen" und beim Erspüren des „Lebensgeheimnisses" führen können.

5. Evangelische Jugend bildet

Kinder- und Jugendarbeit als Bildungsort kommt verstärkt in den Blick, seit diverse Studien die Defizite des deutschen Bildungswesens aufgezeigt haben. Zwar hat die Kinder- und Jugendarbeit einen eindeutigen und gesetzlichen Bildungsauftrag, doch ihr Bildungswirken wurde lange Zeit in wissenschaftlichen und politischen Bildungskonzepten vernachlässigt.

Mit der Wahrnehmung, dass wesentliche Kompetenzen an außerschulischen Bildungsorten und Lernwelten erworben werden, rücken auch die Bildungsleistungen der Kinder- und Jugendarbeit in den Blick integrierter Konzepte von Bildung. Als ein Ort non-formaler Bildung zeichnet sie sich durch „eine spezifische Aneignungs- und Vermittlungsstruktur aus, die sie maßgeblich von anderen Bildungsorten unterscheidet und ihr Potenzial im Hinblick auf soziale und personale Kompetenzvermittlung begründet" (BMFSFJ 2006, S. 251).

Die Evangelische Jugend ist sich schon immer ihres Bildungsauftrags und ihres Bildungshandelns bewusst. Dies zeigt eine vielfältige Praxis. In allen Lebens-, Organisations- und Arbeitsformen der evangelischen Kinder- und Jugendarbeit vollziehen sich Bildungsprozesse. Sie ist deshalb ein bedeutsamer Ort *informeller Bildung*, also ungeplanter und nicht intendierter Bildungsprozesse, die sich ständig im gemeinsamen, selbst gesteuerten Leben und Tun ereignen. Sie setzt weiterhin Schwerpunkte im Bereich *non-formaler Bildung*, d. h. im Bereich geplanter Bildungsprozesse, die organisiert und mit Bildungsintentionen verbunden sind, die aber Angebotscharakter haben und freiwilliger Natur sind.

5.1. Bildungsverständnis der Evangelischen Jugend

Bildung ist nach dem Verständnis Evangelischer Jugend ein aktiver Prozess zur Aneignung der Welt in ihrer Gesamtheit. Sie ist Entwicklung der ganzen Person in all ihren Lebensbezügen. Im Prozess von Bildung entwickeln Menschen ihre Persönlichkeit im Austausch mit ihrer natürlichen und sozialen Umwelt. Bildung ist ein individueller altersspezifischer und lebensbegleitender Prozess zur Entfaltung der eigenen Person, den (junge) Menschen aktiv als Subjekte ihres Lebens gestalten. Sie ist nie allein Formung von außen, sondern im Kern Selbstbildung junger Menschen zu Mündigkeit, Autonomie und Verantwortungsfähigkeit und sie ist der Erwerb von Selbstbildungsressourcen. Bildung ist eine Voraussetzung zur verantwortlichen Gestaltung des eigenen Lebens.

Die Evangelische Jugend orientiert sich in ihrem Menschenbild an biblischen Vorgaben: Hier wird der Mensch ganzheitlich mit Leib und Seele, Gefühl und Verstand, Liebes- und Herrschaftsbedürfnissen, religiösen und sozialen

Sehnsüchten und der Fähigkeit zum Guten und zum lebensförderlichen Tun wie zum Bösen und zum lebenszerstörenden Tun begriffen.

Die Evangelische Jugend bezieht Bildung darum auf die Ganzheit des Lebens junger Menschen mit dem Ziel *gelingenden Lebens als „Lebenskunst": der Fähigkeit nämlich, mit dem eigenen Leben in all seinen Bezügen und Problemkonstellationen konstruktiv umgehen zu können.* In Anknüpfung an die Denkschrift der Evangelischen Kirche in Deutschland (EKD) „Maße des Menschlichen" wird Bildung „als Zusammenhang von Lernen, Wissen, Können, Wertbewusstsein, Haltungen (Einstellungen) und Handlungsfähigkeit im Horizont sinnstiftender Deutungen des Lebens"(vgl.: EKD 2003, S. 66) verstanden.

Die Evangelische Jugend wendet sich deshalb gegen eine Praxis von Bildung, die Kinder und Jugendliche zum Objekt und Bildung zur Ware macht. Bildung darf nicht reduziert werden auf ihre Funktion als Zugangsvoraussetzung zum Arbeitsmarkt und auf wirtschaftliche Verwertbarkeit. Sie ist ein umfassender Prozess humaner Entwicklung und der Entfaltung von Fähigkeiten und Fertigkeiten, die junge Menschen in die Lage versetzen zu lernen, Potenziale zu entwickeln, kompetent zu handeln, Probleme zu lösen und Beziehungen zu gestalten. Über Anwendungswissen hinaus zielen Bildungsprozesse in der Evangelischen Jugend auf orientierendes Wissen, das ethische Urteilsbildung, Maßstäbe zum Umgang mit Wissen und Sinnstiftung ermöglicht.

Dieses Verständnis von Bildung entfaltet sich in folgenden Bildungszielen:

Entfaltung des Lebens
Leben und Welt sind Gabe Gottes und bedeuten für (junge) Menschen zunächst Reichtum und Schönheit, die sie nutzen und genießen können. Junge Menschen erwerben in der Evangelischen Jugend Kompetenzen und Fähigkeiten zur lebensfreundlichen Entfaltung ihres Lebens und zur Entwicklung von Maßstäben für verantwortliche Lebensqualität. Bildung als „Lebenskunst" bedeutet dabei, mit den positiven, „schönen" Seiten des Lebens genauso wie mit den negativen, „dunklen" Seiten des Lebens umgehen zu können.

Bewältigung des Lebens
Die Schöpfung Gottes ist von Anbeginn ein „Raum", den Menschen sich aneignen und in dem sie die Anforderungen ihres Lebens zu bewältigen haben. Junge Menschen erwerben in der Evangelischen Jugend Kompetenzen und Fähigkeiten, um in zunehmender Autonomie und Mündigkeit die Aufgaben und Problemlagen zu bewältigen, mit denen sie in ihren persönlichen Lebenswelten konfrontiert sind – mit dem Ziel gelingenden, persönlichen Lebens.

Gestaltung des Lebens
Menschen sind von Anbeginn ihrer Schöpfung als „Mitarbeitende Gottes" zur lebensförderlichen Gestaltung der Welt berufen. Junge Menschen erwerben in der Evangelischen Jugend Kompetenzen und Fähigkeiten, mit denen sie sich – nach ihren Möglichkeiten – an der Gestaltung der Welt und ihres zukünftigen Überlebens beteiligen. Kinder und Jugendliche erschließen sich zunehmend die Bereiche der gestaltbaren Welt und damit auch die für sie zumutbaren und zu bewältigenden Verantwortungs- und Handlungsbereiche; diese reichen über den unmittelbaren persönlichen Nahbereich hinaus und beziehen sich auf die jeweilige Gesellschaft und die gesamte Welt im Kontext eines globalisierten Lebens.

5.2. Evangelische Bildung in jugendlichen Lebenswelten

Die Evangelische Jugend sieht ihren Bildungsauftrag vornehmlich in folgenden Dimensionen jugendlichen Lebens:

Leben als Gabe
Das individuelle Leben, die Welt als Ort des Lebens und die Mitmenschen und Mitgeschöpfe als Lebenspartner(innen) – das Leben in seiner ganzen Fülle ist Schöpfungsgabe Gottes. Deshalb stellt Evangelische Jugend „Räume" für junge Menschen zur Verfügung, in denen sie ihr Leben in seiner ganzen Fülle entfalten und genießen können: Junge Menschen erfahren in der Evangelischen Jugend den Wert ihres eigenen Lebens und den Wert allen Lebens.

Leben als Werden
Leben ist nach christlichem Verständnis niemals abgeschlossenes und statisches Leben – es ist wachstums-, entwicklungs- und veränderungsfähiges Leben. Die Evangelische Jugend bietet darum „Räume" für selbst gestaltete und angeleitete Entwicklungs- und Entfaltungsprozesse junger Menschen. Sie fördert Jugendliche dabei, eigene Lebensentwürfe zu entwickeln und experimentell zu erproben. Sie bietet Unterstützung und Hilfe im Hinblick auf die Anforderungen und Aufgaben der persönlichen Entwicklung und im Hinblick auf Herausforderungen im Alltag und in den Lebenswelten junger Menschen.

Unvollkommenes und gebrochenes Leben
Leben ist nach christlichem Verständnis niemals perfektes Leben, sondern auch unvollkommenes und misslingendes Leben – Leben mit Fehlern und Angst, Versagen und Schuld. Die Botschaft des Evangeliums zeigt die Vergebungsbereitschaft und „Fehlerfreundlichkeit"[14] Gottes und eröffnet die Möglichkeit, sich

---

14 „Fehlerfreundlichkeit" verstanden als konstruktiven Umgang mit Fehlern und Freundlichkeit mit denen, die Fehler machen ...

und anderen zu vergeben. Bildungsprozesse in der Evangelischen Jugend intendieren, dass junge Menschen lernen, mit eigenen Grenzen und Unvollkommenheiten produktiv umzugehen. Sie intendieren einen lebensfreundlichen Umgang mit eigenem Versagen und Schuld sowie Verhaltensweisen und Einstellungen, um mit dem Schuldig-Werden anderer gemeinschaftserhaltend umzugehen.

Freiheit zur Individualität
Christliches Verständnis nimmt Menschen jeglichen Alters als Subjekte ihrer Lebensgestaltung ernst. In der Evangelischen Jugend lernen junge Menschen, ihre Lebensprozesse in am Evangelium orientierter, verantworteter Freiheit zu gestalten. Evangelische Jugend ist ein Raum, in dem junge Menschen Impulse und Anregungen zur Selbstbildung erhalten, und ein Schutzraum, in dem junge Menschen in experimenteller Mündigkeit sich selbst bilden können, ihre Potenziale entfalten und ihre Individualität und Identität herausbilden können.

Leben braucht Orientierung
Leben braucht nach christlichem Verständnis Orientierungen und Werte, um die Welt lebensfreundlich gestalten zu können. Maßstab für christliche Orientierungsmuster ist die biblische Botschaft mit ihren grundlegenden Kriterien der Gerechtigkeit, des Friedens, der Liebe und des verantwortlichen Umgangs mit allem Leben. Bildungsprozesse in der Evangelischen Jugend intendieren, dass junge Menschen eine durch diese Maßstäbe qualifizierte kritische Vernunft ausbilden, die zur Orientierung in einer unübersichtlichen Zeit und einer widersprüchlichen Welt befähigt.

Lebenspraktische Kompetenzen in der Zivilgesellschaft
Leben bedeutet in jüdisch-christlicher Tradition Lebensgestaltung in der Zivilgesellschaft und erfordert Lebensweisheit und Praxiskompetenzen im Alltag. Im Raum Evangelischer Jugend erwerben junge Menschen eine Vielfalt an lebenspraktischen Fähigkeiten, die auf die Bewältigung des eigenen (Alltags-)Lebens und auf konstruktives Mitgestalten und Partizipation in der Zivilgesellschaft übertragbar sind.

Leben in Beziehungen
Menschliches Leben ist auf Beziehungen angewiesen. Die lebensfreundliche Gestaltung von Beziehungen erweist sich nach biblischem Verständnis als segensreich für die Einzelnen und für die Gesamtheit der menschlichen Gesellschaften. In den Gruppen und Angeboten der Evangelischen Jugend ereignet sich soziales und kommunikatives Lernen. Beziehungen zu Menschen, zu Gleichaltrigen, Jüngeren und Erwachsenen sowie zu Jugendlichen mit anderen Lebenshintergründen und aus anderen Erfahrungskontexten ermöglichen exemplarisch

den Erwerb von Kompetenzen und Verhaltensstrategien zur lebensfreundlichen Gestaltung von Beziehungen, die auf andere Lebenszusammenhänge übertragen werden können.

Leben in Beziehung zu Gott
Der Mensch ist nach biblischem Verständnis auf Gott hin geschaffen und in eine Lebensbeziehung mit Gott gerufen. Religiöse Bildung ist ein Kernelement der Evangelischen Jugend.

Bildungsschwerpunkte
Das Bildungswirken in der evangelischen Kinder- und Jugendarbeit weist sehr unterschiedliche Facetten und Akzente auf, die differenziert zu betrachten sind und in diesem Bericht nicht weiter ausgeführt werden. Da die Notwendigkeit eines global nachhaltigen Lebensstils die Bildung als gesamtgesellschaftliche Schlüsselaufgabe neu herausfordert, stellen wir globales Lernen an dieser Stelle exemplarisch für Bildungshandeln der evangelischen Jugend dar.

5.3. Verantwortungsübernahme in einer globalisierten Welt – Globales Lernen

Globales Lernen ist der Versuch einer pädagogischen Antwort auf die Herausforderungen der Globalisierung. Die gewachsene Komplexität erfordert eine Neuorientierung in der schulischen wie außerschulischen Bildungsarbeit. Der vor allem durch Treibhausgase verursachte Klimawandel zeigt, dass mit dem Zusammenwachsen der Welt in wirtschaftlicher, ökologischer und sicherheitspolitischer Hinsicht Gefährdungen verbunden sind, die die Menschheit immer mehr zur Risikogemeinschaft zusammenwachsen lassen.

Das Konzept globalen Lernens kann als wesentlicher Beitrag zur Gestaltung der schulischen und außerschulischen Bildungsarbeit im Sinne der Nachhaltigkeit verstanden werden.

Dabei ist globales Lernen nicht als zusätzliche Disziplin zu verstehen, sondern als reformpädagogisch ausgerichtetes Lernprinzip und Regelpraxis. Globales Lernen befähigt dazu, die Beziehung zwischen dem eigenen Lern- und Lebensweg und den weltweiten Entwicklungen zu erkennen und zu verstehen und einen Lebensstil zu entwickeln, der auf Verantwortung gegenüber sich selbst und anderen abzielt und sich aus der Vision eines gerechten und friedlichen Miteinanders der Menschen auf der einen Erde nährt. Dieser hohe Anspruch erschöpft sich nicht in einer Informationsveranstaltung über den fairen Handel. Viel mehr muss globales Lernen als Regelpraxis in alle Bereiche des Lebens und damit auch der evangelischen Arbeit mit Kindern und Jugendlichen integriert werden.

Neben dem subjektorientierten Ansatz kommt es darauf an, die religions- und gemeindepädagogischen Dimensionen dieses Lernfeldes zu berücksichtigen und globales Lernen aus evangelischer Sicht zu profilieren. Orientierung und die Fähigkeit, Visionen zu entwickeln, sind die grundsätzlichen Ziele globalen Lernens und markieren die Herausforderung für die evangelische Kinder- und Jugendarbeit. Wo, wenn nicht hier, ist der Ort, wo gemeinsam nach Orientierung für das eigene Leben gesucht und Visionen für eine Welt entwickelt werden, in der kommende Generationen leben können. Klar, dass es dabei nicht um einen plakativen Brückenschlag z. B. von Paulus hin zu den Katastrophengebieten der Erde geht. Paulus war den damaligen Verhältnissen entsprechend ein global denkender Mensch. Ihn global lernend zu entdecken heißt aber, sich von seinem unerschütterlichen Glauben an den gnädigen Gott anstecken zu lassen, der damals wie heute eine Weltsicht ermöglicht, die die Grenzen des Vorstellbaren und Machbaren überschreitet (1. Korinther 1, 23). Mit jungen Menschen an diesem Modell in einer komplex gewordenen Welt zu lernen bedeutet, die globale Dimension des Lebens wahrzunehmen, ohne alle Probleme auf einmal lösen zu müssen, aber mit Mut, Neugier und Kreativität Gestaltungsmöglichkeiten und Wege aus der Resignation angesichts erlittener Rückschritte zu suchen.

In diesem Sinne versteht sich die Evangelische Jugend als Akteur einer Bildung für nachhaltige Entwicklung und orientiert ihre Arbeit grundsätzlich am Leitbild der Nachhaltigkeit, wie es die Vereinten Nationen 1992 in Rio de Janeiro formuliert haben.

6. Die Mitarbeitenden und ihre Rolle

Ein besonderes Merkmal von evangelischer Kinder- und Jugendarbeit sind ehrenamtliche Mitarbeiter(innen), überwiegend im Jugendalter, ohne die die vielzähligen und vielfältigen Angebote der evangelischen Kinder- und Jugendarbeit nicht möglich wären. Leider sind bundesweit noch immer keine exakten Daten über die Zahl der ehrenamtlich engagierten Jugendlichen verfügbar, doch lassen Erhebungen in Teilbereichen der Evangelischen Jugend und die Befunde der aej-Studie, die besagen, dass 10% der befragten Jugendlichen ehrenamtlich aktiv sind (Fauser/Fischer/Münchmeier 2006), eine ungefähre Angabe zu. Die aej geht davon aus, dass mehr als 150.000 überwiegend junge Menschen in der evangelischen Kinder- und Jugendarbeit ehrenamtlich engagiert sind. Sie werden begleitet von nahezu 4.000 voll- bzw. teilzeitbeschäftigten professionellen Fachkräften – im Folgenden als hauptberufliche Mitarbeiter(innen) bezeichnet.

Zwei Vergewisserungen sollen vor einer differenzierten Betrachtung der je besonderen Rolle beider Gruppen stehen – beide Dimensionen sind für alle Mitarbeitenden von Bedeutung:

Mitarbeitende sind Zeugen des Evangeliums

Ehrenamtlichen und hauptberuflichen Mitarbeitenden wird eine Reihe von Kompetenzen abverlangt – sie sollen qualifizierte Allrounder und Generalisten sein. Auf jeden Fall sollen sie aber religiöse Kompetenz besitzen.

In vielen Bereichen Evangelischer Jugend zählen religiöse, hier oft und nicht zu Unrecht „geistlich" genannte Kompetenzen zu den Kernvoraussetzungen für Mitarbeitendenschaft; in einigen anderen Bereichen allerdings sind religiöse Kompetenzen und eigene Christlichkeit als Teil des Anforderungsprofils für Mitarbeitende in den letzten Dekaden vernachlässigt worden. Inzwischen hat sich dies geändert. Der Stellenwert religiöser Kompetenzen hat seinen Grund: Wenn christliche Religion und ihre Auswirkungen im persönlichen Leben und im praktischen Handeln das inhaltliche Zentrum evangelischer Kinder- und Jugendarbeit darstellt, bedarf es bei den „Gestalter(inne)n des religiösen Raumes" entsprechender Kompetenzen und Qualifikationen: Sie müssen Bescheid wissen über das, was sie sagen und tun, und sie müssen einen eigenen Lebensbezug zum Glauben und zum Evangelium haben.

Denn

→ für junge Menschen sind Mitarbeitende der evangelischen Kinder- und Jugendarbeit Repräsentanten der Kirche und ihres Inhaltes; sie sind Zeugen des Evangeliums;

→ zu den Kernaufgaben von Mitarbeitenden gehört es, junge Menschen in die „Zonen des Heiligen" einzuführen. Wer Kinder und Jugendliche begleiten will, muss sich dort auskennen und zumindest einige „Wege", aber auch Gefährdungen kennen.

→ Junge Leute sollen im Lauf ihrer Biografie religiös sprachfähig werden. Wer jungen Menschen dabei hilfreich zur Seite stehen will, kann sich nicht hinter sprachlichen Lehrformeln verstecken, sondern muss selbst einen lebendigen Zugang zur eigenen Religiosität gefunden haben.

Voraussetzungen religiöser Kompetenz sind religiöses Wissen, religiöse Einstellungen und eigene religiöse Praxis.

→ *Wissen*

Zu den Grundqualifikationen zählt ein solides Mindestmaß an religiösem Wissen, das ein theologisches und geistliches Beurteilungsvermögen generiert („Wie sind jugendreligiöse Strömungen zu beurteilen? Wie sieht die Entwicklung des Gottesbildes bei Kindern und Jugendlichen aus? Wie unterscheiden wir uns vom Islam? Was ist wichtig für den Glauben? usw."). Dieses Wissen ist notwendig, um kompetent mit Jugendlichen über ihre oft alterstypischen theologischen Fragen zu reden – die meist einen existenziellen Hintergrund haben – und ihnen Antwortangebote zu geben (z. B. nach Theodizee, Tod und Auferstehung, wie ist die Bibel heute zu verstehen, wie wirkt Gott? usw.). Grundkenntnisse der biblischen Botschaft und dessen, was „evangelisch" ist, sind auf jeden Fall unumgänglich.

Ein sechzehnjähriger Ehrenamtlicher muss längst nicht soviel wissen wie eine Hauptberufliche – hier sind eher seine Deutungen relevant. Und auf der Ebene des Wissens kann innerhalb eines Teams delegiert werden; religiöse Wissenskompetenzen müssen nur im Team ausreichend vorhanden sein.

→ *Einstellungen und Authentizität*

Wesentlicher noch sind Einstellungen und Haltungen. Die „Auftraggeberin Kirche" kann von ihren hauptberuflichen und ehrenamtlich Mitarbeitenden eine positive Grundeinstellung zur Kirche und Identifizierung mit den Anliegen von kirchlicher Arbeit erwarten. Darüber hinaus sind eine Selbstidentifizierung als Christin bzw. Christ und eine authentische Ausstrahlung unverzichtbar. Jugendliche spüren sehr sensibel, mit welchen Einstellungen Mitarbeitende ihre Arbeit machen. Nur religiöses bzw. geistliches Profil wirkt auch religiös bzw. geistlich herausfordernd. Jugendliche haben zudem ein Recht auf Klarheit: Nur wenn sie wissen, mit wem sie es zu tun haben, können sie sich darauf einlassen – oder sich gegebenenfalls eben auch verweigern.

Eine gute evangelische Kinder- und Jugendarbeit braucht darum Mitarbeitende mit überzeugendem und authentischem christlichen Profil und ebensolcher Identität. Sie braucht Mitarbeitende, die sagen, was sie glauben, und glauben, was sie sagen – und die tun, was sie sagen und glauben.

Selbstverständlich gelingt dies immer nur in Form des Fragmentes: Der Verheißungsüberschuss des Glaubens und menschliche Realitäten bedeuten immer, dass wir mehr zu sagen vermögen und auch sagen dürfen, als wir im Leben praktizieren können und auch im eigenen Glauben akzeptieren. Authentizität meint dann, auch diese Differenz in das religionspädagogische Handeln zu integrieren.

→ *Eigene Glaubenspraxis*
Dies alles erfordert ein eigenes Ergriffensein vom Evangelium, persönliche Erfahrungen mit dem Glauben und eine eigene Glaubenspraxis. Dauerhafte religiöse Identitäten entstehen nicht primär durch Wissen, sondern eher durch religiöse Erfahrungen und Begegnungen mit „dem Heiligen". Religiöse Identität auf Dauer ist auf die Zufuhr religiöser Energien angewiesen – in christlicher Sprache und Perspektive: Nur in der Kraft des Heiligen Geistes kann man kirchliche (Kinder- und Jugend-)Arbeit treiben. Nur wer beten kann, kann auch andere Beten lehren, nur wer die Methoden und Techniken des Glaubens beherrscht, kann andere darin einführen.

Mitarbeiter(innen) sind Vorbilder und Orientierungspunkte
Insgesamt zeigt die Studie, dass von den evangelischen Jugendlichen selbst nicht die Wunschpersonen der pädagogisch Verantwortlichen als Vorbilder und Leitfiguren genannt werden. Dies entspricht einem allgemeinen Trend: Seit Jahrzehnten hat die Jugendforschung gezeigt, „dass sich die pädagogischen Träume nicht in der subjektiven Realität der Jugendlichen widerspiegeln" (Fauser/Fischer/Münchmeier 2006, S. 185). Die Inhalte der genannten Vorbilder haben sich seit den 50er Jahren deutlich von Personen aus dem Nahbereich zu Personen aus dem Fernbereich (Prominente und Stars) verschoben.

Diese Ergebnisse haben einige Irritationen ausgelöst. Es liegt verständlicherweise nahe danach zu fragen, ob alles Bemühen um die lebensrelevante Gestaltung des eigenen personalen Vorbildes und die religionspädagogische Vermittlung von Vorbildern z. B. biblischer Provenienz denn nun sinnlos seien.

Die qualitativen Interviews der genannten Studie der aej geben Hinweise darauf, dass Ältere im Jugendverband – also Hauptberufliche und Ehrenamtliche – vorbildhafte und orientierende Funktion für Jugendliche haben können und haben. Allerdings sind diese Personen für Jugendliche nicht oder nur in seltenen Fällen insgesamt auratisch besetzte Idole, sondern Jugendliche wählen sensibel und nach eigenen Kriterien aus, was sie von ihnen an Einstellungen und Handlungsmustern übernehmen und was eben nicht. Sie werten bestimmte Eigenschaften und Verhaltensweisen aus ihrer Sicht als vorbildhaft und ahmen diese durchaus nach. Ihre Vorbildfunktion ist also hochgradig *selektiv*: Jugendliche entscheiden selbst, was sie von dem Orientierungsangebot durch „Ältere" lernen und übernehmen wollen. Sie übernehmen dabei nicht unbedingt das, was in der „Vorbild-Intention" der Mitarbeitenden liegt. Sie übernehmen vielmehr das, was aus ihrer Sicht an Einstellungen und Verhalten der Mitarbeitenden für ihr eigenes Leben Erfolg versprechend und verheißungsvoll und lebenswert ist. Jugendliche übernehmen z. B. Einstellungen des Glaubens und Formen des geistlichen Lebens nur dann, wenn sie den Mitarbeitenden auch entsprechende Kompetenzen zuschreiben, wenn sie also bemerken: „die haben Ahnung davon". Es reicht also nicht, wie es das in den vergangenen Jahren viel zitierte „Paradigma der Begleitung" oft fordert, sich einfach nur mit Jugendlichen „auf die gemeinsame Suche nach Glauben" zu begeben und keinen Kompetenzvorsprung zu haben und kenntlich zu machen. Im Gegenteil brauchen junge Menschen auch den Kompetenzvorsprung der Mitarbeitenden, an dem sie sich orientieren, aber auch reiben können. Ob sie dann etwas von diesem Vorbildangebot übernehmen, hängt natürlich von den Jugendlichen ab, aber eben auch von der Überzeugungskraft der Mitarbeitenden und ihrer Glaubwürdigkeit – also davon, ob Jugendliche ihnen auch authentische Kompetenz zuschreiben.

Mitarbeitende sind also Vorbilder für junge Menschen – ob sie wollen oder nicht. In welcher Hinsicht sie dies allerdings sind, hängt von den jungen Leuten und ihrer subjektiven Auswahl ab. Mitarbeitende liefern damit ein fragmentarisches und hochselektives *Vorbildangebot*. Vorbildfunktionen sind damit in der Kinder- und Jugendarbeit selten oder kaum pädagogisch planbar. Die Aufgabe der Mitarbeitenden ist es vielmehr, sich als *Orientierungsperson und als Vorbildressource* zur Verfügung zu stellen – damit aber auch Vorbild sein zu *wollen*. Dies allerdings erfordert die Bereitschaft, Verantwortung zu übernehmen.

6.1 Ehrenamtliche Mitarbeiter(innen)

Die unüberschaubare Vielfalt an Formen, Methoden und die Möglichkeiten für inhaltliche Impulse der evangelischen Kinder- und Jugendarbeit sind ein idealer Anregungsrahmen für freiwilliges, ehrenamtliches Engagement von jungen Menschen über die eigensinnige Nutzung der Angebote hinaus. Unter den vergleichsweise geringen Vorgaben können Jugendliche selbst tätig werden, ihre Vorstellungen entwickeln und in Angebote für Kinder und Jugendliche umsetzten. Ausschlaggebend für ein aktives freiwillig-ehrenamtliches Engagement sind Faktoren wie Anerkennung persönlicher Kompetenzen, wirkungsvolle Mitbestimmung und das Vorhandensein eines selbstbestimmten Freiraums zur Umsetzung und Erprobung der eigenen Vorstellungen. Sie wollen etwas für sich und für andere tun. Dies ist ein sehr zentrales Motivbündel bei jungen Menschen und steht in enger Verbindung damit, dass die Tätigkeit Spaß macht. Freiwilliges ehrenamtliches Engagement ist in fast allen Fällen eine Fortführung der selbst erlebten Kinder- und Jugendarbeit in anderer Form – mit der Hauptmotivation:

Gemeinschaft und Geselligkeit – mit anderen gemeinsam etwas Relevantes erleben.

Die Tätigkeitspraxis der freiwillig-ehrenamtlich engagierten Jugendlichen ermöglicht den Erwerb von Lebensgestaltungskompetenzen. Im Vollzug der Tätigkeiten – mehr beiläufig „on the job", aber auch bewusst gewollt – werden soziale Kompetenzen wie konstruktive Konfliktbewältigung, Durchsetzung eigener Positionen und Akzeptanz anderer Meinungen, Kommunikationsfähigkeit, selbstständiges Handeln, aber auch Selbststeuerungs- und Leitungskompetenzen, erfolgreiche Übernahme von Verantwortung, Kooperationsfähigkeit, Teamgeist und die Fähigkeit, komplexe Vorgänge und Zusammenhänge zu durchschauen, ausgeprägt, die junge Menschen in besonderem Maße für ihre zukünftige Rolle in der Gesellschaft stärken. Eine schier grenzenlose Kreativität und die Lust am Experimentieren zeichnen diese Bildungsprozesse im Besonderen aus. Die Ergebnisse des Freiwilligensurvey (vgl. BMFSFJ 2006b) der Bundesregierung zeigen, dass junge Engagierte die mit dem freiwillig-ehrenamtlichen Engagement erworbenen Fähigkeiten, Kompetenzen und Erfahrungen in ihren (späteren) beruflichen Zusammenhängen nutzen wollen – und sehen diese Erwartung überwiegend auch erfüllt. Geht man Beschreibungen über den Kompetenzerwerb empirisch nach, so wird deutlich, dass das ehrenamtliche Engagement für Jugendliche „einen nahezu exklusiven Lernort" (Düx, Prein, Sass, Tully 2008, S. 265) für zivilgesellschaftliche Kompetenzen wie Interessenvertretung, Gremienkompetenz, Anwendung formal-demokratischer Verfahren sowie ausweisbare pädagogische Kompetenzen darstellt.

Erfolgreiche evangelische Kinder- und Jugendarbeit setzt heute höhere fachliche Kompetenzen voraus. Deshalb hat die Aus- und Fortbildung von ehrenamtlich engagierten Jugendlichen eine hohe Bedeutung in der evangelischen Kinder- und Jugendarbeit. Die Ausbildung mündet in der Regel im Erwerb einer „Jugendleiter(in)-Card" – kurz der „Juleica". Die in Verantwortung der obersten Landesjugendbehörden liegende Juleica dient als amtliches Ausweisdokument für den Kontakt zu Ämtern und Behörden und  als Qualifizierungsnachweis. Sie ist in der evangelischen Kinder- und Jugendarbeit oftmals gleichzeitig Voraussetzung für die Übernahme der Leitung von Kinder- und Jugendgruppen und Projekten. Gegenüber Eltern und der Öffentlichkeit ist sie ein Ausweis für verlässliche Qualität und grundlegende fachliche Kompetenzen. Sie belegt, dass Inhaber(innen) über Grundkenntnisse verantwortlicher und gelingender Kinder- und Jugendarbeit verfügen. Juleica-Ausbildungen vermitteln Fachkenntnisse über Pädagogik und Methodik, rechtliche

Grundlagen und Organisationskenntnisse und geben Impulse für Verhaltensweisen in Konflikten und zur Reflektion der eigenen Rolle als Jugendleiter(in). Ein Schwerpunkt in der Evangelischen Jugend ist die Vermittlung von theologischem Grundwissen sowie die Auseinandersetzung mit Spiritualität und Methoden, Glauben gemeinsam zu leben. Zahlreiche weiterführende und vertiefende Fort- und Weiterbildungsformen bauen darauf auf.

Die Tätigkeitsfelder lassen sich in zwei große Bereiche trennen:
→ Das personenbezogene oder pädagogische Ehrenamt entfaltet sich Formen wie Jugendgruppenleitung, Projektleitung, Planung und Durchführung von Aktionen und Events, Jugendfreizeitmaßnahmen u. v. m. Die pädagogische Arbeit der ehrenamtlichen Mitarbeiter(innen) umfasst Angebote vielfältiger spielpädagogischer Methoden, lebensweltliche Beratung, Vermittlung von Inhalten und die Auseinandersetzung mit biblischen Themen, religiösen Fragen und Möglichkeiten eines authentischen Glaubenslebens.
→ Das politische Ehrenamt umfasst die Mitwirkung in Gremien der Evangelischen Jugend und davon abgeleitet in den evangelischen Kirchen, unterschiedlichen gesellschaftlichen Organisationen und der Politik. Neben der verantwortlichen Gestaltung der Grundlinien der Evangelischen Jugend auf allen Organisationsebenen steht die Vertretung der Interessen junger Menschen und der Bedarfslagen der evangelischen Kinder- und Jugendarbeit im Mittelpunkt. Diese authentische Selbstvertretung von jungen Menschen in den unterschiedlichen Bereichen hat nicht nur für die jungen Menschen selbst enorme Entwicklungspotenziale für ihre eigene Zukunft, den Erwachsenenorganisationen der Gesellschaft bietet sich darüber ein strukturierter Rahmen für den Dialog mit der jungen Generation bei der Bearbeitung zentraler Herausforderungen

Die aej bietet zusammen mit der Arbeitsgemeinschaft der Landesjugendvertretungen (der evangelischen Landeskirchen) ein Training „Jugend macht Politik" für interessierte ehrenamtlich Engagierte an, die in kirchlichen, ökumenischen und politischen Gremien der Landes- und Bundesebene und der Europäischen Union mitwirken (wollen) – eine notwendige Maßnahme zur Gewinnung von Leitungsnachwuchs für Kirche, Politik und Gesellschaft.

Gewichtet man die beiden Bereiche, so wird das Engagement im personenbezogenen Ehrenamt deutlich größer sein als im politischen Ehrenamt. Und je übergeordneter die Ebene, umso abstrakter wird die Tätigkeit und umso geringer wird der Kreis der Interessierten.

Die große Zahl der ehrenamtlichen Mitarbeiter(innen) ist alles andere als eine homogene Gruppe. Dies gilt sowohl für das Alter wie für die wahrgenommenen Aufgaben. In der Altersverteilung liegt der größte Teil im Bereich von 16–22 Jahren; aber auch „ältere Semester" sind anzutreffen. Ehrenamtliche engagieren sich in der evangelischen Kinder- und Jugendarbeit zwischen drei und sechs Stunden pro Woche. Auch diese Angaben sind in ihrer Pauschalität nur begrenzt aussagekräftig, da die aufzubringende Zeit je nach Tätigkeit sehr schwankt. Hinzu kommt, dass ehrenamtliche Mitarbeiter(innen) in ihrer aktivsten Phase oftmals mehrere Funktionen ausüben.

Das etwas andere Ehrenamt
Im Gegensatz zu caritativen Einrichtungen orientiert sich das ehrenamtliche Engagement in der evangelischen Kinder- und Jugendarbeit nicht an Notlagen und einem Hilfebedarf, sondern an „normalen" Lebenssituationen und an der gemeinschaftlichen Gestaltung des Lebens mit den Jugendlichen. Gestaltung meint hier insbesondere die Entwicklung von Konzepten, die Entscheidung über die Schwerpunkte und die Umsetzung hauptsächlich mit Gleichaltrigen oder Kindern. Ehrenamtliche sind keine Helfer(innen) von Fachkräften der sozialen Arbeit, sondern Impulsgeber(innen) für eine subjektorientiert ausgerichtete Kinder- und Jugendarbeit.

Ihre große Nähe zu den Lebenslagen und Lebensstilen von Kindern und Jugendlichen ist ein wichtiger Baustein für eine erfolgreiche evangelische Kinder- und Jugendarbeit. Dies und die unterschiedlichen Gaben, die junge Menschen ins Ehrenamt mitbringen und dort entfalten, sind Potenziale, die nicht durch professionelle Fachkräfte ersetzt werden können.

Eine unbedingte Voraussetzung für gelingendes Ehrenamt ist die wirkungsvolle Beteiligung bei der Gestaltung des Tätigkeitsbereichs. Für ehrenamtlich Engagierte in der evangelischen Kinder- und Jugendarbeit ist es keine Perspektive mehr, unter den Vorgaben von professionellen Kräften nach Einsatzplanvorgaben Tätigkeiten zugewiesen zu bekommen. Ehrenamtliche wollen die Bedingungen mitgestalten und ihre Lebenskompetenz dabei einbringen. Der Freiwilligensurvey unterlegt dieses sehr eindrücklich: An der Spitze der Nennungen von Jugendlichen steht, wenn sie nach Verbesserungswünschen gefragt werden: Finanzmittel für Projekte, Ausstattung für Projektarbeit, gefolgt von fachlicher Unterstützung und Anerkennung durch die Hauptamtlichen (BMFSFJ 2006b, S. 255).

Die Praxis in den evangelischen Kirchen und der evangelischen Kinder- und Jugendarbeit ist dabei sehr heterogen; es gibt Gemeinden, in denen Pfarrer(innen) sich auf ihre Richtlinienkompetenz berufen und damit Einfluss auf die konkrete Ausrichtung nehmen wollen, es gibt hauptberufliche Mitarbeiter(innen), die letztendlich doch über das Profil der Arbeit, über die Schwerpunkte und die Projekte selbst entscheiden. Solche Einstellungen und Situationen tragen nach allen Erkenntnissen nicht zur Förderung und Entwicklung des ehrenamtlichen Engagements junger Menschen bei. Jugendliche lassen sich nur begrenzt unter „Einsatzplanprämissen" einbinden und beenden ihr

Engagement schnell, wenn von Erwachsenen dominierte Entscheidungsgremien oder hauptamtliche Mitarbeiter(innen) Beteiligungsmöglichkeiten und Entscheidungskompetenzen einschränken oder ablehnen.

Ein Rückgang der Bereitschaft zu ehrenamtlichem Engagement wird gerne beschworen und begründet mit der Verdichtung der Jugendphase und gestiegener Anforderung bei der Bewältigung des Lebens. Wir können für die evangelische Kinder- und Jugendarbeit eine solche Entwicklung nicht bestätigen – und dies steht durchaus im Einklang mit empirischen Befunden: Jugendliche im Alter von 14–24 Jahren sind nach wie vor die Gruppe der Engagiertesten (BMFSFJ 2006b, S. 209). Die Praxis spiegelt ein sehr heterogenes Bild wider. Es sind andere Faktoren, die ehrenamtliches Engagement und sein Gelingen bestimmen:

→ In strukturschwachen Gebieten wandern mit den jungen Menschen auch potenzielle ehrenamtlich Engagierte ab. Das reduziert die Gruppe, für die evangelische Kinder- und Jugendarbeit ein Entfaltungsort für ehrenamtliches Engagement sein könnte. Der Freiwilligensurvey der Bundesregierung zeigt einen weiteren Zusammenhang: Je höher der Bildungsgrad und je stärker sozial integriert, desto größer ist das Engagement bei Jugendlichen. Es scheint damit seit 1999 zunehmend sozial selektiver geworden zu sein (BMFSFJ 2006b, S. 203). Da bekannt ist, dass die besser Gebildeten den Chancen auf ein berufliches Weiterkommen nachziehen, verbleiben tendenziell die Nichtmobilen, die Arbeits- und Perspektivlosen zurück. Sie nehmen die Chancen eines Engagements weniger wahr.

→ Der von Wissenschaftler(inne)n beschriebene Strukturwandel des Ehrenamts ist keine ernste Hinterfragung des Ehrenamts in der evangelischen Kinder- und Jugendarbeit. Die Bedingungen des und die Bereitschaft zum Engagement entwickeln sich entlang von veränderten Nutzungsverhalten der Kindern und Jugendlichen weiter: Wie die Lebenskonzepte so auch das Engagement: projektorientiert mit der Möglichkeit aus- und umzusteigen. In retrospektiver Betrachtung scheint das Engagement kurzfristiger zu werden. Aber auch hier ist einige Vorsicht geboten, denn in der evangelischen Kinder- und Jugendarbeit ist ein intensives und über fünf Jahre hinausreichendes Engagement in wechselnden Tätigkeitsfeldern nicht ungewöhnlich.

→ Ergo ist weniger die Frage nach angewachsenen Belastungen Jugendlicher ausschlaggebend für ehrenamtliches Engagement, sondern die Attraktivität des Tätigkeitsfeldes, also die Möglichkeiten der Gestaltung, die Ausstattung, die Unterstützung. D. h.: Nachwuchsprobleme entstehen dort, wo Ehrenamtskonzepte und Bedingungen nicht den Möglichkeiten von Jugendlichen entsprechen bzw. wo nur noch wenige Jugendliche leben. Die beste Förderung des jugendlichen Ehrenamts ist eine bedarfsgerechte Ausstattung der Tätigkeitsfelder mit den notwendigen Ressourcen, insbesondere mit Finanzen, sowie die bestmögliche Unterstützung der Ideen von jungen Menschen. Engagement lebt von der Möglichkeit, etwas bewegen und Einfluss nehmen zu können. Engagement stirbt, wenn Ideen nicht umgesetzt und Vorstellungen nicht entwickelt werden können, wenn Gestaltungsräume nicht vorhanden sind.

Zwei Anmerkungen
Der Freiwilligensurvey belegt auch, dass das Engagement Jugendlicher im Feld kirchlicher Handlungsfelder weiter hoch und zwischen 1999 und 2004 sogar erkennbar angestiegen ist (bei den 14- bis 19-Jährigen von 12% auf 17%).

Die aej-Studie belegt eine unterschiedliche Betrachtungsweise der Rolle von Ehrenamtlichen: Jugendliche Nutzer(innen) sehen auch in wenig älteren ehrenamtlichen Mitarbeiter(inne)n ein Gegenüber. Sie sind in ihrer Rolle Vertreter(innen) der Organisation und unterscheiden sich damit, wenn überhaupt, dann nur geringfügig von hauptberuflichen Mitarbeiter(inne)n (Fauser/Fischer/Münchmeier 2006, S. 268 ff.). Ehrenamtliche irritiert dieser Befund, denn sie sehen sich selbst als Jugendliche bzw. als authentische Vertreter(innen) der Interessen von Jugendlichen, weil sie altersmäßig noch nahe an jugendlichen Lebenslagen sind.

6.2. Professionelle Fachkräfte – hauptberufliche Mitarbeiter(innen)

Evangelische Kinder- und Jugendarbeit ist ein berufliches Arbeitsfeld in der evangelischen Kirche mit besonderen Herausforderungen. Hauptberufliche Mitarbeiter(innen) haben eine spezifische Funktion zwischen ehrenamtlichen Mitarbeiter(inne)n, Kindern und Jugendlichen und Kirche. Das Aufgabenprofil umfasst unterschiedliche Schwerpunkte, die jeweils spezifisches professionelles Handeln erfordern. Sie lassen sich zusammenfassen in folgende Bereiche:

Verkündigung, Seelsorge und Beratung
Hauptberufliche Mitarbeiter(innen) vermitteln altersgerecht, situationsbezogen und in spezifischen pädagogischen Settings Grundlagen des christlichen Glaubens und fördern die Entfaltung kinder- und jugendbezogener Spiritualität. Sie haben für junge Menschen erkennbar einen Lebensbezug zum Evangelium und sind auf ihren Glauben ansprechbar. Sie geben Impulse zur Auseinandersetzung mit Glaubensfragen und für die persönliche Glaubenspraxis. Sie begleiten junge Menschen in Glaubens- und Lebensfragen (Seelsorge/Jugendberatung). Sie reflektieren ihre individuelle religiöse Sozialisation und den konfessionellen Standort und sind damit fähig, den Dialog mit anderen Glaubensüberzeugungen und Weltanschauungen führen zu können.

Pädagogisches Handeln

Hauptberufliche Mitarbeiter(innen) tragen fachliches Wissen in die Kinder- und Jugendarbeit hinein und organisieren die Reflexion des pädagogischen Handelns am aktuellen Stand der Jugendforschung, Pädagogik und Theologie. Sie entwickeln diskursiv mit allen Beteiligten (Kindern, jugendlichen Ehrenamtlichen) Konzepte auf der Basis sozialräumlicher Gegebenheiten und aktueller sozialwissenschaftlicher Standards, begleiten die Umsetzung mit didaktischen und fachlich reflektierten Methoden und fördern die notwendige Weiterentwicklung. In der gemeinde- und gruppenbezogenen Arbeit mit Kindern und Jugendlichen sind ehrenamtliche Mitarbeiter(innen) die Hauptzielgruppe von Hauptberuflichen. Dabei gilt es, das ehrenamtliche Engagement anzuregen, auszubauen und die Tätigkeiten fachlich zu unterstützen bzw. zu qualifizieren. Die Aus- und Fortbildung von Ehrenamtlichen sowie eine kontinuierliche fachliche Begleitung und die Beratung in Konfliktsituationen sind dabei zentrale Aufgaben. Ehrenamtliche Mitarbeiter(innen) sind gleichzeitig aber auch spezifische Nutzer(innen) der evangelischen Kinder- und Jugendarbeit. Sie erwarten Begleitung, Beratung in persönlichen Lebensfragen und fördernde Angebote in Form von Gruppenmaßnahmen.

Vornehmlich in der einrichtungsbezogenen, offenen Kinder- und Jugendarbeit liegt ein Schwerpunkt von hauptberuflichen Mitarbeiter(innen) bei Angeboten mit jungen Menschen selbst. Dies kann auch für spezifische Projekte, Events und Ferienfreizeitmaßnahmen gelten und für Angebote mit spezifischen Zielgruppen in mobilen Formen der Kinder- und Jugendarbeit.

Management

Hauptberufliche Mitarbeiter(innen) sind „Ressourcenmanager(innen)" für und mit jungen Menschen in ihrem Sozialraum und in ihren Lebenswelten. Sie erschließen „fördernde Umwelten" und schaffen institutionell, finanziell und örtlich Gestaltungsräume für junge Menschen – dabei bauen sie mit und für junge Menschen ein Netzwerk von Informationen und Kontakten. Hauptberufliche Mitarbeiter(innen) kooperieren – sozialräumlich orientiert – mit relevanten Instanzen, die jugendliches Leben beeinflussen – Eltern, Verantwortlichen der Kirchengemeinde/des Kirchenkreises, Schulen, Ämtern, Jugendhilfeeinrichtungen und anderen Organisationen der Kinder- und Jugendarbeit. Sie sichern damit zum einen die spezifische Infrastruktur für Kinder- und Jugendarbeit und leisten in dieser Weise einen unerlässlichen social support. Sie geben zum anderen Impulse für eine beteiligungsorientierte Organisationsentwicklung. Ein qualifiziertes Finanzmanagement, eine verständliche Darstellung der Wirkungsweise geförderter Maßnahmen, eine ausreichende Öffentlichkeitsarbeit sind ebenso Ausdruck für professionelles Handeln wie die qualifiziert unterstützende Zuarbeit zu Gremien, die Moderation von Gremien und Gruppenarbeitsformen und die Mitarbeit in kirchlichen und (jugend-)politischen Gremien.

Eine Gewichtung dieser unterschiedlichen Schwerpunkte ist nicht möglich – nur indem sie gleichermaßen miteinander korrelieren, kann eine dem jungen Menschen zugewandte, an Christus orientierte, lebensfreudige und lebenszuversichtliche evangelische Kinder- und Jugendarbeit entstehen. Diese Tatsache setzt voraus, dass die Stelleninhaber(innen) über strukturiertes Selbstmanagement verfügen können. Dies ist Grundlage für erfolgreiches und professionelles Handeln.

Zwei besondere Bedingungen bestimmen das fachliche Handeln maßgeblich:
→ Hauptberufliche in der Kinder- und Jugendarbeit stehen in einem handfesten *professionellen Dilemma*, das sie kontinuierlich und konstruktiv bearbeiten müssen: Fachliche Standards, die Interessen und das Nutzungsverhalten von jungen Menschen, die Vorstellungen von Ehrenamtlichen und die Interessen von evangelischen Kirchen können sehr widersprüchlich sein und sehr unterschiedliche Anforderungen an professionelles Handeln stellen. Damit verbunden ist eine ausgeprägte Rollenpluralität – als jugendlicher Kumpel, als erwachsene Orientierungsperson, als Vertreter(in) von Kirche, als Repräsentant(in) des Jugendverbands. Das setzt einen bewussten und reflektierenden Umgang mit unterschiedlichen und zum Teil widerstrebenden Rollen voraus, der Spannungen erkennt und die einhergehenden Konflikte offensiv aufgreift. Ebenso spannungsgeladen und aufreibend kann der Konflikt zwischen Parteilichkeit für Kinder und Jugendliche und der erforderlichen Anleitung zur gesellschaftlichen Integration der Heranwachsenden sein.
→ Professionelles Handeln in der Kinder- und Jugendarbeit macht sich nicht so sehr an einer Professionalisierung der Pädagogik fest. Pädagogische Konzepte an den fachlichen Standards auszurichten ist notwendig und muss selbstverständlich sein. In der Kinder- und Jugendarbeit kommt es aber nicht darauf an, pädagogische Erkenntnisse nach einem festen Fahrplan umzusetzen. Sie können sich nur erfolgreich entfalten, wenn sie in die unterschiedlichen kommunikativen Strukturen und sozialen Räume der Kinder- und Jugendarbeit eingebettet sind. Professionelles Handeln heißt also, diese vielfältigen Formen selbstbestimmter Aneignung und Verarbeitung zu erkennen und sie für pädagogische Impulse zu nutzen. Dabei kommt es in hohem Maße auf eine *professionelle Moderation des Prozesses* an, sich mit Kindern, Jugendlichen und Ehrenamtlichen über Inhalte und Formen zu verständigen. Der Habitus des professionell Handelnden unterscheidet sich dabei grundlegend von anderen pädagogischen Berufsfeldern: Er begegnet Jugend-

lichen und ehrenamtlichen Mitarbeiter(inne)n gewissermaßen auf gleicher Augenhöhe, denn sie beeinflussen wesentlich die Frage, ob ein Prozess entsteht oder ein Angebot einfach nicht stattfindet. Kinder- und Jugendliche sind entscheidende Co-Produzenten von Kinder- und Jugendarbeit.

Die Kluft zwischen Anforderungen und Realität
Die Mehrheit der hauptberuflichen Mitarbeiter(innen) leistet eine qualifizierte Arbeit. Dennoch ist eine Kluft zwischen den Anforderungen, die das Handlungsfeld stellt, und der hauptberuflichen Realität festzustellen – nicht überall, doch als Tendenz von Personalverantwortlichen und Theoretikern der Kinder- und Jugendarbeit beobachtet. Sie hat sehr unterschiedliche Ursachen, doch lassen sich mindestens vier strukturelle Defizite benennen:

→ *Geringe Theoriekenntnis und Methodenkompetenz* von Ausbildungsabsolvent(inn)en durch die Bedeutungslosigkeit des Handlungsfeldes im Ausbildungswesen und die sich in der weiteren Praxis fortsetzende Theorieabstinenz. Darin begründet sich, dass ein Teil der hauptberuflichen Mitarbeiter(inne)n konzeptionslos vorgeht, wenig Anhaltspunkte zur Analyse und Reflexion bildet und sein Tun und somit das ganze Handlungsfeld nur mühevoll als bedeutungsvoll darstellen kann. Sie sehen auch keinen Bedarf, sich für ihr fachliches Handeln fortzubilden. Kinder- und Jugendarbeit wird dadurch insgesamt als professionelles Handlungsfeld abgewertet.

→ *Interessen des Anstellungsträgers*, die einer professionellen Arbeit zum Teil widerstreben und die sich in Versuchen, Niederqualifizierte mit niedrigerem Verdienst anzustellen, in einer sinkenden Bereitschaft zur Unterstützung von Fortbildung und in konzeptfremden Anforderungen (wie viel Kinder- und Jugendgruppen leitet der/die Stelleninhaber[in]) ausdrücken.

→ *Fehlende fachliche und dienstrechtliche Anleitung*. Damit fällt eine wichtige Instanz aus, die Defizite benennt, professionelles Handeln einfordern und zusätzlichen Kompetenzerwerb durch gezielte Fortbildung und Begleitung veranlassen kann.

→ *Fehlende Personalentwicklung*. Bisher fehlen noch immer überzeugende Konzepte für die berufliche Anschlussfähigkeit an andere Handlungsfelder in evangelischen Kirchen. Dies und das im Theoriedefizit begründete geringe professionelle Profil von Kinder- und Jugendarbeit führen dazu, dass Kinder- und Jugendarbeit für eine erfolgreiche berufliche Perspektive einen immer geringeren Stellenwert hat.

Die begründete Kritik an den fehlenden Ausbildungsleistungen der Hochschulen und anderen Ausbildungsstätten korrespondiert jedoch mit der Feststellung, dass kein tragfähiges Kompetenzprofil als notwendige Grundlage für professionelles Handeln und zur Orientierung für die Ausbildung von Hauptberuflichen vorhanden ist. Die aej arbeitet zurzeit mit Personalverantwortlichen der aej-Mitglieder und der Landeskirchen an einem Kompetenzprofil für Hauptberufliche in der evangelischen Kinder- und Jugendarbeit, das mitglieder- und landeskirchenübergreifend Grundlage für die weiteren Strategien mit Hochschulen und Ausbildungsstätten einerseits und mit den jeweiligen Anstellungsträgern andererseits sein kann. Dabei wollen wir Abstand nehmen von der Festlegung auf einen bestimmten Studiengang und auf eine bestimmte Berufsbezeichnung. Alle, die hauptberuflich mit evangelischer Kinder- und Jugendarbeit betraut werden sollen oder sind, sollten zukünftig über eine feste Reihe von Grundkompetenzen verfügen.

Bisher zeichnen sich folgende fachliche Dimensionen ab:

→ Hauptberufliche Mitarbeiter(innen) verfügen über ein fundiertes Wissen in Erziehungswissenschaften und Theologie. Sie eignen sich aktuelle wissenschaftliche Erkenntnisse zu Fragen der Lebenslagen von jungen Menschen und zu handlungsfeldbezogen Fragen an. Sie verfügen über Kenntnisse, die dem aktuellen Stand zeitgemäßer Verkündigung, der Sport-, Spiel-, Kultur- und Medienpädagogik entsprechen.

→ Sie sind vertraut mit den Grundbedingungen von gelingender Kinder- und Jugendarbeit. Sie internalisieren ihren besonderen Status als *Ermöglicher(innen)* und (nur) Co-Produzenten von Kinder- und Jugendarbeit und als *Förder(innen)* der Umsetzung von Impulsen, die von jungen Menschen kommen.

→ Hauptberufliche Mitarbeiter(innen) sind vertraut mit den Bedingungen des Sozialraumes, in denen sie arbeiten, und mit den Lebenslagen ihrer Zielgruppen.

→ Sie erschließen als Informations- und Ressourcenmanager(innen) für und mit jungen Menschen „fördernde Umwelten" und schaffen institutionell, finanziell und örtlich Gestaltungsräume für junge Menschen. Dabei bauen sie mit und für junge Menschen ein Netzwerk von Informationen und Kontakten. Dabei kennzeichnet sie ihre mündliche und schriftliche Ausdrucksfähigkeit sowie ihre Kompetenzen zum Selbstmanagement.

→ Sie regen zur Reflexion an – eine Voraussetzung für erfolgreiche Bildungsprozesse.

Die fachlichen Kompetenzen stehen insbesondere in der Kinder- und Jugendarbeit in einem engen Zusammenhang zu vorhandenen *personalen und sozialen Kompetenzen*. Hauptberufliche Mitarbeiter(innen) bieten sich im Vollzug ihrer Tätigkeit an für die Auseinandersetzung über gelingende Formen der Lebensgestaltung in einer komplexen Welt. Sie stellen sich offensiv der Rolle als Objekt für Beobachtung. Wie gehen sie mit Konfliktsituationen um, wie leben sie Glauben und Evangelium? Wie gestalten sie ihr Leben? Wie leben sie Beziehungen? Sie sind angesprochen als authentische Menschen, gewissermaßen als mögliches Modell für einen zukünftigen Erwachsenenstatus junger Menschen. Dies setzt die Bereitschaft voraus, persönliche Standpunkte dar- und zur Diskussion zu stellen, auf die aktuellen Fragen der Zeit ansprechbar zu sein und eigene Vorstellungen verändern zu können. Die Darstellung des eigenen religiösen Standpunkts hat eine besondere Bedeutung. Damit verbunden sind Kompetenzanforderungen wie Kommunikationsfähigkeit, Kooperationsfähigkeit und die Fähigkeit, Konflikte zu durchdringen und sie mit einem differenzierten Instrumentarium von Lösungskonzepten persönlich und mit den jeweiligen Partnern bearbeiten zu können. Die professionelle Selbstwahrnehmung, Rollenflexibilität und Fähigkeit, die jeweils erforderliche Rolle reflektieren zu können, sind unerlässlich.

Festzuhalten gilt es, dass Kinder- und Jugendarbeit ein notwendiges und sehr anspruchvolles, leitungsgeprägtes, berufliches Handlungsfeld in der Kirche ist. Es setzt eine ausreichende und grundständige Ausbildung voraus, die ein kontinuierliches Arbeiten an der Schnittstelle zwischen Theorie und Praxis ermöglicht. Die Einführung in die spezifischen Erfordernisse als zweiter Teil der Ausbildung muss nach heutigen Erkenntnissen zu Beginn des beruflichen Werdegangs in der Kinder- und Jugendarbeit stehen. Hauptberuflichen Mitarbeiter(inne)n „kommt eine zentrale Rolle" für das Gelingen von evangelischer Kinder- und Jugendarbeit und für die Zukunft evangelischer Kirchen zu. Deshalb brauchen die evangelische Kinder- und Jugendarbeit und die evangelischen Kirchen „eine Mitarbeiterschaft, die sich den Herausforderungen mutig und hoffnungsvoll stellt" (EKD 2006, S. 14). Und dafür benötigen sie eine qualifizierte Ausbildung.

7. Aufbau und Struktur evangelischer Kinder- und Jugendarbeit

Evangelische Kinder- und Jugendarbeit definiert sich als Teil der Gemeinde Jesu Christi und als ein besonderer Ausdruck kirchlichen Handelns. Sie sieht sich in ihrer Entstehungsgeschichte als eigenständige und (zunächst von Kirchen) unabhängige Jugendbewegung verpflichtet und versteht sich gleichzeitig als Nachwuchs und Erneuerung von evangelischer Kirche. Deshalb betont sie als Evangelische Jugend bis heute ihre Eigenständigkeit unter dem Dach der verfassten evangelischen Kirche mit eigenständigen demokratischen Mitwirkungs- und Entscheidungsstrukturen. Diese Spannung ist bei der sogenannten landeskirchlichen Kinder- und Jugendarbeit stärker ausgeprägt als bei den Verbänden eigenständiger Prägung wie dem CVJM, VCP und anderen, deren organisatorische Eigenständigkeit erkennbar größer ist, die sich aber dennoch an die evangelischen Kirchen gebunden sehen.

Dieses besondere Selbst- und Organisationsverständnis kann als protestantischer Ausdruck kirchlichen Lebens verstanden werden, ist aber ebenso der Ausdruck für jugendliches Leben zwischen Familie, Schule und den unterschiedlichen Angeboten des Freizeitmarkts. Evangelische Kirche weiß um die Bedingungen von Kinder- und Jugendarbeit als jugenddominierter, eigensinniger Ort in den Lebenswelten junger Menschen. Die aej-Studie (vgl. Fauser/Fischer/Münchmeier 2006) hat die Bedeutung von Kinder- und Jugendarbeit für junge Menschen empirisch nachgewiesen – als einen Ort des selbstbestimmten Experimentierens, der Suche nach gelingenden Lebenskonzepten und der Entscheidung über die nächsten biografischen Schritte. Darin liegt eine weitgehende Eigenständigkeit von Kinder- und Jugendarbeit in allen gesellschaftlichen Bereichen und auch in der evangelischen Kirche begründet.

Evangelische Kinder- und Jugendarbeit ist ein Arbeitsfeld der evangelischen Kirchen, dessen Beauftragung und besondere Verfasstheit in der Regel durch sogenannte Jugendordnungen festgelegt ist. Diese Jugendordnungen unterscheiden sich zwar in Aufbau und den benutzten Termini, aber das Grundverständnis ist allen gemein. Dies lässt sich an folgenden Punkten festmachen:
→ Evangelische Jugend ist in der Regel der Überbegriff für alle Formen der evangelischen Kinder- und Jugendarbeit. Unterschieden werden die selbstständigen Verbände mit eigener Prägung (CVJM, VCP etc.) und die kirchengemeindliche evangelische Kinder- und Jugendarbeit, deren Verfasstheit insbesondere die Jugendordnungen in den Blick nehmen. In einigen Landeskirchen hat die gemeindliche Kinder- und Jugendarbeit auf landeskirchlicher Ebene ähnlich den selbstständigen Verbänden eine eigenständige Organisationsform mit eigenem Organisationsstatut.

→ Die Jugendordnungen beschreiben die eigenständige Organisation der Evangelischen Jugend auf gemeindlicher Ebene, im Kirchenkreis und landeskirchenweit. Die Verantwortung für evangelische Kinder- und Jugendarbeit liegt in der Regel in kirchengemeindlichen Jugendausschüssen, in Jugendkammern der Kirchenkreise und in der Landesjugendkammer (die Benennungen der Gremien unterscheiden sich von Ordnung zu Ordnung sehr – es werden im Weiteren stellvertretend die hier gewählten Begriffe verwandt). Sie bilden repräsentativ die evangelische Kinder- und Jugendarbeit ab. Der gemeindliche Jugendausschuss und die (Landes-) Jugendkammer haben neben ihrem kirchenrechtlichen Status als Beratungsorgan der Kirchenleitung auch den Status der Verantwortung für die evangelische Kinder- und Jugendarbeit und der Vertretung der Belange der Evangelischen Jugend gegenüber der Öffentlichkeit. Sie verfügen über Beschlussrechte zur Verteilung der für die Evangelische Jugend zur Verfügung gestellten Fördermittel und wirken bei der Stellenbesetzung mit.
→ Neben den Jugendausschüssen und (Landes-)Jugendkammern weist sich Evangelische Jugend in der Regel durch eine eigenständige Vertretung von jungen Menschen mit Organstatus aus. Diese Jugendvertretung ist in den Verantwortungsgremien der Evangelischen Jugend vertreten, i. d. R. mit dem größten Kontingent an Stimmen. Letzteres trifft auch auf Landeskirchen zu, die keine eigenständige Jugendvertretung neben den Verantwortungsgremien kennen.
→ Insgesamt wird mit neuen Formen der Selbstvertretung junger Menschen auf örtlicher/gemeindlicher Ebene experimentiert. In einigen Jugendordnungen neueren Datums finden sich „Versammlungen von Kindern und Jugendlichen" der Gemeinden, die in den meisten Fällen auch die Funktion der Wahl zu Jugendvertretungen haben.
→ Eigenständige Werke und Verbände sind ebenfalls demokratisch strukturiert und haben Mitwirkungs- und Entscheidungsgremien von ihrer Basis bis zur Bundesebene.

Zur fachlichen Unterstützung der evangelischen Kinder- und Jugendarbeit und zur Umsetzung der Vorgaben der Gremien der Evangelischen Jugend halten die evangelischen Kirchen Personal und Dienststellen vor – i. d. R. von Kirchenkreisebene bis zur Bundesgeschäftsstelle der aej. Diese Einrichtungen sind einerseits kirchliche Kompetenzstellen für Fragen von Kindheit und Jugend allgemein und insbesondere im Setting von Kinder- und Jugendarbeit. Andererseits sind sie i. d. R. Geschäftsstellen der Evangelischen Jugend und ihrer innerkirchlichen Selbstorganisation. Diese doppelte Beauftragung enthält Konfliktpotenzial. Sie ist aber nicht auflösbar, wenn Evangelische Jugend nach ihrem Selbstverständnis gleichzeitig jugendliche Selbstorganisation und Gestaltungspotenzial für Kirche sein will. Die jeweiligen landeskirchenbezogenen strukturell-organisatorischen Arrangements für diese Fachstelle können sehr unterschiedlich sein, müssen aber die grundlegenden Funktionen erfüllen können: kirchliche Kompetenzstelle für Fragen zu jungen Menschen, insbesondere im Rahmen von Kinder- und Jugendarbeit, und operativer Arm der evangelischen Selbstorganisation von jungen Menschen – der Evangelischen Jugend.

Jugendverbandliche Organisation im Sinne des Jugendhilferechts
Evangelische Jugend ist mit ihrer Herkunftsgeschichte, ihrem Selbstverständnis und ihrem Organisationsverständnis eine jugendverbandliche Organisation nach § 12 SGB VIII und als solche auf den unterschiedlichen politischen Ebenen und im sozialwissenschaftlichen Kontext anerkannt. Die rechtliche, auf den Status als Träger der freien Jugendhilfe bezogene Anerkennung und öffentliche Förderung von Jugendverbänden setzt eine eigenverantwortliche und selbstorganisierte Tätigkeit voraus (vgl.: Arbeitsgemeinschaft der Obersten Landesjugendbehörden: Grundsätze für die Anerkennung von Trägern der freien Jugendhilfe nach § 75 SGB VIII vom 14. 4. 1994). In dieser Funktion wirbt Evangelische Jugend immense öffentliche Fördermittel für die Arbeit mit Kindern und Jugendlichen ein – in den Kommunen und Gemeinden, den Bundesländern, im Bund und der Europäischen Union.

8. Ausstattung mit Ressourcen

Evangelische Kinder- und Jugendarbeit kann über eine vergleichsweise *gute Ausstattung* an Räumen, Fachkräften und Finanzmitteln verfügen. Sicher gibt es von Landeskirche zu Landeskirche und zwischen Regionen große Unterschiede, dennoch kann das Angebot an *Räumen* der evangelischen Kirchen für ihre unterschiedlichen Handlungsfelder immer noch als sehr gut bezeichnet werden. Davon profitiert die evangelische Kinder- und Jugendarbeit. Mit einiger Sorge werden die Konsequenzen neuer kirchlicher Finanzsysteme beobachtet. Das Kostenstellenprinzip (Kosten sollen dort angesetzt werden, wo sie entstehen) kann dazu führen, dass die Vorhaltung und Bewirtschaftung von Jugendräumen ohne einen Finanzausgleich in die Jugendhaushalte überführt werden.

Immer noch zählt die Evangelische Jugend im Vergleich zu anderen Jugendverbänden zu den mit *hauptberuflichen Mitarbeiter(inne)n* besser ausgestatteten Organisationen, obwohl insgesamt ein Rückgang an Stellen und Stellenanteilen für evangelische Kinder- und Jugendarbeit und finanzbedingt längere Vakanzen bei Stellenneubesetzungen zu beobachten sind. Die Entwicklungen sind hierbei sehr uneinheitlich: So benennt der Jugendbericht der Evangelischen Kirche im Rheinland, „dass in mehr als der Hälfte der Kirchenkreise wesentliche Veränderungen in der Jugendarbeit stattgefunden haben: Wegfall ganzer Stellen, Umwandlung voller in Teilzeitstellen, Zunahme prekärer Arbeitsverhältnisse" (Evangelische Kirche im Rheinland 2006, S. 10), anderenorts werden keine oder nicht so gravierende Veränderungen gemeldet.

Für die vielfältigen Gruppen, Projekte, die diversen Aktivitäten und Öffentlichkeitsarbeit stehen im Wesentlichen kirchliche und öffentliche Mittel zur Verfügung – in einigen Fällen ergänzt um projektbezogene Mittel von Stiftungen und in einem begrenzten Umfang um Mittel aus erfolgreichem Fundraising.

Bei *kirchlichen Mitteln* sind die Aussagen ähnlich wie bei der Personalentwicklung: Es gibt keinen Trend zum bevorzugten Abbau der kirchlichen Fördermittel für evangelische Kinder- und Jugendarbeit. Die Evangelischen Kirchen müssen insgesamt, auf allen Ebenen und in nahezu allen Handlungsfeldern, Kosten reduzieren. Die evangelische Kinder- und Jugendarbeit gehört nicht zur Kürzungspriorität.

Bei einer Würdigung der neuesten Auswertungen der Kinder- und Jugendhilfestatistik für die *öffentliche Förderung* der Kinder- und Jugendarbeit kann man einen anderen Eindruck bekommen. Die öffentlichen Ausgaben sind in den vergangenen Jahren deutlich gesunken:

Öffentliche Ausgaben für die Jugendarbeit 2000 und 2006 nach Art der Ausgaben

Art der Ausgaben	Ausgaben für Jugendarbeit in Tsd. Euro		Entwicklung 2006 zu 2000 in %	
	2000	2006	nominal	inflationsbereinigt
Einzel- und Gruppenhilfen der Jugendarbeit	430.461	448.853	+4,3	-1,2
Einrichtungen der Jugendarbeit	980.998	951.993	-3,0	-8,1
Jugendarbeit insgesamt	1.411.459	1.400.846	-0,8	-6,0

Quelle: Dortmunder Arbeitsstelle Kinder- und Jugendhilfestatistik – AKJ, 2008, eigene Darstellung

Eine bundeslandbezogene Auswertung kommt zu folgendem Ergebnis:

Öffentliche Ausgaben für die Jugendarbeit 2000 und 2006 pro 100 der 12- bis 21-Jährigen nach Ländern

Land	Ausgaben pro 100 12-21-Jährige in Euro		Entwicklung 2000-2006 in %	
	2000	2006	nominal	inflationsbereinigt
Baden-Württemberg	12.925	12.634	-2,3	-7,8
Bayern	12.934	10.845	-16,1	-18,7
Berlin	27.132	26.243	-3,3	-9,4
Brandenburg	10.064	13.767	36,8	27,7
Bremen	18.569	19.857	6,9	-0,1
Hamburg	20.335	19.966	-1,8	-10,4
Hessen	18.423	19.994	8,5	1,3
Mecklenburg-Vorpommern	11.592	13.162	13,5	8,2
Niedersachsen	16.053	13.872	-13,6	-17,6
Nordrhein-Westfalen	13.792	13.761	-0,2	-6,0
Rheinland-Pfalz	10.329	10.603	2,6	-2,2
Saarland	11.013	12.618	14,6	8,3
Sachsen	11.419	12.304	7,8	2,9
Sachsen-Anhalt	12.387	12.546	1,3	-5,4
Schleswig-Holstein	17.527	15.084	-13,9	-17,2
Thüringen	11.057	12.576	13,7	9,1
Länder insgesamt*	14.160	13.945	-1,5	-6,7
Deutschland insgesamt**	15.082	15.339	1,7	-3,7

* ohne Angaben der obersten Bundesbehörden • ** mit Angaben der der obersten Bundesbehörden
Quelle: Dortmunder Arbeitsstelle Kinder- und Jugendhilfestatistik – AKJ, 2008, eigene Darstellung

Dabei ist erschreckend, wie wenig in den sogenannten prosperierenden Bundesländern, Bayern und Baden-Württemberg, für Kinder- und Jugendarbeit ausgegeben wird. Zumindest den Zahlen nach hat es den Anschein, als wollten die politisch Verantwortlichen ihre Jugendhilfehaushalte auf Kosten der Kinder- und Jugendarbeit sanieren.

Insgesamt zeichnet sich in allen Bereichen eine *Verschiebung von Infrastrukturförderung zur Förderung von Projekten* ab, deren Ziele und Maßnahmenkatalog oftmals schon vorgegeben sind und die keine anteilige Förderung für Personal und Organisation zulassen. Die Praxis zeigt deshalb, dass Projektmittel nur eingeworben und Projekte nur durchgeführt werden können, wenn eine ausreichende Infrastruktur – d. h. qualifiziertes Personal und eine zeitgemäße Organisationsausstattung – vorhanden ist.

Eine Anmerkung zur *Datenlage*:
Die vorsichtige Beschreibung, wie es um die evangelische Kinder- und Jugendarbeit steht, ist der schlechten Datenlage geschuldet. Die bundesweite Kinder- und Jugendhilfestatistik bildet nur einen Teil der öffentlich geförderten Einrichtungen und Maßnahmen ab und kann nicht so exakt ausgewertet werden, dass wir genaue, abgrenzbare Daten für die Evangelische Jugend erhalten. Die *kirchliche Statistik* gibt weder Auskünfte über die Ressourcenausstattung, noch stellt sie die Grunddaten evangelischer Kinder- und Jugendarbeit (erreichte Kinder und Jugendliche, ehrenamtliche und hauptberufliche Mitarbeiter(innen), Zahl der Maßnahmen und Angebote) ausreichend dar. Die statistischen Veröffentlichungen der EKD (Kirchenamt der EKD, jährlich) laufen Gefahr, der Öffentlichkeit ein unzureichendes Bild über die evangelische Kinder- und Jugendarbeit zu präsentieren, das den Darstellungen der Evangelischen Jugend widerspricht. Es besteht also großer Handlungsbedarf. Die aej arbeitet mit landeskirchlich Verantwortlichen intensiv zusammen, um eine Verbesserung der misslichen Situation zu erreichen. Drei Faktoren sind dabei zielführend: Zum einen muss erreicht werden, dass die kirchenamtliche Statistik realitätsnah evangelische Kinder- und Jugendarbeit abbilden kann. Und zum anderen muss die Datenbasis über die Leistungen der evangelischen Kinder- und Jugendarbeit verbreitet und öffentlich sichtbar gemacht werden. In den Blick kommen müssen drittens die hauptberuflichen Mitarbeiter(innen). Ihre Aufgabe muss es zukünftig sein, kontinuierlich und aktuell die notwendigen Daten kirchlichen und staatlichen Stellen sowie den Landes- und Bundesgliederungen der Evangelischen Jugend zur Verfügung stellen zu können.

9. Übergänge und biografische Anschlüsse

9.1. Schule

Schule ist unbestritten ein bedeutsamer Ort für junge Menschen. Die Schulpflicht bindet junge Menschen fest an diese Institution und verfügt einschneidend über die Ressource Zeit. Gleichzeitig ist die Schulpflicht eine kulturelle Errungenschaft, denn nur so kann gewährleistet werden, dass allen Heranwachsenden Basics zur aussichtsreichen Gestaltung des Lebens vermittelt werden. Rahmenbedingungen und die Praxis von Schule ist jedoch immer wieder Anlass für Kritik und Reformbewegungen. Insbesondere die internationalen Schulvergleichsstudien haben den Veränderungsdruck erhöht. Sie stellen dem deutschen Schulwesen ein schlechtes Zeugnis aus, weil basale Kompetenzen nicht in ausreichendem Maß vermittelt werden und der Anspruch, Bildungserfolg unabhängig von Herkunft und Lebenslage zu ermöglichen, nicht eingelöst wird.

So richtig diese Kritik im Kern ist, so sehr muss aber darauf hingewiesen werden, dass Schule die gestiegenen Erwartungen an Betreuung, Bildung und Erziehung alleine nicht meistern kann. Schule kann sich einerseits nicht mehr darauf zurückziehen, „nur" die Wissensbestände der Gesellschaft an die nachwachsende Generation zu vermitteln – zumal mit den wachsenden Anfragen an die Wirkung. Zum anderen muss sie erkennen, dass sie heute schon für eine beträchtliche Zahl von Schülerinnen und Schülern zum Lebensort geworden ist (Schulzentren im ländlichen Raum, Jugendliche aus Familien in sozioökonomisch prekären Situationen, u. a.). Sie kann sich immer weniger von den Lebenslagen junger Menschen außerhalb der Institution abschotten, sie kann die Herstellung des Sozialen nicht mehr ausschließlich anderen überlassen (der Familie, der Jugendhilfe etc.) und diese Dimension aus ihrem Konzept ausschalten. Daher ist sie auf externe Fachkompetenzen und Kooperationen mit anderen Institutionen/Organisationen, die das Aufwachsen begleiten, angewiesen.

Der Lebensort Schule und der Status Schüler(in) ist schon immer ein spezifischer Fokus evangelischer Kinder- und Jugendarbeit gewesen. Im letzten Jahrzehnt verstärkt hinzugekommen sind neue Formen der Kooperation mit der Institution Schule.

Berühren die Konzepte der Arbeit mit Schüler(inne)n weniger die grundsätzlich unterschiedlichen Bedingungen zwischen (außerschulischer) Kinder- und Jugendarbeit und der Schule, so fordern die festen Kooperationen die evangelische Kinder- und Jugendarbeit sehr heraus. Freiwilligkeit versus Verbindlichkeit (Pflicht), Selbstbestimmung versus curriculare Zielbestimmungen, Ehrenamtlichkeit versus Beruflichkeit kennzeichnen die Spannungsbögen, denen sich zu stellen die Aufgabe der Kooperierenden ist. Die Grenzen zwischen den verschiedenen Arbeitsformen sind fließend und orientieren sich an den unterschiedlichen Vorgaben der Kultusministerien.

Die inhaltlichen Ideen, die Kooperationsformen und Perspektiven innerhalb sind vielfältig. Dabei können die Freiwilligkeit der Teilnahme, der Ort und der Zeitrahmen der Arbeit zur Darstellung eine sinnvolle Unterscheidungsmöglichkeit anbieten.

→ *Freiwillige Teilnahme von Schüler(inne)n außerhalb von Schule und von Unterrichtszeit*
Hier finden sich Arbeitsformen wie: Schülercafés, Hausaufgabenhilfe, Ferienfreizeitmaßnahmen, Seminare mit Bezug auf Glaubensinhalte, aktuelle Themen und auf Persönlichkeitsentwicklung, musisch-kulturelle Konzepte, Gruppenangebote.

→ *Freiwillige Teilnahme von Schüler(inne)n außerhalb von Schule, aber in der Unterrichtszeit*
Hier sind Angebote verortet, wie Tage Ethischer Orientierung (TEO), Angebote zur Berufsorientierung und Berufsberatung mit einzelnen Jugendlichen oder Gruppen, Projektwochen oder -tage mit religiösen und politischen Bildungs- und Orientierungsmöglichkeiten, Schulseelsorge, Aktionstage und -wochen für ganze Schulen oder einzelne Klassen.

→ *Verpflichtende Teilnahme außerhalb oder innerhalb von Schule auch im Nachmittagsbereich*
Dazu gehören erlebnispädagogische/künstlerische und musische Projektangebote im Ganztagsbereich, Betreuungszeiten, Schülermentorenprogramme und Tutorenarbeit, Schüler(innen)vertretungsseminare, Zivilcouragetrainings, Mittagsbetreuung, begleitete Sozialpraktika, Schulaktionstage.

Evangelische Kinder- und Jugendarbeit verfügt über immense spezifische Erfahrungen und Kompetenzen, die sie in Kooperationen mit der Schule entfalten kann. Hierin liegt eine große Chance für Schule und die evangelische Kinder- und Jugendarbeit. Denn in dem Maß, wie Schule ihre Pflichtveranstaltungen und ihre Angebote ausweitet und damit die Lebenswirklichkeit von Kindern und Jugendlichen verändert, wird evangelische Kinder- und Jugendarbeit prüfen müssen, ob sie zukünftig ihre Angebote im Umfeld oder in Kooperation mit Schule entwickelt, um weiter junge Menschen mit ihren Chancen und Angeboten erreichen zu können. Eine der großen Herausforderungen dabei wird sein, dass Kooperationen die so unterschiedlichen Bedingungen achten und ihre jeweiligen Angebote eigenständig mit Wechselbezug auf die anderen Anbieter platzieren müssen.

9.2. Ausbildung

Jedes Jahr wollen über 700.000 junge Menschen eine berufliche Ausbildung im Rahmen des dualen Ausbildungssystems aufnehmen.

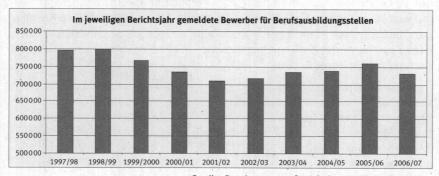

Quelle: Bundesagentur für Arbeit 2007, Zeitreihen Teil 1, Bewerber für Berufausbildungsstellen 1997/98–2006/07, Deckblatt

Dennoch gehen immer noch viele Jugendliche leer aus. Für das anstehende Ausbildungsjahr 2008 fehlten im Juli 2008 immer noch rund 130.000 Ausbildungsplätze. Jugendliche mit Migrationshintergrund, mit Hauptschulabschluss und Jugendliche ohne Schulabschluss sind davon in besonderer Weise betroffen. Sie haben dennoch den Wunsch und die Hoffnung, einen Ausbildungsplatz zu bekommen, um später einen Beruf auszuüben und damit einen anerkannten sozialen Status innehaben und das Leben selbstständig gestalten zu können.

Quelle: Bundesagentur für Arbeit 2007, Zeitreihen Teil 1,
Bewerber für Berufausbildungsstellen 1997/98–2006/07, Deckblatt

Jugendliche, die keinen Ausbildungsvertrag in einem Betrieb erhalten haben oder keine vollzeitschulische Ausbildung antreten können, landen in der Regel im sogenannten Übergangssystem. Das sind überwiegend schulische Formen (Berufsfachschulen) der Berufsvorbereitung, die keinen beruflichen Abschluss vermitteln. Ein Teil der Jugendlichen holt dort einen Schulabschluss nach. Weitere bekannte Maßnahmen sind Berufsgrundjahr, Berufsvorbereitungsjahr. Die meisten der Jugendlichen bewerben sich im Folgejahr wieder um einen Ausbildungsplatz. Jedoch ist auch zweieinhalb Jahre nach dem Schulabschluss noch immer gut ein Viertel (27%) der Jugendlichen in keine Ausbildung integriert (Autorengruppe 2008, S. 161).

Diese Situation ist untragbar und ein immerwährender Konflikt mit Arbeitgebern, der Arbeitsverwaltung und der Politik. Alle jungen Menschen müssen die Chance erhalten, ihre Gaben und Fähigkeiten einbringen und Kompetenzen für eine eigenständige Lebensführung erwerben zu können, die die Übernahme einer Existenz sichernden und Perspektive bietenden Erwerbsarbeit beinhaltet. Eine wesentliche Vorgabe hierzu ist ein qualifizierter Schulabschluss und ein sicherer Übergang in eine Berufsausbildung mit anerkanntem Abschluss.

Solange sich Industrie, Handwerk und der Dienstleistungssektor verweigern, allen jungen Menschen eine berufliche Perspektive zu bieten, muss das staatlich finanzierte, von unterschiedlichen Organisationen getragene Übergangssystem die weitergehende Qualifizierung junger Menschen sichern, damit sie perspektivisch einen befriedigenden Platz im Erwerbsleben finden können. Die Maßnahmen und Angebote bringen zwar keinen beruflichen Abschluss, sie verbessern aber die Chance auf einen Ausbildungsplatz durch den Erwerb ausbildungsrelevanter Kompetenzen. Sie beginnen oftmals schon in der Endphase in der Schule.

Evangelische Jugend ist je nach Form unterschiedlich intensiv in dieses Übergangsmanagement eingebunden – über Kooperationsangebote in Schulen, die Schüler(inne)n bei der Berufsorientierung und -findung unterstützen, über eine aktive Elternarbeit, über Unterstützung bei der Entscheidung zur Ausbildungswahl. Dabei spielt die prozesshafte Unterstützung der Jugendlichen eine besondere Rolle. Bewerbungstrainings, Lernhilfeangebote für Prüfungen, Mentorenkonzepte und die Vernetzung mit anderen evangelischen Einrichtungen (der Diakonie wie beispielsweise Jugendberufshilfeeinrichtungen), die die Berufsvorbereitung fördern – das sind die Stärken der evangelischen Kinder- und Jugendarbeit. Stellvertretend weisen wir auf das Projekt „pack's" des CVJM hin.

Mitarbeiter(innen) bieten jungen Menschen ohne Schulabschluss, ohne Ausbildungsplatz auf ihrem weiteren Weg ehrenamtliche Unterstützung an. Konkret helfen sie bei der Suche nach einem Ausbildungsplatz oder beim Bewerbungsschreiben; sie begleiten die Jugendlichen bis zum Schulabschluss oder durch die Ausbildung und machen auf diese Weise Zukunftsperspektiven möglich. Zum Konzept gehört aber auch, Unternehmen, die einen Ausbildungsplatz schaffen, über ausbildungsbegleitende Hilfen, sozialpädagogische Begleitung oder betriebliche Einstiegsqualifizierung zu informieren, damit ihnen und den Jugendlichen geholfen werden kann, die Ausbildung erfolgreich abzuschließen.

9.3. Studium

Mit der Studienreform im Rahmen des Bologna-Prozesses hat sich in den letzten Jahren das Leben der Studierenden und damit einer der wichtigsten Abschlüsse für Jugendliche und die Jugendarbeit drastisch verändert. Die Umstrukturierung der Studienabschlüsse in Bachelor und Master, mit der eine Förderung der Internationalisierung, Mobilität und internationale Vergleichbarkeit der Studienabschlüsse erreicht werden sollte, hat neben den gewünschten Effekten einerseits zeitweilige, andererseits aber auch langfristige Veränderungen bewirkt, die auf Jugendliche und die Jugendarbeit zurückwirken.

Durchaus intendiert war eine stärkere Leistungssteuerung des Studiums durch die Einführung des ECTS-Punktesystems (*European Credit Transfer System*), d. h. eines international gültigen Systems für die Messung der Studienleistungen. In der Konsequenz wird dies von den Studierenden als eine erheblich stärker vorgegebene Strukturierung des Studiums bis hin zu einer Verschulung wahrgenommen.

In früheren Jahren erfolgte das Studium in einer relativen Freiheit, die sowohl sehr individuelle Schwerpunktsetzungen als auch begleitend zum Studium ein vielfältiges Engagement in politischen Gruppen, Initiativen und sozialen Feldern erlaubte und außerdem übergreifend diese Jahre zu einer wichtigen Phase der lebensgeschichtlichen Entwicklung und Orientierung machte.

Für die meisten Studierenden hat sich dies sehr einschneidend verändert. Sie erleben sich in einem fest strukturierten System mit einem hohen Leistungsdruck, der sowohl durch die ständige Orientierung am Punktesystem – „Bringt mir das Credits?" – als auch durch Anwesenheits- und Leistungskontrollen in einem bisher nur in wenigen Studiengängen bekannten Ausmaß hervorgerufen wird. Erkennbar wird dieser Druck an sehr hohen Abbrecherquoten in einigen Studiengängen (30% und mehr, vgl. HIS: Magazin 3/2008) und einer deutlich zunehmenden, wenn auch noch nicht exakt quantifizierbaren, Anzahl von Studierenden, die in Beratungsstellen um Hilfe nachsuchen. Sowohl die Studentenwerke als auch Evangelische Studierendengemein-den gehen von einer geschätzten Zunahme der Beratungsanfragen um 50 – 100% aus.

In einer speziellen Situation sind ausländische Studierende, insbesondere die sogenannten Freemover, die nicht auf der Basis von Stipendien, sondern als frei Einreisende und Finanzierte ein Studium aufnehmen. Für sie bekommt neben dem Leistungsdruck im Studium oft auch die Frage größerer Relevanz, wie sie ihren Lebensunterhalt speziell in Prüfungsphasen bestreiten sollen, wenn der enge Zeitplan des Studiums keine Nebenjobs zulässt.

Es ist weder sinnvoll noch geplant, diese Reform zu revidieren, aber die meisten Beteiligten haben erkannt, dass Korrekturen und Nachsteuern in vielen Bereichen notwendig sind. Nicht das Bachelor-Master-System ist problematisch, sondern die Art und Weise, wie es in einigen Universitäten umgesetzt wird. Hier sind deutliche Entwicklungen zum Besseren möglich. Das gilt auch für die Berufswelt, denn nicht alle Berufsfelder sind schon jetzt auf Bachelor- und Masterabschlüsse vorbereitet. Oft gilt der Bachelorabschluss als zu geringwertig und ein Masterabschluss wird erwartet. Dem steht aber die Hochschulpolitik entgegen, die weniger Master als Bachelor auszubilden plant. Auch dies erhöht den Druck auf die Studierenden.

Aus kirchlicher Perspektive sind viele dieser Anfragen und Problemlagen insbesondere auch im Theologiestudium sowie bei den Lehramtsstudiengängen für Evangelische Theologie/Religionspädagogik zu beobachten, wie es die Arbeit der Gemischten Kommission zur Reform des Theologiestudiums aufgewiesen hat.

Perspektivisch auf der Strecke bleibt ein ganzheitlicher Bildungsansatz, der wie in früheren Jahren das Studium als wichtige Bildungs- und Entwicklungsphase versteht. Viele Studierende haben für andere Dinge als das Studium keine oder zu wenig Zeit, zumindest haben sie dieses Gefühl. Deutlich erkennbar wird das am abnehmenden Engagement während des Studiums. Es ist in den letzten Jahren schwieriger geworden, Studierende zu finden, die während des Studiums in der Jugendarbeit aktiv bleiben und wichtige Funktionen in Gremien, der Leitung von Gruppen oder auch in Kirchengemeinden wahrnehmen.

Verändert hat sich auch die inhaltliche Gestaltung der Freizeit neben dem Studium. Für viele Studierende ist politisches, ökologisches oder soziales Engagement in den Hintergrund getreten zugunsten von Formen, die im weitesten Sinn ein Gegenwicht zum hohen Leistungsdruck des Studiums bilden können. Ganz praktisch spürbar wird das in vielen ESGen, die ein abnehmendes Interesse an Formen der Mitbestimmung und Beteiligung sowie Eine-Welt-Gruppen und anderen Initiativen erleben. Zunehmendes Interesse finden dagegen Angebote gemeinsamer Freizeitgestaltung, spirituelle Formen und Fragen der persönlichen Ethik.

Es erscheint als eine deutliche Herausforderung für die Kirche, wie sie unter diesen veränderten Bedingungen die Verbindung zu Studierenden hält, Anschlüsse zu Jugendarbeit und Erwachsenenleben sicherstellt und im Bewusstsein der Studierenden präsent bleibt. Sehr eindeutig angepasst werden müssen die Angebote und Formen der Arbeit, zum Teil ist deutlich mehr diakonische Tätigkeit angefragt.

Die Evangelische Jugend der Zukunft

Wir verzichten auf eine ausführliche Beschreibung der Herausforderungen, denen sich die evangelische Kinder- und Jugendarbeit heute und in den nächsten Jahren stellen muss, um weiter relevant für junge Menschen zu sein. Die Darstellungen in diesem Bericht geben genügend Ausblicke, die wir – zugegebenermaßen an einigen Stellen sehr zugespitzt – in Thesen formulieren. Sie nehmen das aus unserer Sicht Notwendige einer Evangelischen Jugend der Zukunft auf.

Glauben leben

→ Evangelische Kinder- und Jugendarbeit *elementarisiert* christliche Religion und Glauben:
- Junge Menschen finden in ihren unterschiedlichen Lebensbezügen Erfahrungsfelder des Glaubens, in denen sie die Alltagsrelevanz des Glaubens erleben und verstehen können.
- Junge Menschen haben Räume für die Erfahrung von Spiritualität und Gottesbegegnung.
- Kinder und Jugendliche finden in einem oft säkularisierten Umfeld Gelegenheiten, um die Inhalte des christlichen Glaubens kognitiv kennen- und verstehen zu lernen. Wichtig ist es dabei, Zugänge zur Bibel zu gewinnen. Dies geschieht z. B. durch neue Bibelübersetzungen wie „BasisB" in Verbindung mit dem damit verbundenen Internetportal und dem multimedialen Kommunikationskonzept, an dem die aej beteiligt ist, oder durch das Projekt „Losungen für Junge Leute" der Herrnhuter Brüdergemeinde, das die aej fachlich begleitet und fördert.
- Kinder und Jugendliche finden Menschen, die ihren Glauben vorleben und ihn kommunizieren können. Sie brauchen Christinnen und Christen, die von ihrem Glauben etwas ausstrahlen und die authentisch leben und sagen, was sie glauben.
- Kinder und Jugendliche erleben eine Kirche, die jugendkulturell anschlussfähig ist und die die ästhetischen Lebenswelten junger Menschen genauso wie ihre Lebensfragen und Lebensthemen aufnimmt und in ihr Verkündigungshandeln übersetzt.
- Kinder und Jugendliche finden Orte und Räume, in denen sie mit ihrem Glauben angstfrei und vorbehaltlos experimentieren können und ihre eigenen Wege des Glaubens entdecken können.

→ Evangelische Jugend entwickelt Konzepte für menschenfreundliches *missionarisches Handeln* in einer postmodernen Gesellschaft. Dazu gehören Konzepte der Freundschaftsevangelisation, die auf absichtslose Freundschaftsbeziehungen setzt und dabei den eigenen Glauben ins Spiel bringt. Genauso gehören dazu evangelistische Formen der Verkündigung, die mit vielen Methoden das Evangelium öffentlich präsentiert und auf dem Markt religiöser Möglichkeiten platziert.

→ Evangelische Jugend knüpft *an religiöse Bedürfnisse und Lebensbedürfnisse*, an jugendkulturelle Ästhetik und an die Lebensthemen von jungen Menschen an.

→ Evangelische Jugend hat spezifische Konzepte für *strukturschwache Gebiete*. Elemente können z. B. Mobile Jugendkirchenangebote oder attraktive kirchliche Orte in der Region sein, die zu Anziehungspunkten bzw. auratischen Orten für junge Menschen werden. Auch Formen der Beziehungsarbeit vor Ort oder der Jugendsozialarbeit sind geeignet. Für *Ballungsgebiete und Großstädte* existieren adäquate Konzepte. Besonders wichtig sind sozialraumorientierte Formen, die Angebote für die tatsächlich in Stadtteilen vorhandenen jungen Menschen machen und nicht ihre Lebenslagen vernachlässigen. Zielgruppenbezogene Arbeitsformen wie das „Neue Land" für Drogensüchtige in Hannover werden genauso gefördert wie schulbezogene Arbeit oder Angebote für Schichten aus dem höheren Bildungssegment bzw. Studierende. In Großstädten existieren punktuelle religiöse Angebote – wie z. B. Citykirchen –, aber auch angesichts der Beziehungslosigkeiten in Ballungsgebieten verstärkt Formen von sozialen Netzen und Gemeindegruppen (Jugendkirchen, Jugendgruppen), die soziale Netzwerke und Gemeinschaft anbieten.

Besonders wichtig ist es, jugendkulturell und religiös-geistlich attraktive Angebote zu machen, die als Alternative und als Konkurrenz zu den vielen vorhandenen Angeboten interessant sind.

→ Evangelische Jugend hat Konzepte für die *Arbeit mit jungen Menschen mit Migrationshintergrund* – unabhängig davon, ob sie aus kirchlich-kulturell konservativen Bereichen der Spätaussiedler(innen) oder anderen Religionen angehören. Die multireligiöse Kompetenz, das eigene Selbstbewusstsein und die Sprachfähigkeit als Christ(inn)en werden gestärkt.

→ Evangelischer Jugend gelingt es, die *Auswanderung religiös hoch motivierter und aktiver junger Menschen* in fragwürdige und problematische Gruppierungen durch eigene, den Bedarfslagen junger Menschen entsprechende Angebote zu vermeiden.

→ Evangelische Kirche ist für junge Menschen eine offene Kirche:
  – Junge Menschen müssen in der Kirche mit ihren Lebensfragen eine Beheimatung und Antworten finden können.
  – Junge Menschen müssen in ihrer Kirche Gottesdienste erleben können, in denen sie sich angenommen fühlen und die ihre Lebensfragen und Kulturwelten integrieren.

- Junge Menschen brauchen eine Kirche, in der sie Kommunikationspartner(innen) und Vorbilder für ihre Glaubens- und Lebensfragen finden.
- Junge Menschen brauchen eine Kirche, in der sie ernst genommen werden.
- Junge Menschen brauchen eine Kirche, in der sie mitbestimmen können und die ihre Experimentierfreudigkeit, ihre Bereitschaft Neues zu wagen, und in der Kreativität gefragt sind. Eine zukunftsfähige Kirche jedenfalls braucht solche jungen Menschen!
- Junge Menschen brauchen eine Kirche, die sie als vollgültige Mitglieder wertet.

→ Evangelische Jugend fördert angesichts des Rückganges religiöser Sozialisationsformen in Familien einerseits die *Unterstützung und Begleitung von Familien* in Fragen der religiösen Sozialisation, andererseits entwickelt sie passende Konzepte, um die religiöse Sozialisation in anderen Arbeitsfeldern der Kinder- und Jugendarbeit zu qualifizieren.

→ Evangelische Jugend und der *Konfirmand(inn)enunterricht* sind vernetzt und aufeinander bezogen, ohne die Trennschärfe der jeweiligen Aufgaben zu eliminieren.

Teilhabe einfordern – Verantwortung übernehmen

→ Evangelische Jugend *fordert gleichberechtigte Teilhabe* ein. Sie findet sich nicht mit den Folgen der Armuts- und Reichtumsentwicklung ab. Sie bezieht öffentlich und eindeutig Stellung gegen alle Formen der Ausgrenzung und der Benachteiligung. Sie unterstützt politische Initiativen zur Schaffung von Befähigungsgerechtigkeit und Verwirklichungsgerechtigkeit. Sie tritt für die bestmögliche Förderung von jungen Menschen ein, damit sie ihre geschenkten Gaben entfalten und ein eigenständiges Leben führen können.

→ Evangelische Jugend entwickelt, beteiligt sich maßgeblich und unterstützt öffentliche Kampagnen und Projekte zusammen mit evangelischen Kirchen, der Diakonie und anderen gesellschaftlichen Gruppen, um einen tief greifenden Wandel der *Sozial- und Bildungspolitik* zu erreichen. Orientierung dazu geben Kampagnen wie „Lasst uns nicht hängen!" der westfälischen Landeskirche und „Zukunft(s)gestalten – Allen Kindern eine Chance" der hannoverschen Landeskirche ebenso wie das Projekt zur Ausbildungsförderung „pack's" des CVJM.

→ Evangelische Jugend gestaltet Rahmenbedingungen für ein *sozial gerechtes Aufwachsen* mit. Die fachkompetenten Mitarbeiter(innen) der Evangelischen Jugend beraten Politiker(innen) aller demokratischen Parteien in Entscheidungsprozessen. Dabei ist sie die erkennbare Fürsprecherin für Kinder und Jugendliche.

- Evangelische Jugend *übernimmt Verantwortung*. Sie konfrontiert sich mit den Lebenslagen von jungen Menschen, die nicht den Anforderungen standhalten und die nicht ausreichend gefördert werden. Sie stellt sich der Herausforderung, ihnen einen Raum der Akzeptanz und Würde, der Entdeckung eigener Stärken und der Unterstützung anzubieten. Dabei ist sich Evangelische Jugend ihrer Zugangsbarrieren bewusst.
- Evangelische Jugend begleitet zusammen mit der Diakonie junge Menschen, die in der Schule und in der Ausbildung nicht mithalten können, die in der Gefahr stehen, ohne Abschluss ausgeschult zu werden oder die keinen Ausbildungsplatz erhalten können. Sie erhalten spezifische und *qualifizierte Fördermaßnahmen*, damit sie perspektivisch einen Abschluss erreichen und auf dem Arbeitsmarkt Fuß fassen können.
- Evangelische Jugend sieht die *Chancen von Migration*. Andere Kulturen und Religionen sind in konstruktiver Begegnung bereichernd. Sie engagiert sich bei der Integration von Menschen mit Migrationshintergrund – in der alltäglichen Arbeit und mit spezifischen Projekten.
- Evangelische Jugend nimmt Globalisierungsprozesse als eine Herausforderung wahr, auf die sie mit Kreativität und Mut zu Veränderungen antwortet. Junge Menschen entwickeln aus ihrer Lebenswelt heraus eine Vision von Zukunftsfähigkeit, die sich am Leitbild der *Nachhaltigkeit* orientiert und die Erfahrungen Jugendlicher einbezieht. In Projekten wie der aktuellen Jugendaktion zu einem zukunftsfähigen Deutschland entfaltet sich jugendlicher Gestaltungswille mit dem Ziel eines nachhaltigen und menschen- wie umweltfreundlichen Lebensstils, der andere ansteckt und ermutigt. Im alltäglichen Leben, vom Verkehrsmittel auf dem Schulweg bis zur Handynutzung, sind die Jugendlichen mit der Spannung zwischen Lebensgenuss und Nachhaltigkeit konfrontiert.

Beteiligung fördern

- Evangelische Jugend ist *experimentierfreudig*. Örtliche Foren mit Entscheidungsbefugnis für alle interessierten Kinder und Jugendliche, Urabstimmungen, bundesweite Kongresse zu zentralen Fragen des Lebens und junger Menschen ergänzen die demokratischen Strukturen.
- Die Evangelische Jugend hat die lähmende, latente Kritik an der nächst höheren Organisationsebene überwunden. Bundes-, Landes-, Kreis- und örtliche (Gemeinde-)Ebene *kooperieren* projektorientiert. So kann die Evangelische Jugend ihr gesamtes Potenzial entfalten und zu profilierten Formen der Beteiligung und Einbeziehung von jungen Menschen kommen.

Gender Mainstreaming

→ Evangelische Jugend reflektiert Geschlechterrollen. Dies ist ein fester Bestandteil der Aus- und Fortbildung von Ehrenamtlichen und Hauptberuflichen, damit sie diese Dimension in der Praxis wahrnehmen und aktiv nutzen können.

→ Evangelische Jugend nimmt die Lebensverhältnisse und Ungerechtigkeiten zwischen den Geschlechtern sensibel und aufmerksam wahr. Sie mischt sich in gesellschaftliche und politische Prozesse ein, um Rahmenbedingungen für Geschlechtergerechtigkeit zu schaffen. Sie hat an sich den Anspruch, bei der Besetzung von Personalstellen, in der Gremienarbeit, bei der Verteilung von Ressourcen diesem Leitbild gerecht zu werden.

Jugendorientierte Konzeptentwicklung und Sozialraum

→ Evangelische Jugend entwickelt fachliche Konzepte für ihre Arbeit. Sie sind *Standard* und zeichnen sich qualitativ dadurch aus, dass sie die Sichtweisen von jungen Menschen entscheidend berücksichtigen und sich auf die Bedingungen der regionalen und der milieuspezifischen Sozialräume beziehen.

→ Evangelische Jugend kann je nach Konzept und Bedarf *vielfältige (religions-) pädagogische Methoden* und Arbeitsformen anwenden. Kern aller ihrer Angebote ist die Gruppe.

Schule – ein Lebensort und Gestaltungsraum

→ Evangelische Jugend wirkt in Kooperationen mit an der Reform des Schulwesens, damit alle jungen Menschen eine ihren Gaben entsprechende Bildung erhalten und nicht als Bildungsverlierer(innen) verloren gehen können. Sie gestaltet (schulische) Lerninhalte im Vor- und Nachmittagsbereich gleichberechtigt mit. Mit ihren Angeboten und Methoden sorgt sie für Mitbestimmung in der Schule. Sie ermöglicht engagierten Schüler(inne)n die verantwortliche Mitgestaltung und Durchführung von Lehrveranstaltungen und Projekten. Evangelische Jugend ist eine fachliche Autorität in peer-education.

→ Evangelische Jugend ist eine gewünschte Partnerin für innerschulische und außerschulische Kooperationen. Ihre Fachkräfte haben protestantische Ausstrahlung und zeichnen sich durch eine hohe Fachlichkeit aus. Sie sind eine Ressource für den Bau und die Pflege von Netzwerken zwischen Schule und dem Sozialraum.

→ Die Evangelische Jugend gestaltet auch in Zukunft außerschulische Lebens- und Bildungsräume. In einer komplexen Welt ist es überlebensnotwendig, unterschiedliche gesellschaftliche Orte mit ihren je eigenen spezifischen Gesetzmäßigkeiten erlebt und eingenommen zu haben, um sich den persönlichen und beruflichen Anforderungen offensiv stellen zu können.

Medienwelt

→ Evangelische Jugend nutzt unverkrampft die Möglichkeiten der neuen Medien und des Internets als unverzichtbaren Teil ihrer Arbeit. Sie begreift das Internet als die zeitgemäße Form jugendlicher Kommunikation.

→ Evangelisch Jugend ergreift die Chance, auch in diesem Feld ihrem missionarischen Auftrag gerecht zu werden, um sich etwa in Chats und Diskussionsforen über Glauben und Spiritualität auszutauschen. Gemeinschaft ist auch in virtuellen Räumen erlebbar – sie können Anknüpfungspunkt sein für persönliche Begegnungen.

→ Evangelische Jugend nimmt Jugendliche auch in ihrer virtuellen Identität ernst und stellt sich darauf ein, dabei von ihnen zu lernen. Sie organisiert sichere Plattformen, auf denen sich Jugendliche abseits von kommerziellen Nutzungsinteressen ungefährdet im Internet bewegen können; sie achtet die Persönlichkeitsrechte und die Unverletzbarkeit von persönlichen Daten.

→ Evangelische Jugend stellt sich der Herausforderung, neue Kommunikationsformen im Internet medienpädagogisch zu begleiten. Sie ist sich der hohen Verantwortung bewusst, gemeinsam mit Jugendlichen Regeln und einvernehmliche Werte zu erarbeiten, die ein Zusammenleben auch in virtuellen Gemeinschaften gelingen lassen.

Lebendiges Engagement

→ Evangelische Jugend ist lebendig, vielfältig und hat evangelisches Profil. Dies ist das Ergebnis einer wachsenden Zahl ehrenamtlich engagierter junger Menschen, die in hauptberuflichen Mitarbeiter(inne)n Partner(innen), Berater(innen) und Unterstützer(innen) finden. Evangelische Jugend fördert das ehrenamtliche Engagement von jungen Menschen auch dadurch, dass sie genügend Ressourcen für die jeweiligen Tätigkeiten der Ehrenamtlichen zur Verfügung stellt und sie entscheidend in wesentlichen Fragen der evangelischen Kinder- und Jugendarbeit beteiligt.

→ Evangelische Jugend ist ein Ort vielfältiger Engagementformen für junge Menschen. Das spezifische Setting evangelischer Kinder- und Jugendarbeit ermöglicht jungen Ehrenamtlichen, christlich motivierte Handlungsmodelle für Leitung in unterschiedlichen Zusammenhängen zu erleben und Führungskompetenzen zu erwerben.

Qualifizierte Fachkräfte

→ Evangelische Jugend hat eine ausreichend Anzahl hauptberuflicher Mitarbeiter(innen). Evangelische Kinder- und Jugendarbeit ist ein Feld professionellen Handelns. Hauptberufliche Mitarbeiter(innen) haben einen erkennbaren

Bezug zum christlichen Glauben und der evangelischen Konfession, sind authentische Vertreter(innen) der evangelischen Kirchen und haben Ausstrahlung. Sie verfügen über eine qualifizierte religions- und sozialpädagogische Grundausbildung und sind zu Beginn ihrer beruflichen Tätigkeit in der evangelischen Kinder- und Jugendarbeit mit den besonderen Bedingungen, Rollenansprüchen und Managementanforderungen durch eine spezifische Einführung als Teil der Ausbildung vertraut gemacht worden.

→ Evangelische Jugend ist sich den Anforderungen an gelingende Hauptberuflichkeit bewusst. Die Tätigkeiten erfordern Leitungskompetenz. Diese muss entsprechend vergütet werden, um auch zukünftig persönlich geeignete und fachlich qualifizierte hauptberufliche Mitarbeiter(innen) für evangelische Kinder- und Jugendarbeit gewinnen zu können.

→ Evangelische Jugend fordert von Hochschulen, Ausbildungsstätten sowie Fortbildungseinrichtungen eine qualifizierte Ausbildung auf dem Stand fachlicher Erkenntnisse und entsprechend eines Anforderungsprofils, das sie selbst entwickelt hat.

Verbesserung der Datenlage

→ Evangelische Jugend verfügt über ein differenziertes, datengestütztes Wissen zu ihrem Handeln und Wirken. Sie kann jederzeit qualifiziert Auskunft geben und den aktuellen Stand darstellen. Die modifizierte amtliche Statistik über das kirchliche Leben ist ein wesentliches Instrument der Datengewinnung und der Darstellung. Hauptberufliche Mitarbeiter(innen) sehen in der regelmäßigen statistischen Zuarbeit eine unerlässliche Notwendigkeit zur Sicherung der evangelischen Kinder- und Jugendarbeit.

Evangelische Kinder- und Jugendarbeit, die all dies leisten will, was dieser Bericht ausführlich beschreibt und was in den letzten Thesen zusammenfassend angedeutet ist, braucht selbstverständlich entsprechende Ressourcen. Ohne eine entsprechende Infrastruktur und ohne die damit zusammenhängende Finanzausstattung sind viele Aufgaben schlicht nicht zu leisten. Eine zukunftsfähige evangelische Kinder- und Jugendarbeit hängt allerdings wesentlich von den Personen ab, die sich in dieser Arbeit engagieren: Seien es Hauptberufliche, Ehrenamtliche oder die jungen Menschen selbst. Sie sind das größte Potenzial aller kirchlichen Praxis und damit auch ihrer Kinder- und Jugendarbeit. Ihre Ausbildung und Fortbildung, ihre Motivation und Ausstrahlungskraft und nicht zuletzt ihre geistliche Authentizität und Sprachfähigkeit sind die notwendigen Bedingungen für das Gelingen. Hinreichend ist dies alles allerdings nur, wenn die Segenskraft Gottes in Anspruch genommen wird und in allem Tun zur Wirkung kommt.

Literaturverzeichnis

ARBEITSGEMEINSCHAFT DER EVANGELISCHEN JUGEND IN DER BUNDESREPUBLIK DEUTSCHLAND E. V. (aej): „Evangelische Jugend bildet" – Zur Bedeutung von Bildung in der Evangelischen Jugend. Hannover 2003.

ARBEITSGEMEINSCHAFT FÜR KINDER- UND JUGENDHILFE – AGJ (Hrsg.): Kooperation von Jugendhilfe und Ganztagsschule – eine empirische Bestandsaufnahme im Prozess des Ausbaus der Ganztagsschulen in Deutschland. Expertise des Deutschen Jugendinstituts (DJI) für die Arbeitsgemeinschaft für Kinder- und Jugendhilfe – AGJ. Berlin 2008.

ARBEITSSTELLE GOTTESDIENST 01/2008: Jugend. Zeitschrift der Gemeinsamen Arbeitsstelle für gottesdienstliche Fragen der Evangelischen Kirche in Deutschland.

AUTORENGRUPPE BILDUNGSBERICHTERSTATTUNG: Bildung in Deutschland 2008. Ein indikatorengestützter Bericht mit einer Analyse zu Übergängen im Anschluss an den Sekundarbereich I. Bielefeld 2008.

BANGERT, M.; FREITAG, M.; SCHMUCKER, K.: Muß evangelische Jugendarbeit not-wendiger werden? Hannover 1998.

BARZ, H., im Auftrag der Arbeitsgemeinschaft der Evangelischen Jugend in der Bundesrepublik Deutschland e. V. (aej), Jugend und Religion 1. Opladen 1992.

BARZ, H., im Auftrag der Arbeitsgemeinschaft der Evangelischen Jugend in der Bundesrepublik Deutschland e. V. (aej), Jugend und Religion 2. Opladen 1992.

BERTELSMANN STIFTUNG: Religionsmonitor 2008. Gütersloh 2007.

BIEN, W.; MARBACH, J. H. (Hrsg.): Partnerschaft und Familiengründung. Ergebnisse der dritten Welle des Familien-Survey. Deutsches Jugendinstitut (DJI): Familiensurvey 11. Opladen 2003.

BINGEL, G.; NORDMANN, A.; MÜNCHMEIER, R.: Die Gesellschaft und ihre Jugend. Strukturbedingungen jugendlicher Lebenslagen. Opladen und Farmington Hills 2008.

BUND DER DEUTSCHEN KATHOLISCHEN JUGEND UND BISCHÖFLICHES HILFSWERK MISEREOR: Sinus-Milieustudie U27. Wie ticken Jugendliche? Düsseldorf und Aachen 2007.

BMAS – BUNDESMINISTERIUM FÜR ARBEIT UND SOZIALES: Lebenslagen in Deutschland. Der 2. Armuts- und Reichtumsbericht der Bundesregierung. Berlin 2005.

BMAS – BUNDESMINISTERIUM FÜR ARBEIT UND SOZIALES: Lebenslagen in Deutschland. Der 3. Armuts- und Reichtumsbericht der Bundesregierung. Entwurf vom 19. 5. 2008. Berlin 2008.

BMFSFJ – BUNDESMINISTERIUM FÜR FAMILIEN, SENIOREN, FRAUEN UND JUGEND. BUNDESJUGENDKURATORIUM: Zukunftsfähigkeit sichern. Für ein neues Verhältnis von Bildung und Jugendhilfe. Eine Streitschrift des Bundesjugendkuratoriums. Berlin 2001.

BMFSFJ – BUNDESMINISTERIUM FÜR FAMILIEN, SENIOREN, FRAUEN UND JUGEND: Zwölfter Kinder- und Jugendbericht. Bildung, Betreuung und Erziehung vor und neben der Schule. Berlin 2005.

BMFSFJ – BUNDESMINISTERIUM FÜR FAMILIE, SENIOREN, FRAUEN UND JUGEND (Hrsg.): Zwölfter Kinder- und Jugendbericht. Bericht über die Lebenssituation junger Menschen und die Leistungen der Kinder- und Jugendhilfe in Deutschland. Berlin 2005.

BÖHNISCH, L.; MÜNCHMEIER, R.: Wozu Jugendarbeit? Orientierungen für Ausbildung, Fortbildung und Praxis. Weinheim und München 1999.

Borchert, J.: Befunde und Diagnosen zur Kinderarmut in Deutschland. In: Deutsches Kinderhilfswerk e.V. (Hrsg.): Kinderreport Deutschland 2007. Daten, Fakten, Hintergründe. Freiburg 2007, S. 9–17.

Brenner, G.: Integration junger Ausländer – Fehlentwicklungen und neue Anstrengungen. In: deutsche jugend 06/2006, S. 250–252.

Butterwegge, C.; Klundt, M.; Zeng, M.: Kinderarmut in Ost- und Westdeutschland. Wiesbaden 2005.

Corsa, M.: Praxisentwicklung im Jugendverband. Prozesse – Projekte – Module. Jugend im Verband, Band 3. Opladen und Farmington Hills 2007.

Corsa, M.; Freitag, M.: „Jugendliche als Akteure im Verband". Hinweise und Einschätzungen aus Sicht der Evangelischen Jugend zu den Ergebnissen der Studie. Hannover 2006.

Deutsches Institut für Wirtschaftsforschung: Wochenbericht des DIW 2008. Schrumpfende Mittelschicht: Anzeichen einer dauerhaften Polarisierung der verfügbaren Einkommen? Berlin 2008, S. 101–108.

Die Beauftragte der Bundesregierung für Migration, Flüchtlinge und Integration: 7. Bericht der Beauftragten der Bundesregierung für Migration, Flüchtlinge und Integration über die Lage der Ausländerinnen und Ausländer in Deutschland. Berlin 2007.

Die Zeit: 26/2008. S. 29.

Düx, W.; Prein, G.; Sass, E.; Tully, C. J.: Kompetenzerwerb im freiwilligen Engagement. Eine empirische Studie zum informellen Lernen im Jugendalter. Wiesbaden 2008.

Evangelische Kirche im Rheinland: Jugendbericht 2006. Vorlage der Kirchenleitung an die Landessynode. LS 2006 Drucksache 5.

Evangelische Kirche in Deutschland (EKD), Kirchenamt der EKD: 6. Tagung der 10. Synode der EKD. Beschluss zum Status der Jugenddelegierten. Dresden 2007.

Evangelische Kirche in Deutschland (EKD), Kirchenamt der EKD: 5. Tagung der 10. Synode der EKD. Kundgebung zum Schwerpunktthema „Gerechtigkeit erhöht ein Volk – Armut und Reichtum". Würzburg 2006.

Evangelische Kirche in Deutschland (EKD), Kirchenamt der EKD: Maße des Menschlichen. Evangelische Perspektiven zur Bildung in der Wissens- und Lerngesellschaft. Eine Denkschrift. Gütersloh 2003.

Evangelische Kirche in Deutschland (EKD), Kirchenamt der EKD: Kirche der Freiheit. Perspektiven für die Evangelische Kirche im 21. Jahrhundert. Ein Impulspapier des Rates der EKD. Hannover 2006.

Evangelische Kirche in Deutschland (EKD), Kirchenamt der EKD: Evangelische Kirche in Deutschland. Zahlen und Fakten zum kirchlichen Leben. Hannover 2007.

Evangelische Kirche in Deutschland (EKD), Kirchenamt der EKD: Gerechte Teilhabe – Befähigung zur Eigenverantwortung und Solidarität. Eine Denkschrift des Rates. Der EKD zur Armut in Deutschland. Gütersloh 2006.

Fauser, K.; Fischer, A.; Münchmeier, R.: Jugendliche als Akteure im Verband. Ergebnisse einer empirischen Untersuchung der Evangelischen Jugend. Jugend im Verband. Band 1 und 2. Opladen 2008.

Feist, Th.: Evangelische Jugendkulturarbeit als zeitgemäßes Instrumentarium der Verkündigung (unveröffentlicht), 2008.

FISCHER, D.; SCHÖLL, A.: Lebenspraxis und Religion. Fallanalysen zur subjektiven Religiosität von Jugendlichen. Gütersloh 1994.

FREITAG, M.; SCHARNBERG, C.: Innovation Jugendkirche. Konzepte und Know-How. Hannover und Kevelaer 2006.

FREITAG, M.; HAMACHERS-ZUBER, U.; HOBELSBERGER, H.: Praxis Jugendkirche. Hannover 2008.

FREITAG, M.: Von der Schwierigkeit ein Wort zu definieren. In: das baugerüst 4/07. Themenheft „Heilig".

FRIEDRICH-EBERT-STIFTUNG: Gesellschaft im Reformprozess, Berlin 2006.

GENSICKE, T.: Zeitgeist und Wertorientierungen. In: Shell Deutschland Holding (Hrsg.): 15. Shell Jugendstudie. Jugend 2006. Eine pragmatische Generation unter Druck. Frankfurt a. Main 2006, S. 169–202.

GIERING, D.: Arme Kinder. Ergebnisse und Zusammenfassung einer Quer- und Längsschnittuntersuchung. In: Deutsches Kinderhilfswerk e.V. (Hrsg.): Kinderreport Deutschland 2007. Daten, Fakten, Hintergründe. Freiburg 2007, S. 73–88.

GILLE, M.; SARDEI-BIERMANN, S.; GAISER, W.; DE RIJKE, J.: Jugendliche und junge Erwachsene in Deutschland. Lebensverhältnisse, Werte und gesellschaftliche Beteiligung 12- bis 29-Jähriger. Jugendsurvey 3, Wiesbaden 2006.

GRETHLEIN, C.: Jugendliche und Spiritualität – einige grundsätzliche Hinweise zum Thema Jugendgottesdienst. In: Evangelischer Pressedienst (epd): Dokumentation: Jugendliche brauchen Gottesdienst! Frankfurt a. Main. S. 23–29.

HEUVELMANN, A.: Interkulturelle Arbeit mit Mädchen und jungen Frauen. In: Betrifft Mädchen 01/2007.

HOBELSBERGER, H.; STAMS, E.; HECK, O.; WOHLHARN, B.: Experiment Jugendkirche, Event und Spiritualität. Kevelaer 2003.

HOLZ, G.: Lebenslagen und Chancen von Kindern in Deutschland. In: Bundeszentrale für Politische Bildung (Hrsg.): Aus Politik und Zeitgeschichte. Beilage zur Wochenzeitschrift Das Parlament, Ausgabe 26, Bonn 2006.

HOFFMAN, D.; KERSTEN, F.: Spiel der Identitäten – Mit oder ohne Grenzen?, das baugerüst, Heft 1/2008, S. 26–31.

JAGUSCH, B.: Partizipation für die Zukunft – Bildungsressourcen von Jugendlichen mit Migrationshintergrund durch Qualifizierung ihrer Jugendverbände aktivieren. In: deutsche jugend 05/2007, S. 215–221.

JOSUTTIS, M.: Die Einführung in das Leben. Pastoraltheologie zwischen Phänomenologie und Spiritualität. Gütersloh 1996.

KIDSVERBRAUCHERANALYSE. Berlin 2006.

KONSORTIUM BILDUNGSBERICHTERSTATTUNG (Hrsg.): Bildung in Deutschland – Ein indikatorengestützter Bericht mit einer Analyse zu Bildung und Migration. Bielefeld 2006.

KÖRTNER U. H. J.: Wiederkehr der Religion? Das Christentum zwischen neuer Spiritualität und Gottvergessenheit. Gütersloh 2006.

KREBS, R.; VOM SCHEMM, B.: Aktivgruppen. Jugendliche entfalten Talente und entdecken den Glauben. Stuttgart 2006.

KÜENZLEN, G.: Die Wiederkehr der Religion. Lage und Schicksal in der säkularen Moderne. München 2003.

LEBENDIGE SEELSORGE 2/2007. Jugend und Religion.

LIEGLE, L.: Geschwisterbeziehungen und ihre erzieherische Bedeutung. In: Lange, A.; Lauterbach, W. (Hrsg.): Kinder in Familie und Gesellschaft zu Beginn des 21.sten Jahrhunderts. Stuttgart 2000, S. 105–130.

LÜDERS, C.: Lebenslagen von Jugendlichen – demographische Entwicklungen und empirische Eckpunkte. Vortrag auf der nationalen Konferenz Jugendpolitik der AGJ, Berlin 2007.

MEDIENPÄDAGOGISCHER FORSCHUNGSVERBUND SÜDWEST: KIM-Studie 2006. Kinder+ Medien, Computer+Internet. Stuttgart 2007.

MEFFERT, C.; STOLZ, M.: Eine Klasse für sich. In: ZEITmagazin Leben Nr. 30, Hamburg, 17. Juli 2008.

METTE, N.; RICKERS, F.: Lexikon der Religionspädagogik. Band 1, A-K. Neukirchen-Vluyn 2001/2007.

MÜNCHMEIER, R.; CORSA, M.: Realität und Reichweite von Jugendverbandsarbeit. Ein Forschungsprojekt zur Bedeutung von Jugendverbänden in der Perspektive der Nutzerinnen und Nutzer. Antrag an das BMFSFJ. Berlin und Hannover 2002.

NEUMANN, U.; HERTZ, M.: Verdeckte Armut in Deutschland. Eine Studie im Auftrag der Friedrich-Ebert-Stiftung. Frankfurt 1998.

NIEMEYER, B.: Anforderungen an eine moderne Jugendarbeit/Standards of Modern Youth Work. Eröffnungsvortrag der Fachtagung STRING: Youthwork and Community Media im Rahmen der mediatage Nord. Kiel 2002.

NIPKOW, K. E.: Erwachsenwerden ohne Gott. Gotteserfahrungen im Lebenslauf. München 1987.

OTTO, G.; OTTO, G.: Ästhetisches Lernen, Ästhetische Erziehung in: Lexikon der Religionspädagogik, Band 1. Neukirchen-Vluyn 2001.

POLAK, R.: Gott hängt in der Luft, Wandel im Lebensraum Religion bei jungen Menschen. In: Freitag, M.: Praxis Jugendkirchen. Hannover 2008.

POLLACK, D.: Säkularisierung – ein moderner Mythos? Tübingen 2003.

POTHMANN, J.: Veranstaltungen der Kinder- und Jugendarbeit im Spiegel der Statistik. In: Forum Jugendhilfe, 1/2006.

RAUSCHENBACH, T.: Das Gelingen von Migration und Integration – ein notwendiges Ziel für die Gesellschaft. In: DJI Bulletin Nr. 76, 03/2006, S. 4–6.

SCHMIDT, R. G.: Religionspädagogik. Ethos, Religiosität, Glaube in Sozialisation und Erziehung. Göttingen 1993.

SCHMIDTCHEN, G.: Wie weit ist der Weg nach Deutschland? Sozialpsychologie der Jugend in der postsozialistischen Welt. Opladen 1997.

SCHULZE, G.: Die Erlebnisgesellschaft – Kultursoziologie der Gegenwart. Frankfurt a. Main und New York 1993.

SCHWAB, U.: Artikel Jugendarbeit/Jugendpflege in: RGG Band 4; 4., völlig neu bearb. Auflage, Tübingen 2001, Spalte 657f.

SCHWAB, U.: jung – offen – evangelisch. Fünf Thesen zum Forschungsprojekt „Realität und Reichweite von Jugendverbandsarbeit". In: das baugerüst 1/07, S. 76ff.

SCHWAB, U.: Der Ort der Konfirmandenarbeit. In: Comenius-Institut in Verbindung mit dem Verein KU-Praxis. Handbuch für die Arbeit mit Konfirmandinnen und Konfirmanden. Gütersloh 1998, S. 141.

SCHWEITZER, F.: Die Suche nach eigenem Glauben. Einführung in die Religionspädagogik des Jugendalters. Gütersloh 1996.

SCHWEITZER, F.: Lebensgeschichte und Religion. Religiöse Entwicklung und Erziehung im Kindes- und Jugendalter. München 1987.

SHELL DEUTSCHLAND HOLDING (Hrsg.): 13. Shell Jugendstudie 2000. Opladen 2002.

SHELL DEUTSCHLAND HOLDING (Hrsg.): 14. Shell Jugendstudie 2002. Frankfurt a. Main 2002.

SHELL DEUTSCHLAND HOLDING (Hrsg.): 15. Shell Jugendstudie. Jugend 2006. Eine pragmatische Generation unter Druck. Frankfurt a. Main 2006.

STATISTISCHES BUNDESAMT: Wirtschaft und Statistik. Entwicklungen des deutschen Sozialstaates. Wiesbaden 2002.

STATISTISCHES BUNDESAMT: Datenreport 2006. Zahlen und Fakten über die Bundesrepublik Deutschland. Auszug aus Teil II. Soziale Schichtung und soziale Lagen. Wiesbaden 2006.

STATISTISCHES BUNDESAMT: Gerichtliche Ehelösungen. Maßzahlen zu Ehescheidungen. Wiesbaden 2007a.

STATISTISCHES BUNDESAMT: Zusammenfassende Übersichten: Eheschließungen, Geborene und Gestorbene. Wiesbaden 2007b.

STATISTISCHES BUNDESAMT: Geburten in Deutschland. Wiesbaden 2007c.

STATISTISCHES BUNDESAMT: Familienland Deutschland. Begleitmaterial zur Pressekonferenz am 22. 7. 2008 in Berlin. Wiesbaden 2008.

STATISTISCHES BUNDESAMT: Familienland Deutschland. Ergänzende Tabellen zur Pressekonferenz am 22. Juli 2008 in Berlin – Ergebnisse des Mirkrozensus 2007. Wiesbaden 2008.

STURZENHECKER, B.: Luxus Partizipation? In: Lernort Gemeinde. Heft 3/2006, S. 35.

TEMPELMANN, I.: Geistlicher Missbrauch, Auswege aus frommer Gewalt. Wuppertal 2007.

TEUBNER, M. J.: Brüderchen komm tanz mit mir ... Geschwister als Entwicklungsressource für Kinder? In: Alt, C. (Hrsg.): Kinderleben – Aufwachsen zwischen Familie, Freunden und Institutionen. Band 1: Aufwachsen in der Familie. Wiesbaden 2005.

TULLY, C. J.: Eine Gesellschaft geht online – Jugendliche zuerst, das baugerüst, Heft 1/2008, S. 20–25.

WALPER, S.; WENDT, E.-V.: Nicht mit beiden Eltern aufwachsen – ein Risiko? In: Alt, C. (Hrsg.): Kinderleben – Aufwachsen zwischen Familie, Freunden und Institutionen. Band 1: Aufwachsen in der Familie. Wiesbaden 2005.

WESTERMANN, C.: Genesis, Biblischer Kommentar zum Alten Testament, Band I/1. 4. Auflage. Neukirchen-Vluyn 1999.

WIESNER, R.; MÖRSBERGER, T.; OBERLOSKAMP, H.; STRUCK, J. (Hrsg.): SGB VIII. Kinder- und Jugendhilfe. 3. Auflage. München 2006.

WINTER, A.: Jugendkirchen und Jugendgemeinden: ihre Eigenschaften – ihre Kennzeichen – ihre Merkmale. In: Freitag, M.; Scharnberg, C.: Innovation Jugendkirche. Hannover 2006.

ZIMMERLING, P.: Evangelische Spiritualität. Göttingen 2003.